HÉRIMAN DE TOURNAI

LA RESTAURATION DU MONASTÈRE SAINT-MARTIN DE TOURNAI

CORPVS CHRISTIANORVM
IN TRANSLATION

32

CORPVS CHRISTIANORVM
Continuatio Mediaeualis
236

HERIMANNVS ABBAS

LIBER
DE RESTAVRATIONE
ECCLESIE SANCTI MARTINI TORNACENSIS

ÉDITION CRITIQUE PAR

R. B. C. HUYGENS

TURNHOUT
BREPOLS PUBLISHERS

HÉRIMAN DE TOURNAI

LA RESTAURATION DU MONASTÈRE SAINT-MARTIN DE TOURNAI

Traduction française de

Paul SELVAIS

BREPOLS

© 2019, Brepols Publishers n. v., Turnhout, Belgium.

All rights reserved. No part of this publication may be reproduced, stored in a retrieval system, or transmitted, in any form or by any means, electronic, mechanical, photocopying, recording, or otherwise without the prior permission of the publisher.

D/2019/0095/25
ISBN   978-2-503-58059-3
E-ISBN   978-2-503-58060-9
DOI   10.1484/M.CCT-EB.5.115609
ISSN   2034-6557
E-ISSN   2565-9421

Printed in the EU on acid-free paper.

TABLE DES MATIÈRES

Préface	7
Introduction	11
Le *Liber de Restauratione*. L'auteur, sa vie	11
Le *Liber de Restauratione*. Proposition d'analyse	16
Le *Liber de Restauratione*. Tradition manuscrite, éditions critiques et traductions	21
Le *Liber de Restauratione*. Hériman, écrivain	24
Le *Liber de Restauratione*. Bibliographie et sources	25
Sommaire	27
La restauration du monastère Saint-Martin de Tournai	47
Prologue	49
La restauration du monastère Saint-Martin de Tournai	51
Ajout d'une autre main au XIVe siècle	182
Index	
Index scripturaire	185
Index des sources non-bibliques	186
Index onomastique	187
Index toponymique	196

PRÉFACE

Dans les années '70, alors que j'étudiais l'histoire à Louvain, le professeur Albert D'Haenens accepta de patronner mon mémoire de licence qui consistait en une analyse de contenu du *Liber de Restauratione*, un champ d'analyse extrêmement riche pour l'historien des mentalités. Je lui suis encore aujourd'hui infiniment reconnaissant. Et le temps passa.

En 2015, invité comme conférencier par le club Richelieu de Mons, je pris pour sujet les bombardements de Mons durant la seconde guerre mondiale, relatés par un observateur extérieur, Oswald Heyndrickx, secrétaire de direction de la Société des charbonnages de Bois-du-Luc[1]. Naturellement, on me demanda comment j'étais entré en possession du journal de guerre d'Heyndrickx. J'expliquai qu'en 1973, le charbonnage avait été mis en liquidation et qu'à l'époque, j'étais féru d'archéologie industrielle. Bois-du-Luc m'apparaissait comme une évidence. Il fallait conserver le site comme témoin de l'industrie charbonnière dans la région du Centre. L'ingénieur-liquidateur, pour stimuler mon projet, m'avait autorisé à consulter les archives de la société. Caché au fond d'une armoire comme si on avait voulu le dissimuler, je

---

[1] *Notes journalières tenues par Oswald Heyndrickx, secrétaire des charbonnages du Bois-du-Luc, du 1ᵉʳ septembre 1939 au 7 mai 1945*. Ce journal compte 375 pages en deux volumes et relate pêle-mêle, noté au jour le jour, un nombre incroyable d'événements qui de quelque manière concernèrent les charbonnages de Bois-du-Luc. Texte inédit.

découvris le journal de guerre d'Heyndrickx. Un document exceptionnel ! Je le photocopiai et le remis en place.

Quant à la raison de l'enfouissement de ce journal, je ne pus m'empêcher de faire un rapprochement avec un autre journal de guerre – civile, celle-là ! – qui déchira la Flandre en 1127-1128. Ce journal rédigé par Galbert, secrétaire comtal, sous le titre de *Meurtre de Charles le Bon*, ne fut découvert qu'au XVIe siècle.

Pourquoi donc Heyndrickx et Galbert, témoins privilégiés des événements qu'ils relatent, ont-ils pris la précaution de cacher leurs notes ? Voici ce qu'on lit dans l'introduction du *Meurtre de Charles le Bon* (et *mutatis mutandis* cela s'applique également à Heyndrickx) : « Presque personne n'était épargné. Était-il vraiment utile de révéler toute cette histoire et de montrer au monde ce qu'il y avait de pourri dans le comté de Flandre ? Galbert avait vu juste et l'avait dit d'un ton tranchant, son récit était trop véridique pour être publié. Galbert a soigneusement caché son texte jusqu'à ce que des générations moins concernées puissent le lire dans les siècles à venir, tel qu'il l'avait rédigé en plein tumulte »[2].

Je me rappelai aussitôt qu'Hériman de Tournai en tant qu'abbé avait été invité avec d'autres ecclésiastiques du comté de Flandre à assister à la levée du corps du comte Charles. C'est ainsi que je me replongeai dans la lecture du *Liber de Restauratione* et décidai de le traduire en français. Voulant servir au mieux le texte original, je me suis efforcé à le rendre dans un langage clair et précis. Des notes infrapaginales ajoutent à la compréhension du récit.

L'introduction qui suit présente l'auteur et son univers. S'adossant à mon mémoire de licence[3] qui date d'une bonne quarantaine d'années, cette présentation n'a nulle prétention de rivaliser avec

---

[2] Galbert de Bruges, secrétaire comtal, *Le meurtre de Charles le Bon*, traduit du latin par J. Gengoux, Anvers, 1978 ; introduction de R. C. Van Caenegem, p. 60-61.

[3] *Un moine bénédictin du début du XIIe siècle. Hériman de Tournai à travers son œuvre : le Liber de Restauratione*. Mémoire présenté pour l'obtention du grade de licencié en Philosophie et Lettres (groupe B. Histoire) par Paul Selvais. Université catholique de Louvain, Louvain, 1976. Il est consultable à Bruxelles (bibliothèque royale de Belgique. Série III : manuscrits modernes et contemporains), à Gand (UGent, bibliothèque de la faculté de Philosophie et Lettres : Histoire), à Liège (ULg, bibliothèque des Sciences historiques), à Lille (bibliothèque de l'université catholique de Lille), à Louvain (KULeuven, bibliothèque Maurits Sabbe), à

des études historiques récentes consacrées à Hériman de Tournai. Ayant écarté cette option, les références bibliographiques seront minimales mais suffisantes à ce niveau. Cette mise au point est purement académique.

L'introduction comporte quatre volets : un portrait de l'auteur, une proposition d'analyse de la *Restauration*, un commentaire sur la tradition manuscrite, les éditions critiques et les précédentes traductions, et, en manière de conclusion, un essai d'explication du succès littéraire d'Hériman.

Mons, le 11 novembre 2019,
Paul Selvais,
Secrétaire honoraire du Conseil supérieur de l'Enseignement
supérieur artistique

Louvain-la-Neuve (UCL, bibliothèque des Arts et des Lettres), à Mons (UMons, bibliothèque centrale) et à Tournai (bibliothèque communale : fonds Tournai).

INTRODUCTION

Le *Liber de Restauratione monasterii Sancti Martini Tornacensis* (*La Restauration du monastère Saint-Martin de Tournai*) est avant tout un témoignage concret sur l'époque et la société dans laquelle l'auteur a vécu : Hériman d'Osmont dit de Tournai nous raconte avec force détails les événements qu'ont connus la ville de Tournai, le comté de Flandre (thiois mais aussi roman, le comté s'étend jusqu'à Saint-Omer), le royaume de France et la chrétienté au XIIe siècle. C'est aussi son histoire et celle de sa famille que l'auteur nous rapporte.

Le *Liber de Restauratione*. L'auteur, sa vie[4]

Prêchée par Bernard de Clairvaux à la demande du pape Eugène III, la deuxième croisade (1147-1149) conduite par l'empereur Conrad III et le roi de France Louis VII n'aboutit qu'à un désastre en Asie Mineure. Parmi les princes, Thierry, comte de Flandre ; parmi le clergé, un moine : il vient de Tournai et s'appelle Hériman d'Osmont. Il disparaît en chemin, à l'âge de cinquante-six ans (1147). Puisque ceux qui ont pris la croix ont reçu la promesse que tous leurs péchés seraient absous, Hériman s'endort dans la paix du Christ. Voici son histoire.

---

[4] D'Haenens (A.), Hériman de Tournai dans *Nouvelle Biographie Nationale*, t. I, Bruxelles, 1988, p. 163-171.

INTRODUCTION

Issu d'une famille noble, il entre à l'âge de quatre ans avec ses parents et ses trois frères au monastère, un ancien prieuré en ruines dédié à saint Martin, situé à proximité de la ville de Tournai, où se sont installés dès 1092, et définitivement à partir de 1095 un professeur de philosophie appelé Odon et cinq compagnons. Leur conversion fut provoquée par la lecture de saint Augustin qui compare le monde à un cloaque. Odon est élu abbé et la règle observée à Cluny est adoptée. Les enfants vivent la substitution du modèle communautaire au modèle familial traditionnel : les moines deviennent les frères et l'abbé, le père. Hériman est le plus doué des enfants éduqués par Odon.

Malgré des débuts difficiles, la jeune communauté se développe rapidement sur le plan matériel grâce à la gestion efficace du père d'Hériman, Raoul d'Osmont, promu prévôt par l'abbé. Disposant de revenus considérables, l'abbaye est reconstruite. C'est la restauration de Saint-Martin. Libéré des soucis matériels, l'abbé Odon peut se consacrer entièrement à la direction spirituelle du monastère. L'activité intellectuelle est intense. La bibliothèque de l'abbaye est renommée. Les copistes sont appliqués. Le jeune Hériman, âgé d'une bonne vingtaine d'années, commence à s'intéresser à l'ancienneté de son abbaye. L'hypothèse de départ est que l'abbaye Saint-Martin de Tournai aurait été fondée par saint Éloi sous les Mérovingiens et détruite par les Normands en 881[5].

---

[5] [Ch. 48] « C'est alors que de farouches Normands déferlèrent en masse – tout comme les Vandales, selon nos lectures, l'avaient fait en l'an de l'incarnation du Seigneur 453 à l'époque du très saint Nicaise, Mérovée régnant sur les Francs–, renversèrent les fortifications de nombreuses villes. [...] Et comment cela se fit, nous avons choisi de le rédiger par écrit et de le faire connaître à la postérité, dans la mesure de nos moyens, en résumant les chroniques anciennes et les paroles de nos contemporains. »

Aux chapitres 49 et 50, l'auteur se réfère évasivement à deux chroniques anciennes : l'une est de Sigebert de Gembloux, l'autre d'un moine de Marchiennes qu'il ne nomme pas. De la première, par extrapolation, Hériman prétend la destruction de Tournai par les Normands. Or, Sigebert ne mentionne pas Tournai dans sa liste des villes martyres. La seconde, selon Hériman, rapporte qu'« Emmon, évêque de Tournai, fut tué en 860 par les Normands, vingt et un ans avant cette dévastation. » Or, cette chronique n'existe pas comme telle, il s'agirait, d'après G. Waitz (n. f, p. 101) en fait d'un codex de Marchiennes reprenant les *Annales Vedastines* dont la partie contenant l'année 860 est absente. Celles-ci débutent en

Abandonnées par les moines, les terres de l'abbaye ont été depuis récupérées par les chanoines ou accaparées par des laïcs. Si ces faits pouvaient être démontrés, les usurpateurs devraient les rétrocéder, le cas échéant.

L'argumentation se fonde sur un acte diplomatique (une charte de donation), des archives, des témoignages oraux et même des fouilles archéologiques. Voici le résumé de ces recherches.

Hériman commence son enquête en se rendant à Ferrières (dép. de Seine et Marne) où l'abbé du lieu possède, paraît-il, une charte de Charles le Chauve – donc datant d'avant les invasions normandes – confirmant la donation à Saint-Martin de Tournai par le comte d'Anjou d'un domaine situé à 12 km de Ferrières, à Souppes-sur-Loing. L'abbé de Ferrières refuse toutefois de lui céder le précieux document par crainte d'irriter le chevalier possédant actuellement le domaine. Visitant l'église de Souppes, Hériman découvre un vieux manuscrit moisi en décomposition portant d'après lui l'ex-libris de Saint-Martin de Tournai. En sortant de l'église, un vieillard lui raconte que le domaine a appartenu à l'abbaye Saint-Martin de *Tornio*. Hériman ne voit pas qu'il pourrait s'agir de l'abbaye Saint-Martin de Tours. Quant à l'ex-libris, vu l'état du manuscrit, peut-être s'est-il imaginé déchiffrer « Tornacensis » au lieu de « Turonensis » c'est-à-dire Tournai au lieu de Tours[6] !

Un témoignage autorisé semble pourtant étayer la thèse de l'ancienneté de l'abbaye : Herbaut, archiviste de la cathédrale, qui, au seuil de la mort, est venu chercher le réconfort à Saint-Martin, a révélé l'existence de titres de propriété de l'abbaye. Les chanoines interrogés réfutent le témoignage d'Herbaut[7]. Or, à Helchin et à

---

874 et se trerminent en 900. L'auteur des annales note qu'en 880, « les Normands ravagent par le fer et le feu la ville de Tournai et tous les monastères sur l'Escaut. » mais ne mentionne nullement les « combats que les Normands menèrent contre les Rémois, les Parisiens, les Orléanais et les Compiégnois ». De ce qui précède, Hériman, quoi qu'en pense Waitz, n'a pas consulté les Annales Vedastines.

[6] Chapitre 42.
[7] Chapitre 44.

Saint-Genois, de vieux habitants assurent que Saint-Martin y possédait des revenus, à présent aux mains de l'évêque et de laïcs[8].

Autre indice : l'obituaire de Saint-Amand d'Helnone dans lequel ont été retrouvés des noms d'anciens moines de Saint-Martin aux dires de certains confrères d'Hériman qui l'ont eu en main et vu de leurs propres yeux[9]. Par contre, les fouilles archéologiques n'ont pas donné grand-chose. Elles ont mis à jour « des vases en bronze assez conformes aux usages ecclésiastiques » mais pas le *Trésor* de Saint-Martin[10].

Sur base de ce qui précède, Hériman a néanmoins l'intime conviction que « ce lieu » (Saint-Martin de Tournai) fut autrefois une abbaye. Ce qu'il avance repose davantage sur des présomptions que sur des preuves irréfutables, mais c'est un excellent avocat qui, à force de longs développements, finit par faire adhérer son lecteur. Notons que son maître, l'abbé Odon, excellait en dialectique.

A la mort de son père en 1125, Hériman, âgé de trente-quatre ans, se voit confier le temporel de l'abbaye par le second abbé, Ségard, qui avait succédé à l'abbé-fondateur Odon quand celui-ci avait été promu évêque de Cambrai en 1105. La fonction de prévôt ne sied point à notre intellectuel qui demande rapidement à être soulagé de cet encombrant fardeau. Le deuxième abbé décède en janvier 1127. La communauté choisit Hériman pour lui succéder. Neuf ans plus tard, en 1136, Hériman résigne sa fonction : la discorde règne dans la communauté, son autorité est contestée. Cette situation l'ayant profondément affecté, il motive sa démission par son état de santé. Il est âgé de 45 ans.

Après sa démission, forcée ou volontaire, Hériman se retire dans le Laonnois sur des terres appartenant à l'abbaye Saint-Martin de Tournai. Il se rend fréquemment à Laon où il rencontre l'évêque Barthélemy et l'abbé Anselme de l'abbaye bénédictine Saint-Vincent de Laon. Barthélemy, connaissant la sagacité de l'ex-abbé de Saint-Martin, lui demande plusieurs services. Il le

---

[8] Chapitre 45.
[9] Chapitre 46.
[10] Chapitre 52.

charge de se mettre à la recherche des trois livres d'Ildefonse de Tolède sur la virginité de Marie. Hériman les trouve à Châlons-en-Champagne (autrefois Châlons-sur-Marne) et les copie. L'évêque l'engage à mettre par écrit les miracles accomplis par les reliques de la vierge Marie que possède la cathédrale de Laon. L'ouvrage est intitulé *Miracles de sainte Marie de Laon*. Barthélemy envoie Hériman en Espagne comme « observateur » afin de s'informer de la situation. Il faut savoir qu'Alphonse Ier (roi d'Aragon de 1104 jusqu'à sa mort en 1134) avait promis à son cousin Barthélemy, évêque de Laon, de lui donner le corps de saint Vincent enterré à Valence et le manteau de la Vierge qui se trouve à Tolède (cadeau de la Vierge à saint Ildefonse, lors de ses apparitions, pour ses livres sur sa Virginité). Hériman y trouve un pays déchiré par les querelles de succession et menacé par les Maures. Il renonce à s'avancer plus loin que Saragosse où il copie une *Passio quorumdam martyrum...* (Passion de certains martyrs...) qu'il offrira à Anselme, abbé de Saint-Vincent de Laon, futur premier évêque de Tournai après la restauration de l'évêché. Pourquoi ce cadeau à son ami Anselme ? Dans sa lettre d'accompagnement, il explique au bénéficiaire : *votre patron saint Vincent fut archidiacre de Saragosse*.

Depuis le sixième siècle, les évêchés de Noyon et de Tournai ont un évêque commun. Les Tournaisiens réclament la séparation des deux évêchés et la liberté d'élire leur propre évêque. En 1141, Hériman, oubliant l'échec de son abbatiat, revient à Tournai pour prendre en main la cause séparatiste des chanoines. À leur demande, il se rend une première fois à Rome en 1142 d'où il rapporte une bulle pontificale permettant aux Tournaisiens d'élire leur propre évêque. Mais l'archevêque de Reims refuse de consacrer l'élu des Tournaisiens, dom Absalon, abbé de Saint-Amand. Hériman repart à Rome en 1143. Son adversaire, l'évêque de Noyon-Tournai, Simon de Vermandois, l'ayant rejoint, l'affaire est plaidée. Simon prétexte que la séparation des deux évêchés va amputer considérablement ses revenus. Hériman met en avant la croissance démographique du diocèse de Tournai. Un évêque unique ne peut pas suffire : de nombreuses âmes sont vouées à l'enfer faute de sacrements. Simon ayant distribué de l'argent aux membres de la Curie, la décision s'éternise. Hériman, indisposé par la canicule, se voit déjà mourir. Il entreprend la rédaction de ses Mémoires qu'il intitule : *La Restauration de Saint-Martin de Tournai*. L'abbaye a un demi-siècle et peu de frères de la première génération sont encore en vie. S'il ne les met pas par écrit, beaucoup de choses dignes de mémoire seront oubliées. Il dédie son livre aux frères des générations présentes et futures. Il le terminera à Saint-Martin, à Tournai, quelques mois avant son départ pour la Terre sainte, son ultime voyage ici-bas.

Finalement l'affaire de l'évêché de Tournai est remise au prochain concile tenu à Rome en 1146 : Anselme, abbé de Saint-Vincent de Laon, est consacré évêque de Tournai ; Simon de Vermandois garde le diocèse de Noyon.

Le *Liber de Restauratione*. Proposition d'analyse

Le *Liber de Restauratione* se lit à plusieurs niveaux. Certes, l'information qu'Hériman traite peut être exploitée sur le plan de l'histoire locale, politique, religieuse, etc. – les historiens y puisent la matière qui leur convient – mais pour l'humaniste, c'est le terme « restauration », titre que l'auteur donne à son récit, qui retient l'attention. Hériman pense en termes de restauration. Ce mode de pensée informe tout son récit. Ce qui l'intéresse, ce sont les origines et le retour à celles-ci.

Tout son récit, excepté la *digressio per reges et comites* (contexte politique : chapitres 12 à 36), est transcendé par le même schéma : le retour à l'originaire, que ce soit sur le plan individuel ou collectif, qui implique :
– un état d'origine « idéal » ;
– une « dépravation » de cet état ;
– une stratégie du retour à l'état d'origine « idéal ».

INTRODUCTION

Nous donnons deux exemples : la conversion d'Odon et celle des Tournaisiens.

1° Le retour à l'originaire de l'homme comme individu : la conversion d'Odon.

Le texte[11] :

- Premier passage : « Et voilà que l'on arrive au troisième livre dans lequel le docteur susmentionné [saint Augustin] compare au serviteur chassé de sa fonction précédente, pour ses fautes, et assigné au nettoyage des égouts, les âmes pécheresses qui, pour leurs méfaits, perdent assurément la gloire céleste et, leur vie durant, glorifient ce bas-monde qui ressemble à un égout nauséabond ».
- Second passage : « Attendu que nous rehaussons ce monde fétide de notre infime science, nous ne serons pas dignes après la mort de la gloire céleste puisque nous ne faisons nul service pour Dieu ni ne dispensons notre savoir dans sa soumission mais, dans la vanité du siècle, nous en faisons un mauvais usage pour une gloire mondaine ».

On le constate, le mode envisagé ici est bien celui de l'inhérence et le péché rerprésente l'accident : c'est la chute dans un monde duquel il faut sortir si l'on veut être restauré dans sa dignité première. Pour un intellectuel, c'est le cas d'Odon, il s'agira de mettre sa science au service de Dieu.

---

[11] Deux passages du chapitre 4.

INTRODUCTION

Le tableau ci-dessous transcrit graphiquement les données des deux extraits cités.

	Hors du monde	Monde		Au delà
		Pêché		Mort
	Avant	Maintenant		Après
		ce monde	hors de ce monde	
		Conversions		
		ce siècle	hors de ce siècle	
Passage 1	Serviteur dans sa dignité première	égout à nettoyer		
	âmes dans la gloire céleste	monde : égout puant		
Passage 2		monde puant orné par la science		→ ~~gloire céleste~~
		gloire mondaine vanité du siècle	science au service de Dieu	→ gloire céleste
		−	+	

Diable ——/—— Dieu

2° Le retour à l'originaire de l'homme en société ou du groupe : la restauration de Saint-Martin, symbole de la conversion des Tournaisiens.

La logique d'Hériman se présente ici encore sur le schéma omniprésent de la restauration :
- avant les Vandales, état d'origine « idéal » : l'abbaye[12] ;
- les Vandales apportent la déchéance de l'abbaye : ruines, lieu vide et solitaire[13] ;
- Odon restaure l'abbaye[14].

L'événement :
Dieu punit les Tournaisiens par la peste.

Les faits :
Les pestiférés sont portés à Saint-Martin (ruines à l'extérieur de la ville)[15] pour y mourir, tandis que dans la cathédrale (intérieur de la ville), il y a eu des guérisons (vie)[16]. La procession de Tournai est instituée pour apaiser la colère de Dieu : les Tournaisiens s'humilient publiquement[17]. Or l'humiliation publique (l'épreuve)

---

[12] Chapitre 5, p. 56-57 : « Il y avait à cette époque [...] un modeste prieuré construit en l'honneur du modeste saint Martin sur une modeste butte. La tradition affirmait qu'il avait été anciennement abbaye mais que, saccagée [...] lors de la persécution vandale, elle avait périclité ».

[13] Chapitre 11, p. 62 : « l'abbaye – fondée en l'honneur du très saint témoin de la foi chrétienne et évêque Martin, [...] avait été détruite lors des incursions barbares »

[14] Chapitre 11, p. 61 : « [Odon] devenait un nouveau fondement de l'abbaye » ; chapitre. 18, p. 69 : « Odon renonçant au siècle avec ses clercs, entra à l'abbaye Saint-Martin »

[15] Chapitre 6 : « les pestiférés [pour lesquels nul espoir de guérison ne subsistait] [...] en raison de leur puanteur [...] étaient conduits [...] au prieuré Saint-Martin vu qu'il était vide et solitaire ».

[16] Chapitre 6 : « les malades rongés par la même inflammation étaient chaque jour amenés [...] à la cathédrale [...] de Tournai [...] puisqu'il était reconnu et proclamé au loin que [...] bon nombre avaient déjà été guéris en celle-ci ».

[17] Chapitre 6, p. 58 : « [l'évêque] assigna à tous de jeûner tout le vendredi jusqu'à la nuit[...] En outre, le lendemain, il décida que tout le peuple ferait le tour de la ville à pieds nus en processionnant les reliques des saints ».

constitue une des modalités de la conversion. L'autre modalité est l'abandon des richesses[18].

Le tableau ci-dessous transcrit graphiquement les données du *Liber*

Organisation de l'espace et du temps

	Ville (N.-D.)	Périphérie (S. Mart.)	
avt conv. / réf. phys.	intérieur / propre / vie / +	extérieur / sale / mort / −	Vandales (−) maladrerie ; pestiférés
conversion	1) s'humilier publiquement 2) apporter l'argent de la ville		
apr. conv. / réf. spirit.	extérieur / sale / mort / −	intérieur / propre / vie / +	Odon (+) monastère ; moines

Explicitation :
La conversion des Tournaisiens opère une inversion des valeurs. Ce qui lors de la peste est perçu comme négatif, après la conversion des Tournaisiens est perçu comme positif

[18] Chapitre 7, p. 58 : « Les notables de la ville [...] voyant que l'on portait au prieuré Saint-Martin les infirmes consumés dans leur vie temporelle d'un feu invisible mais, comme nous le croyons, purifiés de leurs péchés par ce supplice, fondaient en larmes en disant de procurer les recettes de toute la cité à Saint-Martin et [...] ajoutaient que [...], le Seigneur aurait bientôt pitié de cette église et la restaurerait. Et leur pieuse foi ne les déçut point.

- les Vandales ont détruit l'abbaye. Elle sert de maladrerie où sont enterrés les pestiférés ;
- Odon la restaure : le monastère prend la place de la maladrerie ;
- les moines remplacent les pestiférés : à la mort physique succède la vie spirituelle.

Remarque :
Aux Vandales, Hériman peut substituer indifféremment les Normands sans souci de la réalité historique parce que les envahisseurs symbolisent indistinctement la ruine.

Le *Liber de Restauratione*. Tradition manuscrite, éditions critiques et traductions

Robert B. C. Huygens a consacré une étude très fouillée aux manuscrits et aux différentes éditions du *Liber de Restauratione* dans l'introduction de son édition critique[19]. La présente traduction se base sur cette édition critique de 2010, qui remplace ou du moins complète l'édition critique de l'érudit allemand Georg Waitz qui date de 1883[20].

Waitz prétend que tout le texte de la *Restauration* n'est pas dû entièrement à la plume d'Hériman. La dernière partie serait due à un continuateur. C'est pourquoi il a scindé l'œuvre entre ce qu'il croit être de la main d'Hériman et une *Continuation*. Huygens estime que c'est une erreur, même s'il accepte que certains passages ne soient certainement pas de la main d'Hériman.

Huygens et Waitz divergent en effet sur la question d'une possible continuation. Waitz considère que la restauration proprement dite du monastère Saint-Martin de Tournai s'achève avec le

---

[19] Herimannus abbas, *Liber de Restauratione Ecclesie Sancti Martini Tornacensis*, éd. R. B. C. Huygens (*CC CM*, 236), Turnhout, 2010, p. 10-30.
[20] *Herimanni Liber de Restauratione Monasterii Sancti Martini Tornacensis*, éd. G. Waitz (*Monumenta Germaniae Historica, Scriptores*, 14), Hanovre, 1883, p. 274-327.

chapitre 90[21] et qu'une continuation consacrée à l'évêché de Tournai lui a été accolée, continuation qu'il a numérotée en vingt-sept chapitres. De plus, Waitz constate que la plus grande part de la continuation est tirée d'un autre écrit d'Hériman rédigé sous la forme d'une « lettre encyclique » distribuée en 1146 au nom des chanoines de Tournai, dans laquelle il raconte en détail l'histoire et la restauration de l'évêché de Tournai[22].

Huygens réfute cette « soi-disant continuation ». Il considère « que cette partie, bien qu'interpolée par endroits, est essentiellement due à Hériman lui-même, sauf, bien entendu, le tout dernier passage qui mentionne son départ pour la croisade ». Huygens a choisi de s'en tenir à la numérotation de d'Achery[23].

Traduttore traditore ! L'adage est connu. Quoi qu'il en soit, la présente traduction – malgré les difficultés de transposer un texte original dans une langue qui, comme telle, n'est pas contemporaine de celle de l'auteur, et qui donc doit s'adapter aux codes et pratiques du lecteur actuel – offre l'indéniable avantage de mettre directement le contenu du *Liber de Restauratione* à la portée de l'honnête homme d'aujourd'hui.

Dom Thomas Le Roy, prieur de Saint-Martin, traduisit en 1457 en *franchois* le *Liber* d'Hériman en dictant son texte à un autre moine du même monastère qui le coucha par écrit. Cette traduction est inédite. Georg Waitz signale que Le Roy a sauté plus d'une vingtaine de chapitres et en a ajouté d'autres de son cru où il est surtout question des reliques du monastère[24]. En fait, Le

---

[21] Chapitre 89, ligne 3270, page 146 dans l'édition d'Huygens. À partir de la ligne 2171, p. 108, la numérotation des chapitres diverge. Ainsi ligne 2231, p. 110, le chapitre 63 chez Waitz devient le chapitre 62 chez Huygens. En fait, Huygens a repris fort sagement la numérotation des chapitres de la première édition imprimée qui est celle de d'Achery (*Spicilegium*, 2ᵉ édition, 1723, p. 888-926 ; édition reproduite par Migne, *PL* 180, Paris, 1855 col. 39-130.) dont Waitz s'est écarté en donnant une autre numérotation à partir du chapitre 61 qu'il scinde en faisant commencer son chapitre 62 à la ligne 2090, p. 106 dans l'édition d'Huygens. Waitz fait commencer une continuation quelques lignes avant la fin du chapitre 89 (l. 3270 dans l'édition d'Huygens) : « Il y eut entre eux et nous tant de sentiments d'attachement que... ».

[22] Waitz, *MGH*, *SS*, 14, introduction de son édition, p. 269.

[23] Huygens, *CC CM*, 236, introduction, p. 21.

[24] Waitz, *MGH*, *SS*, 14, introduction, p. 273, notes infrapaginales.

Roy a écarté les chapitres qui concernent les choses extérieures au monastère. Voici un extrait de sa préface : « ... la plaisante, miraculeuse et piteuse matère que chy dedans est contenue me ont fait humblement présumer et enhardir de tempter à celle translacion. Et aussy che il me sembloit assès estrange que che n'estoit plus à la cognissanche du bon peuple Tournisien ... ». Le destinataire est bien le bon peuple tournaisien. Mais quelles sont les retombées attendues de cette « miraculeuse et pieuse matière » ?

La première traduction contemporaine – anglaise – est celle de l'Américain Lynn H. Nelson en 1996[25]. Cette traduction s'arrête au chapitre 90 de l'édition de Waitz, la *continuation* faisant toutefois l'objet d'un résumé. R. B. C. Huygens relève un nombre considérable d'erreurs dont voici quatre exemples significatifs[26] :

- (ch. 16, l. 573-574) ... *sed uno filio ex ea genito, celeri morte preventus eam viduam reliquit* : « But a swift death came before he had fathered a single child by her and he left her a widow » soit en français « Mais une mort rapide vint avant qu'il n'eût engendré un seul enfant chez elle et la laissa veuve ».

  La traduction correcte est : « il avait engendré de cette épouse un seul fils quand, emporté par une mort soudaine, il la laissa veuve ».

- (ch. 36, l. 1144) ... *petente Guilelmo rex cum archiepiscopo Atrebatum revertitur* : « The king returned at the request of William and the archbishop of Arras » soit en français « Le roi revint à la demande de Guillaume et de l'archevêque d'Arras ».

  La traduction correcte est : « À la demande de Guillaume, le roi en compagnie de l'archevêque revient à Arras ».

- (ch. 38, l. 1274-1275) ... *omnesque libros beati Gregorii sepius relegens, imitatus Paterium universas tam veteris quam novi testamenti sentencias ab eo expositas excerpens* : « He frequently reread all of the books of St. Gregory portraying the Fathers and both the Old and the New Testaments. He excerpted from the

---

[25] Nelson, Lynn H., *The Restauration of the Monastery of Saint Martin of Tournai*, Washington DC, 1996.

[26] Huygens, R. B. C., « Forschungsmitteilungen. Herman von Tournai – Herman von Laon », *Mittellateinisches Jahrbuch* 43.3 (2008), p. 498-502, 499, note infrapaginale.

latter of all the passages that are explained by Gregory » soit en français « Il relut fréquemment tous les livres de saint Grégoire dépeignant les Pères et les deux testaments, l'Ancien et le Nouveau, Il retira du second tous les passages qui sont expliqués par Grégoire ».
La traduction correcte est : « ... parcourant maintes fois tous les livres de saint Grégoire, recopiant Patère, compilant l'intégralité des sentences tant de l'Ancien que du Nouveau Testament commentées par lui... ».

- (ch. 3, l. 87) ... *ubi vero in choro ventum fuisset...* : « if someone broke wind in the choir » soit en français « Si quelqu'un faisait un vent dans le chœur... ».
La traduction correcte est : « Et quiconque serait arrivé dans le chœur » (aurait cherché en pure perte, pour la rigueur, un autre Cluny).

Le *Liber de Restauratione*. Hériman, écrivain

Qu'il parle des hommes et aux hommes ne suffit pas à expliquer le succès littéraire du livre de la *Restauration*. Soutenir que, dans l'attitude de personnages en butte à des événements considérés comme des manifestations célestes, l'auteur nous révèle la complexité de l'âme humaine comme un reflet de nous-mêmes, ne convainc pas.

Pourtant, les nombreuses copies manuscrites, les éditions imprimées, les études qui lui sont consacrées avèrent un intérêt constant, à travers les siècles, pour l'œuvre d'Hériman. Émouvant reportage pour certains, mine de renseignements pour d'autres, chacun y trouve son content. Mais la littérature ? Hériman captive ses lecteurs. Son style narratif et son sens de la mise en scène en font un écrivain passionnant, un écrivain qui n'a pas fini de nous surprendre !

Paul Selvais

INTRODUCTION

Le *Liber de Restauratione*. Bibliographie et sources

Pour une liste complète des manuscrits, éditions, traductions, et études sur le *Liber de Restauratione*, se référer à M. Gypen, « Herimannus Tornacensis, *Liber de restauratione monasterii Sancti Martini Tornacensis; Narratio restaurationis abbatiae Sancti Martini Tornacensis* », in *The Narrative Sources from the Medieval Low Countries. De verhalende bronnen uit de Zuidelijke Nederlanden*, sous la direction de J. Deploige, Bruxelles : Commission royale d'Histoire, depuis 2009, id H030. http://www.narrative-sources.be/ (consulté le 11 juillet 2019).

En ce qui concerne les sources, le professeur Huygens mentionne dans l'apparat des sources de son édition critique non seulement les citations directes mais encore toutes les allusions et réméniscences qu'il a repérées dans le *Liber de restauratione*. Le traducteur, quant à lui, s'est limité aux citations. Reprendre l'ensemble de l'apparat des sources aurait alourdi considérablement le texte de la traduction.

SOMMAIRE

Prologue. Les raisons d'écrire la *Restauration*

De 1 à 4. Odon
1. Maître Odon d'Orléans, (Odard, quand il signe ses ouvrages) est écolâtre à l'école des chanoines de Tournai.
2. Maître Raimbert de l'école de Lille et plusieurs autres maîtres dénigrent l'enseignement d'Odon.
3. Maître Odon est un clerc austère qui ne transige pas avec la discipline. Il ne craint pas les puissants.
4. Après cinq années d'enseignement, il démissionne (1092). C'est la lecture du *Libre Arbitre* de saint Augustin qui est à l'origine de sa conversion. Avec cinq compagnons, il se met en quête d'un couvent de chanoines réguliers.

De 5 à 10. Saint-Martin : église à l'abandon
5. Au sud de Tournai, il y a un prieuré abandonné. Selon la tradition, il s'agit d'une ancienne abbaye construite en l'honneur de saint Martin. Détruite par les Vandales, ses biens furent accaparés.
6. En 1092, le Tournaisis est touché par la peste (le *mal des ardents*). Les incurables sont transportés au prieuré Saint-Martin où ils sont inhumés. L'évêque décrète une procession expiatoire au jour de l'Exaltation de la Sainte Croix.

7. Les notables croient que le Seigneur, touché par les prières des pestiférés qui y sont ensevelis, aura pitié du prieuré délabré et le restaurera.
8. Prophétie d'un vieillard : le Seigneur fera quelque chose d'important en ce lieu.
9. L'avoué de la ville, Fastré, détenteur de certaines terres de Saint-Martin, léguerait volontiers ses biens à l'abbaye Saint-Martin s'il trouvait quelqu'un pour la restaurer. Il fut tué avant la restauration de Saint-Martin.
10. Un jeune homme voit en rêve, deux nobles, Raoul d'Osmont (père d'Hériman) et un certain Gauthier, occupés à rebâtir l'abbaye Saint-Martin.

11. Les Tournaisiens, sachant que maître Odon et ses compagnons veulent quitter la vie séculière, requièrent de l'évêque d'inciter les postulants à s'installer à Saint-Martin. Ils mettront des ressources à leur disposition. L'évêque acquiesce. Les chanoines, soucieux de leurs revenus, refusent. Odon hésite. Finalement tous tombent d'accord. C'est sous l'habit de chanoines réguliers qu'Odon et ses compagnons s'installent à Saint-Martin en 1092.

De 12 à 36. Longue digression « par les rois et les comtes »
12. Robert est écarté du trône comtal de Flandre au profit de son frère Baudouin. Robert se retire en Frise. Le pape Léon IX déclare illégitime le mariage de Baudouin de Flandre avec Richilde de Hainaut ; il prédit que leurs enfants ne posséderont pas longtemps les deux comtés.
13. À la mort de son frère, Robert le Frison, victorieux à la bataille de Cassel, s'empare de la Flandre. Il envoie une ambassade auprès de l'empereur Henri pour obtenir son alliance. Ses légats rencontrent en chemin une dame qui leur prédit que le petit-fils de Robert mourra sans descendance, qu'un garçon originaire du Danemark montera sur le trône et mourra, lui aussi, sans descendance. S'ensuivra une guerre de succession.

14. Robert le Frison noue des liens matrimoniaux avec Philippe, roi de France, et Guillaume le Conquérant, roi d'Angleterre. Ce dernier engendra trois fils. L'aîné, qui avait succédé à son père, meurt à la chasse. Le troisième, Henri Beauclerc, lui succède. Pour mettre un terme aux revendications de l'autre frère, déjà duc de Normandie, il traverse la mer et le ramène captif en Angleterre. Henri Beauclerc règne seul sur l'Angleterre et la Normandie.
15. Henri Beauclerc épouse la fille du roi d'Écosse contre l'avis d'Anselme, archevêque de Cantorbéry, qui prétend que la jeune fille a pris le voile durant son éducation chez les nonnes. Anselme prédit que l'Angleterre ne se réjouira pas longtemps de la progéniture engendrée de cette union.
16. Les fils d'Henri Beauclerc périssent en mer. Sa fille, mariée à l'empereur romain germanique mort prématurément, a de lui un seul fils. Au décès d'Henri Beauclerc, les barons anglais, écartant sa fille du trône, choisissent pour roi Étienne de Blois. Le royaume est ravagé par la guerre civile.
17. Le comte de Louvain, gendre de Robert le Frison, périt dans un tournoi à Tournai. Sa veuve, sans enfant, épouse en secondes noces le duc d'Alsace à qui elle donne plusieurs garçons.
18. À Robert le Frison († 1093) succède son fils, Robert II dit de Jérusalem. Son épouse, Clémence de Bourgogne, ayant engendré trois fils en moins de trois ans, use d'un expédient pour ne plus enfanter. Elle encourt le châtiment divin : ses enfants meurent avant elle.
19. Le pape Urbain lance la première croisade. Le comte de Flandre, Robert de Jérusalem, y prend part en compagnie d'autres princes nommément cités, et se couvre de gloire.
20. Robert de Jérusalem, appelé par son suzerain et beau-frère, le roi de France, pour attaquer la place de Dammartin, y trouve la mort. Le roi fait comte de Flandre le jeune Baudouin (VII dit à la Hache) alors qu'il n'est pas encore chevalier, et ordonne à la noblesse flamande de faire hommage au jeune comte.
21. Le roi parti, Baudouin à la Hache rassemble ses vassaux pour assurer la paix intérieure et prévient qu'il punira ceux qui la violeront.

22. Ainsi, il fait jeter dans l'eau bouillante en place de Bruges devant une foule nombreuse, un chevalier convaincu de brigandage.
23. À Gand, une pauvre femme se plaint à lui que sa vache a été volée. À la noblesse qui se presse autour de lui, le jeune comte jure de ne répondre à personne tant que la vache n'aura pas été rendue.
24. À Thourout, dix chevaliers détroussent un marchand se rendant à la foire. Le comte les fait pendre malgré les supplications de leurs parents. Il se montre particulièrement cruel en feignant la clémence.
25. Baudouin VII soutient la rébellion de Guillaume Cliton dont le père, duc de Normandie, a été capturé par Henri Beauclerc.
26. Baudouin VII a recueilli son cousin Charles de Danemark après l'assassinat de son père. Il lui confie le gouvernement de la Flandre pendant qu'il recommence ses incursions en Normandie. Gravement blessé, Baudouin VII eût pu en réchapper s'il avait écouté ses médecins. Les excès de bonne chère l'achèveront. Un an plus tard, au seuil de la mort, il institue Charles comme successeur.
27. Charles est le protecteur des églises. Par exemple, un chevalier tracassait l'abbaye de Saint-Bertin à propos d'une terre qu'elle possédait depuis soixante ans sans titre et qu'il voulait récupérer. Le comte Charles le menace de le plonger dans l'eau bouillante comme le fit le comte Baudouin s'il entend encore parler de cette affaire.
28. Le comte Charles est assassiné en l'église Saint-Donatien à Bruges le 2 mars 1127 alors qu'il faisait la charité.
29. Il est saint et martyr. Un boiteux s'enduit les jambes du sang du glorieux comte Charles et retrouve l'usage de ses membres. Ce miracle trouble les meurtriers. Ceux-ci, administrateurs d'origine servile, avaient détourné à leur profit d'abondantes richesses sur les revenus comtaux.
30. Le commanditaire occulte de l'assassinat, Bertulphe, prévôt de Saint-Donatien, pour faire croire à son innocence, fait construire un catafalque précieux à l'endroit du crime. Le corps du glorieux comte Charles y repose pendant soixante jours.

31. Les seigneurs flamands conduits par Baudouin, châtelain de Gand, s'avancent vers Bruges pour punir les meurtriers. Ceux-ci se retranchent dans le donjon comtal.
32. Charles étant mort sans descendance, le roi de France s'informe auprès des grands féodaux flamands à propos du comte qu'ils souhaiteraient avoir. Ceux-ci proposent au roi de désigner l'un de ses fils. Le roi décline l'offre.
33. Le comte Baudouin IV de Hainaut argue que son arrière-grand-père Baudouin VI de Flandre (Baudouin Ier en Hainaut) en épousant la comtesse Richilde de Hainaut, avait régné sur les deux comtés. Son père Baudouin III de Hainaut, après avoir rompu ses fiançailles avec Adélaïde de Savoie, a épousé Yolande de Gueldre. Adélaïde épouse le roi de France, Louis VI le Gros, dont elle enfante Louis VII le Jeune. Baudouin III engendre de Yolande, Baudouin IV dit le Bâtisseur et Richilde qui épouse Evrard II, le châtelain de Tournai.
34. Cette Richilde donne naissance à quatre enfants : Baudouin, mort en bas âge, Evrard III, Godefroid et Yolande. Evrard III succède à son père et pacifie le Tournaisis.
35. Baudouin IV de Hainaut pose sa candidature au trône de Flandre. Louis VII semble intéressé puis se rétracte en désignant Guillaume Cliton, fils du duc déchu de Normandie, Robert Courteheuse (ch. 14 et 25). Le roi se rend à Bruges pour ensevelir le corps du comte Charles. Hériman, présent aux obsèques en tant qu'abbé de Saint-Martin, constate que le corps du comte martyr ne sent pas. Ensuite, le roi s'empare du donjon où sont retranchés les traitres qu'il fait jeter du sommet de la tour.
36. Le roi quitte la Flandre en y laissant Guillaume Cliton comme comte. Les Flamands se révoltent et élisent Thierry, fils du duc d'Alsace et cousin du glorieux comte Charles (ch. 17). Une guerre civile oppose Guillaume Cliton à Thierry d'Alsace. Guillaume périt des suites d'une blessure mortelle. Thierry est comte de Flandre.

Fin de la digression

37. Installation d'Odon et de ses compagnons à Saint-Martin (ch. 11). Un an plus tard en 1093, la petite communauté compte dix-huit membres. Ils vivent d'aumônes.
38. Conversion à Saint-Martin d'un jeune clerc, nommé Alulphe. L'abbé d'Anchin, en visite à Saint-Martin, conseille à Odon d'abandonner l'habit blanc des chanoines pour l'habit noir des moines bénédictins afin de marquer leur différence. Odon est élu abbé à l'unanimité (1095). Alulphe devient bibliothécaire et chantre de l'abbaye.
39. Odon et ses moines, excédés par le bruit que font les jeunes en jouant à proximité de l'abbaye, se rendent à Noyon chez l'évêque pour obtenir la permission de s'installer ailleurs (nous sommes en 1095, la communauté compte trente membres). L'évêque refuse. Les moines rentrent à Tournai sous les acclamations des Tournaisiens.
40. Convaincu de la stabilité des moines, l'évêque rend les terres de Saint-Martin, libres de toute charge, à la jeune communauté.

De 41 à 54. Recherches d'Hériman sur l'ancienneté de l'abbaye Saint-Martin

41. Un moine, en visite chez la comtesse Clémence, rencontre l'abbé de Ferrières qui détient des chartes que les moines de Saint-Martin, fuyant la persécution des Vandales, auraient apportées dans son abbaye.
42. Hériman, envoyé au concile général de Reims de 1119, rencontre l'abbé de Ferrières qui fait état d'une charte par laquelle Charles, roi des Francs, à la demande du seigneur de Château-Landon, fit don à Saint-Martin du domaine de Souppes-sur-Loing.
43. Dans la *Vie de saint Éloi*, Hériman lit que le saint orfèvre, alors qu'il fabriquait une châsse pour les reliques de saint Martin de Tours, préleva deux dents. Promu évêque de Noyon-Tournai, il réserva l'une des deux dents à la cathédrale de Noyon et déposa l'autre à Tournai dans un lieu au sud de la ville où jadis saint Martin s'était arrêté. Éloi y construisit un baptistère et divers bâtiments. Des nobles affluèrent en grand nombre et conférèrent leurs possessions à ce lieu. D'après Hériman, des documents probants existent encore aujourd'hui.

44. Herbaut, chanoine archiviste de la cathédrale de Tournai, atteint d'une maladie incurable, se retire à Saint-Martin. Il se rappelle avoir eu en main le recensement des anciennes possessions de cette abbaye. Le père d'Hériman est formel : du temps des invasions normandes, plusieurs biens immeubles et meubles appartenant au couvent fondé par saint Éloi dont la dent de saint Martin, sont tombés en possession des chanoines de Tournai.
45. De vieux villageois ont appris de leurs aïeux que les biens que Saint-Martin possédait à Helchin, Saint-Genois, Hérinnes et Léaucourt avaient été accaparés par les chanoines auxquels les moines, fuyant les invasions normandes, les avaient confiés. Pour éviter le conflit entre les deux institutions religieuses, les témoignages de l'ancienneté de l'abbaye Saint-Martin n'ont pas été révélés.
46. Autre témoignage à ne pas négliger. Les anciens moines de Saint-Martin d'avant les Normands avaient une confraternité avec ceux de Saint-Amand. Au passage de la messe « Souviens-toi, Seigneur, de… », l'officiant lisait une liste comprenant les noms des frères de Saint-Martin et des autres monastères avoisinants. Des moines de Saint-Martin ont pu tenir cette liste en main
47. Dans la *Vie de saint Éloi* (ch. 43), Hériman lit que le fondateur de Saint-Martin ensevelit saint Piat à Seclin. À cet endroit, il institua un chapitre de chanoines pour le service divin. Ils sont toujours là et ont conservé les documents afférents à leurs accroissements fonciers. Hériman enrage de ce que Saint-Martin n'ait pas eu le même bonheur.
48. Après la conversion des Tournaisiens par saint Piat, vers 300, et après la fondation des églises de Notre-Dame et de Saint-Martin, la cité se développe jusqu'en 881. Les Tournaisiens oublieux de la vraie religion offensèrent Dieu qui déclencha la fureur des races les plus cruelles.
49. Hériman se réfère à la chronique de Sigebert de Gembloux pour inventorier les villes martyres de la fureur normande.
50. Hériman se réfère à une autre chronique composée par un moine de Marchiennes où il lit que Tournai fut détruite par les Normands.

51. Les moines de Saint-Martin fuient l'envahisseur en se repliant sur Souppes où ils possèdent un domaine (ch. 42). On suppose qu'ils s'associèrent à la communauté des moines de Ferrières et terminèrent leur vie là-bas.
52. Les chanoines de Notre-Dame s'approprièrent la dent de saint Martin et leurs titres de propriété. Quant aux objets sacrés qu'ils ne purent emporter, les moines les enterrèrent dans le pourtour de l'abbaye. Le sol a été sondé sans résultat.
53. Une contestation existe entre les Chartrains et les Seclinois à propos du corps de saint Piat. En 1143, à Seclin on ouvre la châsse du martyr et son corps est montré au peuple. Les moines de Saint-Martin méritent d'en recueillir une dent.
54. Saint Piat manifeste sa présence dans la châsse de Seclin. Des pestiférés atteints d'ergotisme (*le mal des ardents*) sont miraculeusement guéris.
55. L'évêque rend les terres de Saint-Martin à la jeune communauté (ch. 40). Il conseille à Odon de choisir un monastère dont il suivrait la règle. Anchin qui observe la règle de Cluny est choisi. Depuis, Saint-Martin et Anchin ont des liens de confraternité.
56. Premières conversions d'hommes et de femmes à Saint-Martin. Ide d'Avesnes, veuve de l'avoué Fastré, est la première à se convertir. Son frère, Thierry d'Avesnes, en guerre contre le comte de Hainaut, brule les couvents de moniales de Mons (Sainte-Waudru) et de Maubeuge (Sainte-Aldegonde).
57. Sainte Waudru et sainte Aldegonde réclament justice à la vierge Marie. Thierry d'Avesnes meurt dans une embuscade. Digression sur les avoués de Tournai et les seigneurs d'Avesnes.
58. Conversion du chevalier Gauthier et de son épouse (ch. 10). Le chevalier Raoul d'Osmont (ch. 10) facilite une transaction portant sur une terre située en forêt de Pévèle que Gauthier détient en fief du comte de Flandre. Gauthier bâtit la nouvelle abbaye Saint-Martin pouvant contenir cent moines.
59. Raoul d'Osmont a deux frères : Tetbert est prévôt de l'évêque, et Thierry, monnayeur de Tournai. Un différend oppose l'avoué de Tournai, Fastré, à Tetbert. Fastré tue traitreuse-

ment Tetbert lequel apparaît en songe et demande à sa famille de pardonner à l'assassin. Les familles se réconcilient. La fille de Fastré marie le fils de Thierry le Monnayeur. Vingt marcs d'argent de dédommagement sont versés par Fastré à la famille d'Osmont qui les donne à Saint-Martin.

60. Raoul d'Osmont, son épouse, Mainsende, et leurs trois fils. L'aîné, Thierry destiné à l'étude des lettres, refuse la prébende que son père lui a obtenue contre trente marcs d'argent.

61. À la suite d'une grave maladie, Raoul d'Osmont consulte le frère de sa femme, moine et prévôt de Saint-Amand d'Helnone, qui lui conseille de quitter le siècle. Mainsende dit qu'elle fera de même et qu'ils offriront leurs trois fils à Dieu. Ils optent pour Saint-Amand car, à l'époque, maître Odon ne s'est pas encore converti. Toutefois, Mainsende demande à Raoul de patienter car elle est enceinte. Raoul fait don d'un moulin à l'abbaye de Saint-Amand.

[W.62]. Cette même année (1092), Odon s'installe à Saint-Martin. Un dimanche que Mainsende est allée à la messe à Saint-Martin avec son fils Thierry, âgé de sept ans, celui-ci se joint aux clercs. Mainsende se réjouit : « Si Thierry persévère, alors nous réhabiliterons ce prieuré selon nos moyens ». Thierry persiste. Raoul d'Osmont en fait part à son frère, Thierry le Monnayeur. Raoul donne quatre moulins à Saint-Martin.

62. [W. 63]. La même année (1095), les clercs reçoivent de l'abbé d'Anchin, l'habit monacal (ch. 38 et 55). Quand Raoul d'Osmont apprend qu'ils désertent Tournai (ch. 40), il décide de les rejoindre et de se convertir. Odon, avant d'admettre Raoul dans la communauté des moines, lui impose des épreuves d'humiliation. Mainsende, à l'instar de son mari, se convertit et offre deux moulins et cent marcs d'argent avec lesquels on rachète les terres jouxtant l'abbaye.

63. [W. 64]. Hugues, abbé de Saint-Amand comprend que Raoul se fasse moine à Saint-Martin. L'abbé accepte de céder à Saint-Martin la moitié d'un moulin que Raoul d'Osmont avait donné quand il avait décidé, dans un premier temps, de se faire moine à Saint-Amand. Cette copropriété rapproche les deux abbayes.

64. [W. 65]. Conversion d'Henri et de sa famille. Henri sera chargé de l'approvisionnement de Saint-Martin (ch. 69 [W. 70]). Son fils et le quatrième fils de Raoul d'Osmont – ils ont le même âge – sont élevés ensemble et gravissent les ordres en même temps. Ses deux filles sont moniales comme leur mère.
65. [W. 66]. Les conversions sont nombreuses et l'argent afflue mais Odon, au lieu de le consacrer à l'aménagement de l'abbaye, préfère payer les rançons exigées par Evrard, le châtelain de Tournai, pour libérer les prisonniers.
66. [W. 67]. Raoul le Normand, un des premiers compagnons d'Odon, chargé de sonner les heures canoniques, entend, à plusieurs reprises, dans l'abbatiale comme une foule chantant une antienne. Odon et les aînés pensent que ce sont les âmes des défunts enterrés là qui remercient Dieu pour la restauration de l'abbaye.
67. [W. 68]. Odon, pétri des enseignements des Pères de l'Eglise, impose des épreuves extrêmes aux postulants. Conversion de plusieurs chanoines tournaisiens. Ainsi éprouvés, ils reçoivent l'habit monacal. Odon ne veut pas recevoir les revenus des autels qu'ils possèdent. Pour lui, il faut tirer sa subsistance du travail manuel. Des moines vivant en agglomération urbaine comme ceux de Saint-Martin, lui font remarquer qu'on ne peut observer en tout les préceptes des Anciens.
68. [W. 69] Les moniales de Saint-Martin : l'exclusion de Mainsende et sa réintégration.
69. [W. 70]. Cette même année (1095), une atroce famine toucha la province. Odon ayant tout distribué aux pauvres, il ne resta plus rien pour les moines. Ceux-ci lui demandent de ne s'occuper que du spirituel et de laisser le temporel à des gens compétents. Et de s'en tenir strictement à la règle de Cluny. Odon nomme Henri (ch. 64 [W. 65]) comme cellérier, Raoul d'Osmont comme prévôt à qui il adjoint Gauthier (ch. 10 et 58). Thierry le Monnayeur mis au courant par son frère Raoul d'Osmont prête 40 marcs d'argent que par la suite, il ne voulut pas récupérer et fit don d'un jardin en bordure de l'Escaut. Gauthier entreprit la construction de l'abbatiale avec les dons

des fidèles. Thierry le Monnayeur donna 100 sous pour bâtir le réfectoire et 100 sous pour le cellier

70. [W. 71]. On se demande comment la communauté a pu soutenir un tel manque de pain durant cette année de disette. Les denrées sont hors de prix ; ni froment ni seigle. Les moines affamés se nourrissent de pain à base de farine d'avoine mêlée à de la paille.

71. [W. 72]. Raoul d'Osmont comprenant qu'une abbaye manquant de revenus ne peut subsister, acquiert des terres et construit des fermes. Hériman donne la liste des fermes jusqu'à la onzième.

72. [W. 73]. Radbod, évêque de Noyon-Tournai, accusé de simonie veut se disculper par serment. Il meurt inopinément à Bruges sans avoir pu se confesser.

73. [W. 74]. Raoul d'Osmont convainc l'abbé d'accepter les dons. Des chanoines font don de nombreux autels. Hériman dresse la liste des autels relevant de son abbaye. Raoul d'Osmont construit encore d'autres fermes dont le nombre passe de onze à vingt.

74. [W. 75]. Dans le pays de Noyon, Raoul d'Osmont confie la restauration d'un prieuré abandonné construit en l'honneur de Saint-Amand, à Raoul le Normand. Des chanoines de Noyon font des dons et se convertissent. L'un d'eux, appelé Pierre, est une sorte de modèle pour les clercs, les chevaliers et même les moines du diocèse qui viennent le consulter.

75. [W. 76]. Alors que la famine sévissait, Raoul le Normand rechignait à distribuer du pain aux pauvres. Un serviteur annonce qu'il n'y a plus de pain. Le susdit Pierre lui ordonne d'aller à l'armoire à pain. Et miracle, celle-ci regorge de pains. Raoul peut faire son devoir d'aumône. Grâce à Pierre, beaucoup de gens se convertirent.
Raoul le Normand avait trois frères dans l'abbaye Saint-Martin de Tournai : Guillaume, Godefroid et Roger. Ce sont les premiers compagnons d'Odon.

76. [W. 77]. Le susnommé Godefroid fut un excellent copiste. Il meurt jeune après avoir visité l'abbé Odon qui était malade.

Ses compagnons d'écriture étaient Gilbert et Thierry (Thierry d'Osmont, frère d'Hériman). Gilbert est décédé.
77. [W. 78]. Raoul d'Osmont, fort de son succès avec le prieuré de Saint-Amand dans le Noyonnais, prospecte le Laonnois. Il y construit deux fermes.
78. [W. 79]. Raoul d'Osmont construit une autre ferme dans l'évêché de Soissons. Son fils Gauthier est chargé de construire en ce lieu une chapelle dédiée à Notre-Dame.
79. [W. 80]. Grâce à Raoul, Saint-Martin ne manque de rien. Odon peut se consacrer entièrement à la religion. Douze jeunes moines sont affectés au scriptorium. Saint-Martin est réputé pour sa bibliothèque. Les abbayes voisines lui empruntent ses ouvrages. L'archevêché de Reims compte trois abbayes clunisiennes : Anchin, Afflighem et Saint-Martin de Tournai.
80. [W. 81]. L'abbaye Saint-Bertin décline. L'abbé Lambert réclame l'aide de Cluny qui y envoie douze moines. Suite à la réforme clunisienne, l'abbaye passe de douze moines à cent-cinquante. Le comte de Flandre et le roi de France empruntent des moines à l'abbaye Saint-Bertin pour réformer leurs propres fondations.
81. [W. 82]. Odon, promu évêque de Cambrai, ne peut occuper son siège en raison de la résistance de l'évêque Gaucher. Odon reste pendant un an au monastère Saint-Martin de Tournai.

De 82 à 85. Digression à propos de la Querelle des Investitures
82. [W. 83]. Autrefois, les empereurs et les rois faisaient les papes et les évêques. Mais sous l'empereur Henri IV, le pape Grégoire VII n'accepte plus cette intrusion laïque dans la nomination des évêques.
83. [W. 84]. La papauté monte le fils, le futur Henri V, contre son père, l'empereur Henri IV. Otbert, évêque de Liège, accueille Henri IV. Le jeudi saint, l'armée d'Henri V se dirige vers Liège, le pont de Visé s'écroule sous le poids des chevaliers ce qui ne décourage pas le pugnace Henri V.
84. [W. 85]. Henri IV le Vieux meurt de chagrin. Son fils, Henri V, établit Odon sur le siège épiscopal de Cambrai. Henri V reprend la politique paternelle. Il s'empare du pape qui, sous la menace, accepte que les évêques reçoivent de l'empereur l'in-

vestiture. Henri V fait célébrer à Liège son mariage en grandes pompes, avec Mathilde, la fille du roi Henri Ier d'Angleterre. Il meurt sans progéniture.

85. [W. 86]. Norbert, chapelain d'Henri V, choqué par son comportement, quitte la vie séculière pour servir Dieu sous la règle de saint Augustin. Depuis sa conversion, il y a trente ans, plus de cent monastères ont été fondés. Dom Barthélemy, évêque de Laon, lui confie la restauration de l'abbaye Saint-Martin de Laon qui compte à présent quelque cinq cents frères.
Fin de la digression.

De 86 à 89 : Querelle entre chanoines de Notre-Dame de Tournai et moines de Saint-Martin

86. [W. 87]. Ségard, prieur de Saint-Martin, succède à Odon comme abbé. Les chanoines de Tournai interdisent d'enterrer à Saint-Martin. Une délégation de deux chanoines de Cambrai qui assistent Odon – évêque empêché – se rendent à Rome et ramènent une bulle du pape Pascal accordant à Saint-Martin le droit d'enterrer tous ceux qui le souhaitent. Les chanoines s'insurgent. C'est la guerre entre Raoul d'Osmont, prévôt des moines, et son neveu Gonthier, prévôt des chanoines. Le pape soutient les moines de Saint-Martin et adresse une bulle à Baudri, évêque de Noyon-Tournai.

87. [W. 88]. Texte de la bulle pontificale : Pascal rappelle qu'il a enlevé à Baudri cette affaire et l'a confiée aux évêques d'Arras et de Thérouanne qui ne réussirent pas à ramener la paix. Ayant fait comparaître les deux parties devant lui et s'appuyant sur l'autorité des saints Pères, il arrête que les chanoines accablent injustement les moines. Il enjoint à Baudri de sceller une paix durable.

88. [W. 90]. Les chanoines transgressent toutes les promesses qu'ils ont faites au pape. Ceux-ci stipendient des chevaliers pour piller les fermes appartenant à Saint-Martin. Ségard envoie le moine Gérulphe, jadis chevalier dans la vie séculière, défendre la ferme de Duissempierre. Gérulphe est blessé. Sa parentèle le venge. Résultat : dix-huit morts et de nombreux blessés. Certains chevaliers du clan de Gérulphe voient dans le

ciel saint Martin sur un cheval blanc mettre en déroute leurs adversaires. Ségard admoneste dans la salle capitulaire les jeunes moines qui se sont réjouis de cette sanglante victoire.

89. [W. 90 et Cont. 1]. Tandis que les moines sont réunis dans la salle capitulaire, le châtelain de Tournai, Evrard, demande à être reçu : « Il est vrai, leur dit-il, que les chanoines vous empêchent injustement d'enterrer mais vous refusez à tort de leur verser les dîmes dues. Certes, je vous ai donné des terres mais je ne pouvais vous accorder les dîmes dues à Notre-Dame pour ces terres. Ne réclamez pas cette liberté de spolier Notre-Dame et je ferai en sorte que vous soit concédée la liberté de sépulture ». Suite à ce discours comminatoire, la concorde est signée entre les adversaires qui se lient dorénavant d'une amitié indéfectible.
Fin de la querelle entre les chanoines et les moines de Tournai.

90. [Cont. 1 suite]. La cité de Tournai avait eu jadis son propre évêque : saint Éleuthère. Saint Médard, évêque du Vermandois, était son ami. Lorsque saint Éleuthère perdit la vue, saint Médard vint l'assister. Quand saint Éleuthère mourut, les Tournaisiens supplièrent saint Médard de continuer à s'occuper de leur diocèse. Saint Médard transféra son siège épiscopal de Saint-Quentin-en-Vermandois à Noyon. Ses successeurs, les évêques de Noyon, conservèrent les deux évêchés.

91. [Cont. 2]. La *Vie de saint Rémi*, archevêque de Reims (il est contemporain de saint Médard) enseigne que son archevêché comptait à son époque douze évêques suffragants dont celui de Tournai.

92. [Cont. 3]. Clothaire, fils de Clovis, fonda à Soissons une abbaye dédiée à saint Médard. Il y fut enterré. Ses quatre fils se partagèrent son royaume. Chilpéric se montre généreux envers les Tournaisiens en répartissant entre l'évêque et les chanoines ses droits régaliens.

93. [Cont. 4]. Liste des prélats qui succédèrent à saint Médard. Hériman signale que saint Éloi édifia l'abbaye Saint-Martin de Tournai. Il s'arrête à Heidilon sous lequel les moines de Saint-Martin fuyant les Normands, se réfugièrent à Souppes-

sur-Loing. À Heidilon succède Rodolphe. Après Rodolphe, les évêques pillent les domaines de Saint-Martin de Tournai.

94. [Cont. 5 et 6]. Foucher, qui succéda à Rodolphe, vécut dans une totale indignité. Après avoir dépecé Noyon, il s'attaqua à Tournai où il ruina les églises Saint-Quentin et Saint-Pierre, et s'appropria certains alleux de Saint-Martin saccagés lors des invasions normandes et jusqu'alors en friche qu'il distribua à des chevaliers pour se les attacher. Il leur aliéna les privilèges que ses prédécesseurs avaient reçus de la faveur royale, à savoir la monnaie, la maière, la justice, les amendes, la taxe sur le transport et trois moulins. Il écorcha aussi les biens des chanoines. Il fut puni d'une mort atroce : des vers le dévorèrent vivant.

    Autre exemple d'évêque dissipateur : Hardouin. Mais d'abord, une petite digression sur Hugues Capet et son fils, Robert II le Pieux. Robert donne en mariage sa fille Adèle au futur comte de Flandre, Baudouin V dit de Lille, fils de Baudouin le Barbu.

95. [Cont.7]. Le roi Robert possédait un donjon à Noyon, en bordure du palais épiscopal, par lequel son châtelain causait beaucoup de mal à la cité. Hardouin s'empara du donjon par ruse et le fit raser. Le roi courroucé menaça de bannir l'évêque. Ce dernier fit intercéder le comte de Flandre, Baudouin le Barbu, auprès du roi, le beau-père de son fils. Le roi pardonna à l'évêque. Pour prix de cette intercession, Hardouin céda au comte douze autels que les seigneurs flamands obtinrent et conférèrent à leurs vassaux. Cette cession était assortie d'une limite temporelle à trois générations.

96. [Cont. 8]. L'évêque Radbod II prie Robert le Frison, fils de Baudouin V de Lille, de restituer à l'Église de Tournai les douze autels qu'Hardouin avait cédés à son aïeul, Baudouin le Barbu. Robert le Frison décède sans avoir pu les restituer. L'évêque ajouta à la ruine de l'évêché en vendant à Thierry le Monnayeur, l'oncle paternel d'Hériman, et à d'autres personnages importants des terres contre une rente annuelle. C'est pourtant ce Radbod qui restaura en 1092 le monastère Saint-Martin. À Radbod II succède Baudri (ch. 87).

97. [Cont. 9]. Depuis plusieurs siècles l'Église de Tournai est privée de son propre évêque. Le pape Urbain II, un ancien moine de Cluny, formé auparavant à la cathédrale de Reims, voulut restaurer les douze évêques suffragants de l'archevêché de Reims. Il excommunie Gaucher, évêque de Cambrai, et comme l'évêché d'Arras était assujetti à celui de Cambrai, il rétablit l'évêché d'Arras. Les Tournaisiens envoient une délégation à Rome pour obtenir la restauration de leur évêché mais Urbain est trépassé et Pascal II lui succède. Baudri fait interdire l'office divin dans la ville de Tournai. Gonthier, le prévôt des chanoines, réagit en envoyant deux chanoines tournaisiens à Rome. Le pape Pascal enjoint au clergé Tournaisien d'élire leur propre évêque. Les chanoines tournaisiens ne sont pas encore revenus de Rome que Baudri est déjà mort.

98. [Cont. 10]. Pendant que les deux chanoines tournaisiens sont à Rome, les chanoines noyonnais élisent Lambert, archidiacre de Tournai, pour succéder à Baudri. Les chanoines tournaisiens élisent Herbert, archidiacre de Thérouanne. Mais Lambert ne renonce point et l'archevêque de Reims, mis sous pression, consacre Lambert. Gonthier, le prévôt des chanoines de Tournai, et l'abbé Ségard de Saint-Martin conduisent leur élu, Herbert, à Rome. Lambert se rend également à Rome. Le pape tranche : Herbert à Tournai et Lambert à Noyon. L'archevêque de Reims persiste à imposer Lambert aux deux évêchés. Le pape tergiverse et demande aux Tournaisiens de ne pas s'opposer à l'archevêque de Reims. Les Tournaisiens se résignent et attendent le décès de Lambert pour obtenir leur liberté.

99. [Cont. 10 suite]. Lambert mort, les chanoines de Noyon élisent Simon de Vermandois avec l'aval du glorieux comte Charles de Flandre.

100.[Cont. 11]. Entre-temps, le prévôt de Tournai, Gonthier, retourne à Rome et meurt en cours de route en Italie. Thierry, fils de Thierry le Monnayeur, succède à Gonthier. Odon, évêque de Cambrai, premier abbé de Saint-Martin, usé par la maladie, se fait porter à l'abbaye d'Anchin pour y mourir.

101. [Cont. 12]. Digression : Movin, un Tournaisien sans postérité, lègue ses richesses à l'abbaye Saint-Médard située à proximité de Tournai. Il demande à l'évêque, Simon de Vermandois, d'y placer des chanoines réguliers. Oger, l'abbé de Saint-Médard, voyant l'exiguïté du lieu, déplace son abbaye dans la plaine de l'Escaut, abbaye qui s'appelle dorénavant Saint-Nicolas-des-Prés.
102. [Cont. 13]. Raoul le Normand, prieur du prieuré Saint-Amand que l'abbaye Saint-Martin possède dans le Noyonnais, meurt. Raoul d'Osmont, le père d'Hériman, meurt peu après. Avant de mourir, il recommande aux moines de ne pas se dessaisir du domaine d'Eparcy qu'il vient d'acheter dans le diocèse de Laon mais de le cultiver. Hériman succède à son père dans la fonction de prévôt. Une dizaine d'années plus tard, c'est sa mère, Mainsende, qui rend l'âme.
103. [Cont. 14]. Après quelques mois, Hériman démissionne de sa fonction de prévôt.
104. [Cont. 15]. Ségard, le deuxième abbé de Saint-Martin décède.
105. [Cont. 16]. Cette même année (1127), le glorieux comte Charles est assassiné. Comme il n'a pas d'héritiers, le roi de France attribue le comté de Flandre à Guillaume Cliton, fils du duc déchu, Robert de Normandie. Simon de Vermandois, évêque de Noyon-Tournai, lui demande la restitution des douze autels concédés par Hardouin à Baudouin le Barbu. Le nouveau comte les rend libres de charges. Les Flamands se révoltent contre Guillaume et se choisissent Thierry d'Alsace comme comte (ch. 36). Thierry entérine la décision de Guillaume de rendre les autels à l'évêque. Mais les seigneurs flamands qui les détiennent en fief refusent de les rendre.
106. [Cont. 17]. Les chanoines tournaisiens possèdent le tonlieu, le pontonnage et leur part des afforages. Ils ont créé des prébendes et ont acquis des terres. Ils réclament aux chevaliers de Noyon à qui l'évêque Foucher les a inféodés les domaines des églises Saint-Quentin et Saint-Pierre.
107. [Cont. 18]. Hériman d'Osmont succède à l'abbé Ségard. On rappelle qu'il fut instruit avec ses frères, Thierry, Gauthier et Raoul, par l'abbé Odon, que l'église abbatiale fut inaugurée

en 1132 par l'évêque Simon de Vermandois. Après dix années d'abbatiat, Hériman d'Osmont démissionne.

108. [Cont. 19]. Gauthier abbé de Saint-Martin de Tournai devient le quatrième abbé de Saint-Martin. Rappel de son cursus. Il est ordonné prêtre en 1136 par l'évêque Simon de Vermandois. C'est sous son abbatiat que l'Église de Tournai recouvre son propre évêque.

109. [Cont. 20]. L'évêque Simon de Vermandois est en place depuis 24 ans (nous sommes en 1141). Henri, un jeune chanoine tournaisien, a une vision dans la cathédrale nouvellement construite de Tournai. Il voit saint Éleuthère qui lui ordonne de lire sa *Vie* qu'il tient en main. Le dimanche suivant, il récite par cœur la *Vie de saint Éleuthère*.

110. Seconde vision du chanoine Henri : il donne lecture de l'*Élévation de saint Éleuthère*.

111. Troisième vision du chanoine Henri : les *Miracles de saint Éleuthère*.

112. [Cont. 21]. En ce temps-là, plusieurs chanoines de Tournai et du diocèse suivent Bernard de Clairvaux pour se convertir. L'abbé, instruit par eux de l'ancien rang de l'Église de Tournai, dépeint à l'évêque Simon la nécessité pour Tournai d'avoir son propre évêque eu égard au grand nombre d'habitants. Simon accepte à condition de garder, sa vie durant, une partie des revenus provenant de l'Église de Tournai. Les chanoines de Noyon refusent la séparation des deux évêchés.

113. [Cont. 22]. Un litige surgit entre le pape Innocent II d'une part, et le roi de France Louis VII, l'évêque Simon et son frère Raoul de Vermandois d'autre part. Le roi avait refusé que le pape consacre un Romain comme archevêque de Bourges. Le roi est excommunié. Simon, quant à lui, a facilité le divorce de son frère Raoul. Raoul est excommunié et l'évêque temporairement suspendu. Profitant de ce litige dans lequel est mêlé l'évêque de Noyon-Tournai, Thierry, le prévôt des chanoines de Tournai, envoie son cousin Hériman à Rome. Hériman revient avec une lettre du pape enjoignant aux Tournaisiens d'élire leur propre évêque.et de le faire consacrer par l'archevêque de Reims.

114. [Cont. 23]. Dom Absalon, abbé de Saint-Amand, est élu mais l'archevêque de Reims ne veut pas le consacrer par crainte du roi et du comte Raoul de Vermandois, le frère de Simon. Hériman repart pour Rome et montre au pape le procès-verbal de l'élection. Simon accourt et corrompt la curie. Aucune décision n'est prise. Absalon meurt. Le prévôt Thierry aussi.

115. [Cont. 24]. Letbert, le nouveau prévôt de la cathédrale de Tournai, envoie à Rome un chanoine muni d'une lettre de Bernard de Clairvaux. Le pape Eugène, lui-même ancien moine de Clervaux, consacre l'abbé Anselme de Saint-Vincent de Laon comme évêque de Tournai (1146).

116. Ce même pape adresse une lettre au roi de France, au comte de Flandre et aux habitants du diocèse de Tournai leur demandant d'admettre Anselme comme évêque et de lui rendre les revenus de l'évêché. La demande pontificale est par tous approuvée. Simon s'incline et ne tente plus rien.

117. [Cont. 25]. À la même époque, Eugène exhorta tous les hommes vaillants à se rendre à Jérusalem et dans les contrées opprimées par les païens. Hériman est de l'aventure mais n'atteindra pas Jérusalem.

118. [Cont. 26] Anselme meurt en 1149. Gérald, abbé de Villers, lui succède. Gauthier abbé de Saint-Martin de Tournai, le quatrième abbé de Saint-Martin meurt en 1160.

119. [Cont. 27] Ajout au XIVᵉ siècle. Les abbés de Saint-Martin de 1160 à 1331.

Les chapitres 117 et 118 ne sont pas de la plume d'Hériman : il a déjà quitté Tournai pour la Terre sainte et a disparu en cours de route.

LA RESTAURATION DU MONASTÈRE SAINT-MARTIN DE TOURNAI

PROLOGUE

Aux très chers pères, frères et fils, à tous les moines du monastère Saint-Martin de Tournai, frère Hériman, leur infime serviteur, sur les bords des fleuves de Babylone, nous nous souvenions sans cesse de Sion (Ps 137, 1; 136,1 selon la Vulgate).

Pour l'amour que vous m'avez témoigné depuis mon enfance, pour la très sincère obéissance que vous m'avez toujours consacrée sans faillir, que je fusse présent ou absent, aussi longtemps que j'ai voulu être votre abbé, je rends grâces à Dieu et à vous tous et, pour que le Seigneur lui-même vous récompense pour moi, j'implore sa miséricorde. Parce que plusieurs d'entre vous me demandèrent bien souvent d'écrire le récit de la construction ou plus exactement de la restauration de notre monastère pour les générations futures et présentes, eh bien, je veux satisfaire de bon gré à leur requête, sachant que la connaissance des choses anciennes a généralement profité à la postérité et que leur ignorance a souvent entraîné un préjudice considérable. Or vous savez que, depuis ma jeunesse, je voulais m'y mettre et j'avais même écrit des choses sur des tablettes mais, considérant que les premiers fondateurs de notre abbaye vivaient encore, j'ai redouté la souillure de la flatterie si je paraissais écrire, de leur vivant, leurs actions et donc j'ai raturé ce que j'avais commencé. Mais à présent que j'ai succédé comme troisième abbé aux deux premiers décédés et que des premiers moines je n'en vois aucun ou alors bien peu encore en vie, qu'en même temps aussi je n'ignore pas que la cinquantième année de la restauration de notre abbaye est déjà passée, eh bien, je puis acquiescer presque sans crainte à votre demande. De fait, si je différais davantage, le temps passant, beaucoup de choses qu'il aurait fallu raconter pourraient passer insensiblement à l'oubli. Donc, comme vous le savez, de retour de Rome, juste après Noël, avec notre seigneur Samson, archevêque de Reims, j'ai rapporté à Tournai une lettre du seigneur pape Innocent instruisant les Tournaisiens d'élire leur propre évêque et d'être absolument libérés de leur obéissance à l'évêque de Noyon, et ainsi comme dom Absalon, l'abbé de Saint-Amand, avait été élu à l'épiscopat, aussitôt, pour le représenter, je fus prié de retourner à Rome. Et dans l'attente de la réponse du seigneur pape, je m'aperçois alors que j'ai séjourné à Rome du 11 avril au 30 mai (1143); pour ne pas succomber complètement à la fatigue d'une si longue durée ou, si vous préférez, mourir d'ennui au palais du Latran, je me suis mis à rédiger le canevas de la restauration de notre abbaye et je désire vous transmettre ce que j'ai décrit, en vous suppliant de toutes mes forces, si jamais, comme je le crains beaucoup, il m'arrive de mourir à Rome à cause de la chaleur extrêmement pesante, de recommander au Seigneur, par vos prières, l'âme de votre humble serviteur. J'exhorte, avec insistance, votre fraternité à suivre réellement deux choses: la dévotion et l'amour mutuel. En effet, par ces deux choses tant intérieurement qu'extérieurement, avec l'aide de Dieu, vous pourrez progresser. Toutes les fois que nous avons tenu fermement ces deux choses, nous avons contemplé en raillant et piétiné avec dédain les orages du siècle grondant au dehors; mais quand parfois nous laissâmes ces choses se refroidir entre nous, même légèrement, nous avons éprouvé que la prospérité extérieure ne nous apportait rien d'avantageux. Mais c'est assez de ces préliminaires, maintenant que suive le récit le plus authentique !

LA RESTAURATION DU MONASTÈRE SAINT-MARTIN DE TOURNAI

[Ch. 1] Sous le roi Philippe tenant le sceptre du royaume de France, fils d'Henri, petit-fils de Robert, arrière-petit-fils d'Hugues Capet qui chassa du pouvoir les rois de la race du glorieux Charles et obtint la souveraineté, il y eut un clerc originaire d'Orléans, engendré de son père Gérard et de sa mère Cécile, qui s'appelait Odon. Dès l'enfance, tourné instamment vers l'étude des belles-lettres, il obtint un tel degré de connaissance avant l'âge de la jeunesse qu'on ne le jugeait inférieur à aucun Français de son époque en ce domaine; considéré comme méritant davantage le nom de maître que celui d'élève, il enseigna d'abord aux étudiants en scolastique dans la ville de Toul, ensuite, ayant été convié par les chanoines de Notre-Dame de Tournai, il fut institué maître de leur école. La dirigeant pendant presque cinq ans, il élargit tellement sa renommée que non seulement de France, de Flandre ou de Normandie mais encore de la lointaine Italie elle-même, d'Allemagne et de la Bourgogne affluaient chaque jour pour l'entendre, des cohortes de clercs de tout genre à un point tel que si, allant d'une place à l'autre de la cité, on regardait les groupes de discoureurs, on eût cru que tous les habitants, ayant délaissé leurs autres travaux, s'adonnaient exclusivement à la philosophie. D'autre part, si on s'approchait de l'école, on eût aperçu maître Odon en train d'enseigner tantôt déambulant avec ses disciples à la manière des péripatéticiens, tantôt, s'asseyant et analysant diverses questions à l'exemple des stoïciens, dissertant même le soir devant les portes de la cathédrale jusque tard dans la nuit, montrant à ses disciples, d'un mouvement du doigt, le cours des astres et expliquant les variations du zodiaque et de la voie lactée ; et comme ils lui faisaient beaucoup de cadeaux, l'un d'entre eux lui offrit une bague en or dans laquelle était gravée cette formule : « l'anneau d'or sied à Odon l'Orléanais »[a].

Bien qu'il excellât dans chacun des sept arts libéraux, cependant il l'emportait surtout en dialectique et c'est pour elle de préférence qu'un grand nombre de clercs le sollicitait. Il écrivit même sur elle deux opuscules : le premier très utile pour reconnaître et éviter les sophismes qu'il intitula *Sophiste*, le second qu'il appela *Livre des Enchaînements* ; il en composa même un troisième sur *La réalité et l'étant* dans lequel il analyse si la réalité et l'étant sont une seule et même chose. Dans ces trois opuscules, mais aussi dans ses autres ouvrages, quand l'occasion de citer son nom se présentait, il se nommait non pas Odon mais Odard ainsi que tout le monde l'appelait alors.

[Ch. 2] Il faut pourtant savoir à son sujet qu'il enseignait la dialectique à ses élèves non pas suivant les modernes *in voce*[b] mais *in re*[c] à la manière de Boèce et des maîtres anciens. C'est pour cette raison que maître Raimbert, qui, à la même époque, enseignait sur la place lilloise la dialectique à ses clercs *in voce*, et plusieurs autres maîtres le jalousaient beaucoup et le dénigraient en disant que leurs propres leçons étaient supérieures aux siennes. À cause de cela, quelques clercs perturbés ne savaient à qui se fier puisque, d'une part, ils voyaient que maître Odard ne différait pas de la doctrine des Anciens, et que, d'autre part, certains d'entre eux, à la manière des Athéniens, tâchant toujours, par curiosité humaine, d'apprendre et d'entendre quelque chose de neuf, louaient davantage les autres maîtres, principalement parce qu'ils pensaient que leurs leçons étaient meilleures pour s'exercer à la discussion et l'éloquence, disons plutôt au verbiage et à la volubilité. C'est pourquoi, un dénommé Walbert, chanoine de la cathédrale, qui

---

[a] Sigebert de Gembloux, *Auctarium Aquicinense* (*MGH, SS*, 6, p. 394, 28-30).
[b] *in voce* : les universaux sont des mots.
[c] *in re* : les universaux sont des choses.

par la suite fut moine chez nous et plus tard abbé dans l'évêché de Châlons-en-Champagne[a], ébranlé par une telle diversité d'avis et d'égarements des clercs, vint en cachette trouver un devin sourd et muet mais réputé, dans cette même ville, pour son art divinatoire et commença à le questionner par des signes de tête et de doigts pour savoir lequel des deux maîtres était le plus à croire. Aussitôt, celui-là, chose admirable ! comprit sa demande et traversant sa main droite de la paume gauche comme une araire labourant la terre, il tendit un doigt vers l'école de maître Odon, signifiant ainsi que son enseignement était le plus correct ; puis tendant son doigt vers Lille et soufflant en portant la main à la bouche, il insinuait que les cours de maître Raimbert n'était que de la verbosité venteuse. Je relate ces faits, non que j'estime qu'il faille consulter les devins et les croire contre le précepte divin (Lv 19, 31) mais pour réfuter l'excessive effronterie de certains orgueilleux qui ne cherchant qu'à être appelés sages, préfèrent lire leur fallacieuse trouvaille dans les livres de Porphyre ou d'Aristote plutôt que l'exposé de Boèce et des autres Anciens. En fin de compte, dom Anselme archevêque de Cantorbéry, dans le livre qu'il consacra à l'incarnation du Verbe, appelle cette sorte de clercs non pas dialecticiens mais hérétiques en dialectique : « Ils pensent, » dit-il, « que les substances universelles ne sont que souffle » affirmant ainsi qu'ils doivent être soufflés à juste titre du nombre des sages.

[Ch. 3] Bien que maître Odard fût loué partout pour son savoir, néanmoins la dignité de la religion était si puissante en lui que, pour elle, il était tout autant célébré et considéré par tous et partout. En effet, quand, selon son habitude, il fermait la marche d'une cohorte de près de deux cents clercs le précédant et se rendant à l'église, c'est à peine qu'on aurait pu trouver, dans quelque monastère de moines très rigoureux, une plus grande religion : personne n'osait parler à son voisin, personne n'osait rire ni musarder, personne n'avait la hardiesse de regarder à droite et à gauche, même un petit peu. Et quiconque serait arrivé dans le chœur, aurait cherché en pure perte, pour la rigueur, un autre Cluny. Enfin, concernant les fréquentations de femmes, concernant

---

[a] Voir chapitre 67.

les cheveux en bataille, les tenues débraillées et les choses du même acabit qu'aujourd'hui nous voyons se pratiquer de tous côtés par négligence, il est superflu d'en parler puisque, sans hésitation, soit il aurait chassé de l'école ce genre de fléau, soit il aurait abandonné la direction de l'école. En outre, il était d'une telle rigueur qu'il ne permettait à aucun laïc, sans exception, d'entrer dans le cloître à l'heure des leçons. En effet, comme avant son arrivée, les chevaliers et les bourgeois avaient l'habitude d'abuser du cloître des chanoines pour connaître et trancher les litiges séculiers selon le droit coutumier, il les avait déjà tous mis à la porte de sorte qu'il ne permit même pas à Evrard lui-même, le très puissant châtelain de cette ville, qui, à cette même époque, avait ajouté à la seigneurie tournaisienne le château de Mortagne, jadis totalement imprenable, enlevé violemment par la force militaire, de présider à l'heure en ce lieu ce genre de litiges bien qu'il sût qu'il ne l'offenserait pas un peu. En effet, il ne redoutait rien moins que la vengeance injuste des puissants et des riches disant que c'était un grand déshonneur pour le sage si, pour la faveur ou l'amour des princes, il déviait un tant soit peu du chemin de la droiture. Pour une telle conduite, il était affectionné et honoré à juste titre non seulement par les chanoines mais aussi par dom Radbod en personne, à cette époque vénérable évêque de cette ville, et par tous les habitants. Et même si beaucoup disaient qu'il cultivait cette rigueur à cause non point de la religion mais de la pratique de la philosophie antique, cependant le lecteur peut facilement remarquer comment il fut après sa conversion, lui que l'on sait avoir été d'une si grande austérité dans sa vie séculière. Mais de ce qu'il fit dans les écoles, nous en avons dit assez. Maintenant venons-en au commencement de sa conversion.

[Ch. 4] Comme il avait dirigé l'école tournaisienne pendant près de cinq ans, un clerc lui proposa en vente le livre de saint Augustin *Du libre arbitre* que le maître, l'acquérant pour compléter seulement sa bibliothèque, jeta dans un coffre avec d'autres livres vu que, adonné alors à la philosophie du monde, il se délectait davantage de la lecture de Platon que de celle d'Augustin. Comme presque deux mois plus tard, lisant à ses élèves *La Consolation de la philosophie* de Boèce, il était arrivé au quatrième livre dans lequel il est question du libre arbitre, se rappelant le livre acheté et songeant qu'il pourrait y trouver quelque chose d'intéressant puisque son titre portait clairement sur la même matière, ayant appelé son assistant, il lui ordonna de le lui apporter. Donc, ouvrant le livre qui lui avait été apporté et lisant deux ou trois pages, il commença peu à peu à se délecter de l'élégance du discours. Aussitôt ayant rassemblé les clercs, parce que, exempt de toute jalousie, il voulait qu'ils prennent part au trésor découvert : « En effet, dit-il, j'ignorais jusqu'à présent qu'Augustin avait un tel talent aussi agréable ». Après ces mots, reprenant aussitôt le livre depuis le début, il entreprit de le leur lire soigneusement non seulement ce jour-là mais aussi le suivant, en commentant ponctuellement les passages plus obscurs. Et voilà que l'on arrive au troisième livre dans lequel le docteur susmentionné compare au serviteur chassé de sa fonction précédente, pour ses fautes, et assigné au nettoyage des égouts, les âmes pécheresses qui, pour leurs méfaits, perdent assurément la gloire céleste et, leur vie durant, glorifient ce bas-monde qui ressemble à un égout nauséabond[a]. Donc alors que maître Odard lisait cette phrase à ses élèves attentifs, ressentant au-dedans une souffrance extrême de son cœur et, des profondeurs de sa poitrine poussant de grands soupirs[b] : « Ah, dit-il, que durement cette phrase nous accable ! Il me semble, il est vrai, qu'elle s'applique particulièrement à nous comme si elle avait été écrite uniquement pour nous. Attendu que nous rehaussons ce monde fétide de notre infime science, nous ne serons pas dignes, après la mort, de la gloire céleste puisque nous ne faisons nul service pour Dieu ni ne dispensons notre savoir dans sa soumission mais, dans la vanité du siècle, nous en faisons un mauvais usage pour une gloire mondaine ». Après ces paroles, il se leva et, tout inondé de larmes, entra dans l'église. À l'instant, toute la classe est en émoi, même la communauté des chanoines est frappée d'un profond étonnement. Après cet événement, il commença peu à peu à délaisser ses cours et à fréquenter plus souvent l'église, à distribuer l'argent accumulé à tous les pauvres, certes, mais de préférence aux

40

---

[a] Augustin, *De libro arbitrio* 3, 9 (27, 96), CC 29, p. 291, 81 et suiv.
[b] Virgile, *Énéide*, 1, 485.

clercs dans le besoin, à s'essayer à la rigueur du jeûne de sorte que bien des fois serrant du pain dans son poing et taillant de son petit couteau ce qui dépassait, il ne retenait pour son repas que le morceau subsistant dans le poing. Et voici l'homme, il y a peu au teint blanc de lait et d'un embonpoint resplendissant, usé par les privations qu'il s'impose, en quelques jours amaigri, une ossature grêle et saillante, desséché et décharné à un point que ceux qui le voyaient régulièrement, le croyaient changé en un autre homme, et beaucoup déjà le reconnaissaient à peine. Aussitôt, la nouvelle que maître Odon est sur le point de quitter au plus vite le siècle fait le tour de toute la région. Par suite de quoi, cinq de ses clercs le suivant et s'attachant à lui, lui promettent que, où il irait, ils le suivraient sans se séparer et reçoivent sa parole de ne rien faire sans leur commun accord. Nous avons appris qu'ils s'appelaient : Odon, abbé, dont la commémoration du décès est le 19 juin ; Gerbert qui trépassa un 10 avril ; Raoul qui trépassa un 27 février ; Guillaume qui trépassa un 22 avril ; Lamfroid, le cinquième compagnon, périt déchu dans sa fuite[a]. Aussitôt, les abbés de toute la province, aussi bien réguliers que séculiers, arrivent les uns après les autres à Tournai et chacun convie maître Odon et ses compagnons dans son abbaye. Mais, les disciples du maître sont d'avis de choisir l'ordre des séculiers plutôt que celui des réguliers parce que les chanoines auraient des règles plus supportables que les moines en ce qui concerne les offices religieux, la vie de tous les jours et l'habillement (Dt 10, 18). C'est pourquoi ils partent en reconnaissance tantôt au Mont-Saint-Éloi tantôt à Watten où demeuraient des chanoines aux conditions de vie plus strictes, pour examiner minutieusement dans quel lieu il leur conviendrait de s'installer. Mais la divine providence en avait déjà disposé autrement à leur égard.

[Ch. 5] Il y avait à cette époque, au-delà de la porte du midi de cette ville, un modeste prieuré construit en l'honneur du modeste saint Martin sur une modeste butte. La tradition affirmait qu'il avait été anciennement abbaye mais que, saccagée en même temps

---

[a] Orose, *Historiarum adversum paganos* 5, 4, 2 et 6, 4, 6 ; Augustin, *Epistulae*, 228, 5 ; Virgile, *Énéide*, 3, 243.

que d'autres abbayes de Gaule par les païens lors de la persécution vandale, elle avait périclité. Cependant, certaines de ses terres qui subsistaient encore dans la province, nommées communément terres de Saint-Martin, étaient tombées dans les mains de laïcs qui les tenaient en fiefs de la main de l'évêque. Quant au prieuré, il avait été réduit à un tel abandon que plus aucun office divin ne s'y faisait puisque les prêtres en charge des paroisses de la même ville refusaient d'y chanter la messe, personne n'y venant qui leur eût offert quelque chose. Seuls les pauvres qui étaient dans un profond dénuement et qui, décédés à l'écart des églises paroissiales, ne trouvaient personne pour les y transporter, étaient amenés à celle-ci, plus proche. Alors, un prêtre venant de Saint-Piat, l'église voisine, les ensevelissait et si par hasard quelque chose lui était offert par quelque fidèle, il l'emportait.

[Ch. 6] À cette même époque, la justice divine avait terriblement accablé la province de cette peste inflammatoire par laquelle les pieds d'un très grand nombre de gens semblaient se consumer nettement d'un feu invisible que l'on appelait « feu de l'enfer ». Pour cette raison, non seulement de la province elle-même mais encore de contrées lointaines et reculées, les malades rongés par la même inflammation étaient chaque jour amenés par fournée à la cathédrale élevée en la ville de Tournai en l'honneur de Notre Dame, puisqu'il était reconnu et proclamé au loin que, par sa miséricorde, bon nombre avaient déjà été guéris en celle-ci. Mais comme la cathédrale était déjà pleine de monde jusque dans les moindres recoins et qu'aucun de ceux qui entraient ne pouvait supporter l'extrême puanteur comme c'est le cas de la chair humaine calcinée ou, pour parler plus correctement, l'odeur de graillon, les chanoines, poussés par la nécessité, décidèrent que ceux dont les jambes étaient brûlantes, leurs pieds ayant été déjà entièrement consumés, et pour lesquels nul espoir de guérison ne subsistait, seraient évacués de la cathédrale. Et c'est ainsi que les pestiférés, comme ils étaient rejetés de toutes les autres églises paroissiales en raison de leur insupportable puanteur, étaient conduits par leurs proches au susdit prieuré Saint-Martin vu qu'il était vide et solitaire et, quand enfin ils succombaient à leurs brûlures, y étaient enterrés. Bouleversé par l'étendue de cette peste, Radbod, le vénérable évêque déjà mentionné, fit rassembler la population de toute la province à la cathédrale Notre-Dame. Leur ayant fait un sermon général qui les plongea tous dans une terreur affreuse, il fit tondre les cheveux de plus de mille jeunes gens et découper leurs longs habits tombant jusqu'à terre destinés à satisfaire davantage leur goût du luxe que leur besoin. Ensuite, il assigna à tous de jeûner tout le vendredi jusqu'à la nuit de sorte que même les nourrissons n'avaient plus droit au sein maternel. En outre, le lendemain, fête de l'Exaltation de la sainte croix[a], il décida que tout le peuple ferait le tour de la ville à pieds nus en processionnant les reliques des saints ; et ainsi, tous éprouvèrent la colère du seigneur mue en miséricorde (2 M 8, 5), beaucoup de prières et d'aumônes ayant été faites à cette occasion. Cette procession qui fait le tour de la ville le jour de l'Exaltation de la sainte croix s'est maintenue jusqu'à nos jours de sorte que, venant des régions environnantes, on peut voir parfois jusqu'à cent mille personnes de divers âges et sexes se rassembler à Tournai, si ce n'est qu'elles ne le font plus à pieds nus, mais surtout des chevaliers et des jeunes gens s'adonner à divers jeux futiles et aux courses de chevaux, et on trouve là, ce jour durant, plus de frivolité que de religion et de dévotion, la plupart ignorant déjà, en raison de la longueur du temps, pour quel besoin ou motif cette procession avait été instituée au départ.

[Ch. 7] Les notables de la ville, touchés par la miséricorde de la compassion, voyant que l'on portait au prieuré Saint-Martin les infirmes consumés dans leur vie temporelle d'un feu invisible mais, comme nous le croyons, purifiés de leurs péchés par ce supplice, fondaient en larmes en disant de procurer les recettes de toute la cité à Saint-Martin et, d'un cœur fidèle, ajoutaient qu'à cause des prières de ceux qui étaient ensevelis là, le Seigneur aurait bientôt pitié de cette église et la restaurerait. Et leur pieuse foi ne les déçut point.

[Ch. 8] Vital, un vieillard, pauvre matériellement, riche moralement, comme il voyait venir, aux jours de fête, des jeunes gens, en ce lieu vaste et désert, pour courir et jouer à divers jeux en criant joyeusement, il les grondait disant : « Mes chers enfants, cessez

[a] Le 14 septembre (1092).

de troubler les âmes des fidèles reposant ici ; en vérité je vous le dis (Lc 4, 25), le Seigneur bien disposé par leurs prières fera, dans peu de temps, quelque chose d'important en ce lieu ». Comme le vieillard faisait souvent à tous ceux qui l'entendaient, ce genre de remontrances, Herman, le prévôt des chanoines, homme diligent, l'interrogeait par jeu pour se moquer de lui comme d'un vieux gâteux : quelle était donc cette chose importante, que tant de fois il prédisait, qui allait se produire ici ? À qui il répondait sur-le-champ, en présence de tous, par ces mots : « Oui, toi, tu la verras de tes propres yeux, moi je ne la verrai pas ». Que ce fut vrai, la fin le prouva. Le prévôt devenu moine par après dans notre monastère avec son frère Siger, maître de chœur des chanoines, vécut de nombreuses années et nous raconta souvent ce que le vieillard lui avait prédit.

45

[Ch. 9] Par ailleurs, Fastré, avoué de la ville, qui tenait en fief de la main de l'évêque des terres appartenant à cette abbaye, voyant sa femme Ide, sœur de Thierry d'Avesnes, répartir ces mêmes terres entre ses paysans à elle pour les cultiver et les occuper, la morigénait en lui disant que c'était mal faire que d'attribuer les terres de Saint-Martin à des étrangers et qu'avant de mourir, elle pâtirait d'avoir ainsi agi puisque la bonté divine viendrait à l'aide du prieuré. Que cela s'avéra aussi, la fin le prouva. En effet, Ide, après la mort de son mari, devint moniale chez nous, et nous voyant aux prises, pour le rachat de ces mêmes terres, avec les paysans auxquels elle les avait transmises, battait sa coulpe avec force lamentations plaidant la culpabilité en reconnaissant que son mari le lui avait souvent prédit. Quant à Fastré, lors de ses habituelles chevauchées avec ses chevaliers, à chaque fois qu'il passait devant le prieuré, tendant les mains et les yeux vers ses portes, il s'exclamait en pleurant : « Ah saint Martin, pourquoi ne regardes-tu pas vers cette tienne abbaye abandonnée depuis si longtemps ? Maintenant, je t'en prie, prends pitié d'elle et consens à sa restauration ! ». Et à ses chevaliers qui, à force de l'entendre souvent prier ainsi, lui conseillaient d'y faire entrer quelques moines des monastères de la province, il répondait qu'il n'en trouverait aucun pour accepter d'entrer en si grande pauvreté. « Du reste », disait-il, « si je trouvais quelqu'un qui veuille habiter là et aussi restaurer ce petit couvent, Dieu et ses saints m'en soient témoins, je ne léguerais à mes fils même pas un pied de mes terres, mais tout ce que je possède, je le donnerais à cette abbaye ». Toutefois, il fut occis par ses ennemis le jour de la Saint-Médard[a] avant l'arrivée de dom Odon et ne put voir ce qu'il avait si longtemps désiré ; il laissa après sa mort ses fils qui ne se montrèrent pas aussi bienveillants à notre égard.

[Ch. 10] En cette même ville de Tournai, il y avait deux chevaliers dont l'un s'appelait Gauthier, fils d'Hubert, considéré comme l'un des plus puissants vassaux de la province, et l'autre, Raoul d'Osmont, qui, semble-t-il, ne le cédait à aucun habitant. Or, un jeune homme, ayant vu en rêve ces deux chevaliers dans l'abbaye susdite projetant de la rebâtir, à son réveil s'en alla le dire à sa mère, laquelle émettant aussitôt un avis identique aux autres, lui dit : « Aie confiance, mon fils, cette abbaye doit être restaurée très prochainement par la miséricorde du Seigneur et ces deux chevaliers rendront de grands services à ce lieu ». Ce qui arriva. En effet, tous deux se firent moines à l'abbaye Saint-Martin et le saint à qui ils se vouèrent, sait combien de travaux ils accomplirent en elle et pour lui.

[Ch. 11] Or donc, comme pareils présages d'une restauration de l'abbaye couraient dans la région, les Tournaisiens sachant que maître Odon et ses cinq clercs voulaient quitter la vie séculière mais n'avaient pas encore résolus où aller, se rendent chez l'évêque, dom Radbod, et, d'une seule voix, requièrent qu'il incite les postulants à s'installer dans cette abbaye, avec la promesse de mettre à leur disposition les ressources de toute la ville. L'évêque ravi les convoque en particulier, leur fait connaître la requête des Tournaisiens en y ajoutant bon nombre d'arguments. Les cinq clercs répondent que quoi que veuille maître Odon, ils y consentiront : il appartient au maître de peser le pour et le contre avec discernement ! Par conséquent, l'évêque réitère son attente à maître Odon en l'adjurant incessamment d'être le vaillant artisan d'un si grand bonheur. Mais lui ne voyant là qu'une simple petite église vétuste à demi-détruite, appréhendait le poids d'un tel fardeau. Il sort du

---

[a] Le 8 juin.

palais épiscopal réservant sa réponse. Pourtant, l'évêque ne discontinue pas d'exalter encore et encore son âme pour qu'il s'attèle à cette tâche ; comprenant qu'il n'avance pas, il mande Gilbert, prêtre fervent, honoré à l'instar d'un prophète dans la région, qui repose aujourd'hui en l'église Saint-Pierre d'Helnone[a] face à l'autel. Se l'étant adjoint, il tente à nouveau d'enflammer de toutes ses forces l'âme du maître alléguant un passage de l'apôtre *que celui qui aura travaillé le plus, recevra une plus grande récompense* (1 Co 3, 8), et *puisqu'il faut entrer au royaume de Dieu par de multiples tribulations* (Ac 14, 21), que ce serait plus honorable et plus avantageux pour lui auprès de Dieu et des hommes si lui-même devenait un nouveau fondement de l'abbaye plutôt que de se rendre dans quelque monastère construit depuis longtemps et de bâtir sur un fondement étranger. Le maître, enfin vaincu par autant de sentences percutantes, répond en définitive qu'il s'installera là si, par privilège épiscopal, le prieuré lui est transmis exempt de tout recouvrement. L'évêque extrêmement satisfait convoque immédiatement le chapitre des chanoines et les adjure d'acquiescer obligeamment. Mais eux prévoyants, présageant en quelque sorte l'avenir, refusent absolument d'acquiescer objectant que les habitants de la province déserteront l'église-mère et fréquenteront le monastère Saint-Martin pour la ferveur de ses occupants, entraînant par-là forcément une diminution pour eux et, pour ceux-là, un profit à leurs dépens. Face à de telles objections, l'évêque décide de maintenir sa requête durant quelques jours mais redoutant le risque, du fait de cet ajournement, que maître Odon n'aille ailleurs, il reconvoque les chanoines, et comprenant que toutes ses supplications s'épanchent en vain, l'esprit tant soit peu tourmenté, il leur dit : « Eh bien, dès maintenant au nom du Seigneur et par la force de l'obéissance, je vous ordonne de me dire s'il m'est permis de leur transmettre l'abbaye qui relève de mon pouvoir et n'appartient nullement à votre communauté canoniale, pour y servir Dieu et s'attacher à la reconstruire pour l'honneur de Dieu ». Alors les chanoines, serrés dans les liens de l'obéissance et sachant que l'ab-

48

---

[a] Gilbert († 1095), doyen de l'église Saint-André d'Helnone, enterré à l'abbaye Saint-Amand d'Helnone consacrée aux saints apôtres Pierre et Paul.

baye relevait du pouvoir de l'évêque et qu'il lui était permis d'en faire ce qu'il voulait et que, selon le droit canon, ils ne pouvaient le contredire, disent, ayant enfin pris une résolution, qu'ils accepteront ce qui plaira à l'évêque à ce sujet, mais à cette condition : qu'il ne permette, sauf accord de leur part, à aucun de leurs paroissiens d'être enterrés là, après leur décès dans la vie séculière. Sur ce, l'évêque les remercie cérémonieusement. Le dimanche suivant qui tomba le 2 mai, lendemain de la fête des apôtres Philippe et Jacques, en grande pompe accompagné des chanoines et de tout le peuple, il conduit maître Odon et ses cinq clercs à l'abbaye – fondée en l'honneur du très saint témoin de la foi chrétienne et évêque Martin, elle avait été détruite lors des incursions barbares et ceux qui le servaient sous l'autorité d'un abbé avaient déserté le service divin – et, devant tous, la leur transmet exempte de charge ce qu'il confirme par privilège épiscopal, et ensuite les laisse pour y servir Dieu canoniquement selon la règle de saint Augustin dans l'habit des chanoines. Cela eut lieu en l'an 1092 de l'incarnation du Seigneur, le pape Urbain occupant le siège apostolique, Renaud étant archevêque de Reims, dom Radbod évêque de Noyon-Tournai, Philippe régnant sur la France, Henri empereur, le glorieux roi Guillaume, fils du duc Robert de Normandie, régnant sur les Anglais, qui, après la débâcle du roi Harold et de son armée, conquit violemment l'Angleterre, Robert le Jeune, fils de Robert le Frison, tenant le comté de Flandre.

[Ch. 12] Robert le Frison était le fils du comte Baudouin (dit de Lille) lequel érigea la collégiale Saint-Pierre dans la ville de Lille, y installa des chanoines en leur confiant le soin de l'enterrer là. Après sa mort, son fils Baudouin (dit de Mons)[a], frère du Frison, lui succéda ; il restaura l'abbaye Saint-Pierre d'Hasnon, y installa des moines et leur recommanda de l'enterrer là. Sur l'ordre du comte Baudouin (de Lille), son fils Baudouin (de Mons) épousa Richilde, veuve du comte Herman de Mons, et eut d'elle deux fils : Baudouin et Arnould. Après la réconciliation qui ainsi mit fin à une longue querelle familiale, ce Baudouin (de Mons) tint

---

[a] Baudouin VI dit de Mons, comte de Hainaut sous le nom de Baudouin Ier en 1051, comte de Flandre de 1067 à †1071.

les deux comtés de Flandre et de Mons. Avisé de ces épousailles, le pape Léon, qui avait été auparavant évêque de Toul et s'appelait Brunon, déclara le mariage illégitime en raison de la proximité consanguine des époux, et prédit que les descendants de Baudouin (de Mons) ne posséderaient pas longtemps les deux comtés. Que ce fut vrai, la fin le prouva. En effet, Baudouin (de Lille) qui repose à Lille, craignant que ne naisse, après sa mort, une guerre civile entre ses fils Baudouin (de Mons) et Robert, donna, de son vivant, toute sa terre à Baudouin et enjoignit à ses vassaux de promettre hommage et fidélité envers Baudouin qu'il fiança à Richilde et en plus, fit promettre à son fils Robert fidélité envers son frère Baudouin si bien qu'à Audenarde, en présence du père (Baudouin de Lille) et du fils (Baudouin de Mons) ainsi que de nombreux seigneurs, Robert jura publiquement sur les reliques des saints qu'il ne nuirait en aucune façon à Baudouin (de Mons) ni à ses héritiers à propos de la Flandre; son serment accompli, Robert quitta la Flandre et se retira en Frise.

[Ch. 13] Quelques années plus tard, apprenant que son frère Baudouin est mort et enterré au monastère d'Hasnon, et que son fils Arnould est déjà fait comte de Flandre, Robert convoqua en privé certains seigneurs flamands, leur promit des fiefs considérables, entra en Flandre et, reniant son serment, prépara ouvertement la guerre contre son neveu. À cette nouvelle, Arnould, avec l'appui de Philippe, roi de France dont il était le vassal, marcha avec sa troupe contre son oncle Robert, au mont Cassel[a]. Arnould ayant péri pendant la bataille, Robert s'empara de la Flandre, et Richilde, mère d'Arnould, bannie de Flandre, gagna le comté de Hainaut avec son autre fils Baudouin, ainsi apparut la véracité de la prédiction du pape Léon. Robert aussitôt envoya ses représentants auprès de l'empereur Henri pour requérir son assistance en cas de nécessité. Faisait partie de la délégation Baudouin, avoué de Tournai, qui par la suite fut moine de dom Anselme, archevêque de Cantorbéry[b], et qui rapporta que, comme ils approchaient de

---

[a] En 1072.
[b] Voir chapitre 40. Baudouin, avoué de Tournai, s'est fait moine à l'abbaye de Bec en Normandie, sous l'abbé Anselme, futur archevêque de Cantorbéry.

Cologne, ils rencontrèrent une dame distinguée, qu'ils ne connaissaient pas, qui leur demanda qui ils étaient, d'où ils venaient et où ils allaient, et comme ils ne voulaient pas lui révéler l'objet de leur mission : « Je sais, dit-elle, que vous êtes les représentants du comte Robert de Flandre qui, après avoir renié le serment fait au père au bénéfice de son propre frère, a tué le fils de celui-ci et s'est emparé de sa terre ; et à présent, il vous délègue auprès de l'empereur Henri pour obtenir sa faveur et son alliance. Sachez donc que vous ferez bonne route et obtiendrez l'agrément du César, que Robert et son fils posséderont paisiblement la Flandre mais que son petit-fils, qui sera engendré par son fils, mourra sans descendance ; lui succédera un excellent garçon, originaire du Danemark, qui toutefois mourra aussi sans descendance. Après lui, deux candidats se disputeront la Flandre, l'un des deux tuera l'autre et le vainqueur obtiendra la Flandre et ses descendants la posséderont jusqu'à l'apparition de l'antéchrist ». J'ai entendu raconter ces choses quand j'étais petit enfant, par Baudouin, l'avoué tournaisien, qui figurait dans la délégation, et maintenant que j'incline vers la vieillesse, j'observe de mes propres yeux qu'elles sont véridiques comme il l'avait dit.

[Ch. 14] De fait, Robert imposa à la Flandre une paix durable et fut si puissant que sa belle-fille[a] fut épousée par Philippe, roi de France, épouse dont il engendra le roi Louis. Quant à sa sœur[b], le duc Guillaume de Normandie la prit pour femme ; celui-ci, dès que le roi Harold d'Angleterre succomba, conquit l'Angleterre par la force et obtint la double souveraineté comme duc de Normandie et roi d'Angleterre, c'est pourquoi sur une face de son sceau, il est représenté à cheval en tant que duc, sur l'autre trônant tenant le sceptre en tant que roi ; de Mathilde, fille du comte de Flandre, il eut trois enfants : Guillaume qui lui succéda en premier, Robert à qui il donna son duché normand ; quant à son troisième, Henri, il n'eut rien, du moins au début, si bien qu'après la mort de son

---

[a] Berthe, fille du comte Florent de Hollande et de Gertrude. Gertrude, après la mort de Florent, épousa Robert le Frison en secondes noces.

[b] Mathilde, fille de Baudouin de Lille. Trois fils naquirent de cette union : Robert Courteheuse, l'aîné, hérita de la Normandie ; Guillaume, le puîné, hérita de l'Angleterre ; le troisième, Henri Beauclerc, après la mort de Guillaume, s'empara de l'Angleterre et de la Normandie.

père, le glorieux roi Guillaume, il était semblable à n'importe quel autre chevalier, mais une étonnante destinée l'accompagna. En effet, son frère Guillaume, célibataire et roi depuis une dizaine d'années, comme il était parti chasser en forêt, ayant aperçu un cerf passer par le travers, enjoignit à son vassal, Gauthier Tirel, posté juste en face avec son arc et ses flèches, de ne pas le laisser filer de l'autre côté. Le vassal, son arc tendu, tirant sa flèche devant le cerf, toucha le roi en plein cœur qui expira sur le coup; et ainsi Henri, son frère, qui n'avait rien eu au départ, lui succéda. Comme il voyait son frère Robert, le duc de Normandie, s'insurger contre lui et réclamer le royaume d'Angleterre du fait que, étant le plus âgé, il devait succéder de droit à son frère puîné Guillaume, Henri, ayant rassemblé son armée, traversa la mer et débarqua en Normandie, engagea le combat, vainquit son frère Robert, le ramena captif en Angleterre, l'enferma dans un château jusqu'au jour de sa mort, et ordonna que lui soient servies et fournies, comme s'il s'agissait de lui-même, les choses nécessaires aux besoins du corps; et c'est ainsi qu'à nouveau, un seul prince régna sur le royaume anglais et le duché normand et ordonna de reproduire pour lui le sceau paternel. De cet Henri (Ier dit Beauclerc), puisque je l'ai mentionné et qu'il n'y aura pas d'autre endroit pour en parler, je dirai ce qu'il faut retenir même si je semble m'écarter passablement de ma narration initiale.

[Ch. 15] Celui-ci, reconnu comme roi, voulut prendre pour femme une jeune fille dont le père était le roi David d'Écosse; il dit à dom Anselme, le vénérable archevêque de Cantorbéry, de la bénir et, bénie, de l'unir à lui en de solennelles noces. L'archevêque répondit qu'il ne voulait pas la bénir et que, selon lui, le roi ne s'unirait pas à elle vu qu'elle avait pris le voile, comme lui-même l'avait certainement appris, montrant ainsi qu'elle était promise au roi du ciel plutôt qu'à celui de la terre. Le roi objecta qu'il avait promis au roi David, son père, et même confirmé sous serment qu'il la prendrait pour épouse et que, fidèle à son serment, il ne cesserait de la convoiter si l'affaire n'était pas réglée par un jugement canonique; il ordonna, avec le concours de l'archevêque d'York, de réunir en concile les évêques, abbés et ecclésiastiques de toute l'Angleterre pour que cette question importante fût tranchée par un tribunal ecclésiastique. Par conséquent, l'abbesse du monastère dans lequel la jeune fille avait été élevée, fut appelée à l'audience pour dire si, en réalité, la jeune fille avait été consacrée, selon le rite des moniales, par l'imposition du voile et la bénédiction épiscopale. L'abbesse répondit ouvertement : « En réalité, son père, le roi David, me l'avait confiée précautionneusement, non pour qu'elle se fît moniale mais dans le seul but d'être éduquée dans notre monastère avec nos autres fillettes de son âge et d'apprendre les belles-lettres. Elle était déjà adolescente quand, un jour, on m'annonça que le roi Guillaume alors en vie, frère de messire le roi Henri, était là pour la voir, qu'ayant déjà mis pied à terre avec ses chevaliers devant les portes de notre monastère, il réclamait qu'on les lui ouvrît pour prier. À cette nouvelle, craignant infiniment que, par lubie, ce roi célibataire et impétueux qui se plaisait à faire sur-le-champ tout ce qui lui passait par la tête, s'il remarquait la beauté de la jouvencelle, ne lui fît quelque violence illicite, lui si imprévisible et tellement fantasque qui était venu pour la voir, je la fis entrer dans un oratoire assez reculé, lui exposai la chose telle quelle et, avec son accord, lui couvris la tête d'un voile afin que le roi, voyant cela, renonçât à l'étreinte charnelle défendue. Et l'espérance ne me trompa point. Le roi s'était rendu dans le cloître faisant semblant d'admirer les roses et les autres fleurs mais sitôt qu'il la vit passer portant le voile parmi nos autres filles, il sortit du cloître et quitta le monastère révélant au grand jour qu'il n'était venu que pour elle. Or, le roi David, père de la jeune fille, vint, dans la même semaine, à notre monastère, mais avisant sa fille dans cet appareil, de rage lui arracha son voile et le jeta par terre pour le piétiner (Dn 7, 19), puis reprit sa fille avec lui ». Ensuite, l'abbesse, questionnée sur l'âge qu'avait la jeune fille au moment des faits, répondit qu'elle pouvait avoir douze ans. Alors le roi invitant l'archevêque à requérir qu'un jugement soit rendu sur cette affaire, les évêques et abbés, après avoir pris conseil et compulsé divers chapitres des canons, jugèrent en commun que, pour un fait de cette sorte, le mariage ne devait pas lui être interdit puisque, aussi longtemps qu'elle était sous l'autorité de son père, n'étant pas majeure, il ne lui était permis de rien faire sans son consentement. Le jugement rendu, le roi interrogea l'archevêque s'il voulait faire opposition. Dom

Anselme répondit qu'il n'avait rien à redire, puisqu'en réalité ils avaient jugé conformément au droit canon. Alors le roi : « Puisque vous approuvez le jugement, je veux que vous me mariiez à la jeune fille ». Et dom Anselme : « Je ne réfute pas le jugement, dit-il, mais si votre majesté voulait me croire, je lui conseillerais de ne pas l'épouser, puisque, peu importe le comment, elle a porté le voile et qu'il y a suffisamment de filles de rois ou du moins de comtes pour que vous puissiez faire votre choix ». Mais comme le roi persistait dans le projet qu'il avait formé, le saint homme ajouta : « Sire, en négligeant mon conseil, vous ferez ce qu'il vous plaira, mais qui vivra assez longtemps, verra, je crois, l'Angleterre ne pas se réjouir longtemps de la progéniture que votre épouse aura enfantée ». Ces choses, moi quand j'étais adolescent, j'ai appris qu'il les avait dites ; mais maintenant, je vois qu'elles se sont réalisées en grande partie.

[Ch. 16] Ainsi donc, le roi eut d'elle deux garçons et une fille. Les garçons, étaient déjà grands lorsque victimes d'un naufrage pendant la traversée qui les ramenait de Normandie en Angleterre ils périrent en mer avec bon nombre de passagers. Quant à sa fille, le père l'accorda, richement dotée, à l'empereur romain germanique Henri qui célébra son mariage en grande pompe à Liège. L'empereur avait engendré de cette épouse un seul fils quand, emporté par une mort soudaine, il la laissa veuve. Etant libre, elle épousa en secondes noces le comte d'Anjou. Après la mort inopinée de son père à Rouen, les barons anglais se choisirent pour roi Étienne (de Blois) comte de Boulogne, frère du comte Thibaud de Champagne. Profondément choqué par cette désignation, Robert (de Gloucester), fils naturel du roi Henri, se révolta ouvertement contre Étienne et l'ayant fait prisonnier dans un combat, l'enferma dans un château que son père lui avait donné et recommanda à sa sœur de passer au plus vite en Angleterre avec son fils pour recevoir le royaume paternel. Elle qui pensait retrouver une destinée heureuse, traversa rapidement mais ce fut différent de ce qu'elle avait cru, car la femme d'Étienne' avec l'appui des barons lui tint tête fermement. Quelques jours après, Étienne, s'étant réconcilié avec Robert moyennant certains arrangements, sortit de prison et obtint à nouveau le royaume d'Angleterre, et ainsi la fille du roi

Henri se lamenta d'avoir été trompée par un vain espoir. Évidemment, nous ne sommes pas certains des événements futurs, nous constatons seulement que, selon la prophétie d'Anselme, l'Angleterre ne s'est pas réjouie longtemps de la progéniture de cette reine qui, après avoir porté le voile, épousa le roi Henri. Bien plus, le royaume ravagé et éprouvé par une longue guerre civile, passa de l'opulence d'antan à une misère noire. Il ne faut donc pas mépriser, mais plutôt respecter et craindre les paroles des sages et des prélats puisqu'il est clair que la susdite prophétie du pape Léon concernant le comte de Flandre, Baudouin (de Mons), marié à une personne de même sang, et ensuite celle de dom Anselme concernant le roi d'Angleterre furent avérées. Mais maintenant, revenons aux prédictions concernant le comte Robert de Flandre que la dame mystérieuse fit à ses délégués, et combien elles furent vraies, nous le montrerons en quelques mots.

[Ch. 17] En effet, Robert (le Frison), comme on l'a écrit plus haut, accorda sa belle-fille à Philippe, roi de France, sa sœur à Guillaume (le Conquérant), duc de Normandie, l'une de ses deux filles à Canut, roi de Danemark, qui engendra Charles (le Bon), et l'autre à Henri, comte de Bruxelles, lequel, comme il avait appris que le châtelain Evrard de Tournai disposait des plus redoutables chevaliers, se rendit à Tournai pour vérifier leur audace (1095). Un jour qu'il était sorti et paradait de sa force juvénile, il défia l'un des chevaliers de la ligne adverse, appelé Gossuin de Forest[a], à se mesurer à lui, lequel répondit qu'il ne se battait pas parce qu'il était son seigneur[b] et craignait de le blesser fortuitement. Mais le comte le provoquant encore et encore au combat en le traitant de couard et de mou, le fit sortir de sa trop grande réserve. Enfin, le chevalier exaspéré par ses invectives réitérées dressa sa lance, éperonna vivement sa monture, s'élança vers lui, et cherchant, dans ce tournoi, à le désarçonner, lui ficha sa lance dans le cœur le tuant sur le coup. Toute la région fut plongée dans le deuil, car le comte jouissait alors d'une immense renommée et d'un nom respecté. De sa terre,

[a] Gossuin de Forest ou de Lalaing; il s'agit du village de Forest-sur-Marque aux environs de Lille.

[b] Le comte de Bruxelles était son seigneur en tant que beau-frère de Robert II, comte de Flandre de 1093 à †1111, suzerain de Gossuin.

il avait chassé tous les voleurs et brigands de sorte que nulle région n'était aussi pacifiée et plus sûre que la sienne. Ainsi périt-il par vanité ou par sottise sans héritier; sa veuve épousa, à proximité de l'Allemagne, Simon duc d'Alsace et lui fit plusieurs garçons.[a]

[Ch. 18] C'est pourquoi Robert, comte de Flandre, ayant si noblement distribué ses filles, laissa, à sa mort, toute la Flandre à son fils Robert (II dit de Jérusalem). C'est à cette époque que dom Odon renonçant au siècle avec ses clercs, entra à l'abbaye Saint-Martin et trouva un appui généreux en la personne du comte et de son épouse, Clémence. Celle-ci, assurément de sang bourguignon, était la fille du duc Guillaume de Bourgogne et la sœur de dom Guy, archevêque de Vienne, qui, devenu pape romain sous le nom de Calixte, tint un concile général à Reims au temps de l'archevêque Raoul le Vert, lequel succéda à Manassès et précéda Renaud, évêque d'Angers. Clémence, comme elle avait engendré de son mari, le comte Robert (de Jérusalem), trois fils en moins de trois ans, craignant que ceux-ci, si elle en engendrait davantage, ne se disputassent la Flandre, fit en sorte de ne plus enfanter en usant d'un expédient féminin. Elle fut punie du châtiment divin si bien que tous ses fils moururent bien avant elle, et, dans sa viduité, aux prises avec les autres comtes dont elle endurait de nombreux maux, elle se lamenta trop tard de s'être elle-même déshéritée avec sa progéniture.

[Ch. 19] Deux années et demie s'étaient écoulées depuis la conversion d'Odon lorsque le pape Urbain, au concile de Clermont, recommanda à tous les évêques d'enjoindre aux nations placées sous leur autorité d'aller à Jérusalem pour la rémission de leurs péchés et de délivrer le saint sépulcre aux mains des païens en même temps que la ville elle-même. Alors, on vit, comme sous l'effet d'une inspiration divine, une foule innombrable de toutes les contrées d'Occident délaisser le sol natal et tendre vers Jérusalem. Et c'est ainsi qu'en cette occasion le comte Robert en compagnie du comte Godefroid de Boulogne[b], du duc Robert de Normandie, du comte Raymond de Saint-Gilles, du comte Hugues de Vermandois, du comte Baudouin de Hainaut, d'Anselme de Ribemont, de

---

[a] Voir note c, page 84.
[b] Godefroid de Boulogne, duc de Basse-Lotharingie, dit Godefroid de Bouillon.

Clarembaud de Vendeuil et de nombreux autres princes territoriaux, quitta la Flandre et partit avec les croisés. Après avoir assiégé et conquis Antioche et de nombreuses autres cités, il entra finalement en vainqueur, avec l'aide de Dieu, à Jérusalem et lorsque les païens furent chassés ou massacrés, les chrétiens installés et un roi intronisé, il regagna la Flandre où il fut reçu avec tous les honneurs et gouverna le pays pendant presque douze ans.

[Ch. 20] Ensuite comme il avait été appelé par Louis roi de France, fils de sa sœur, pour attaquer la place forte de Dammartin, tandis que selon son habitude il se battait courageusement et mettait en déroute les ennemis du roi, harassé par son trop-plein d'ardeur, il fut alité et trois jours plus tard décéda en ce lieu. Ce fut en grand deuil que le roi et les grands du royaume le portèrent à Arras où il fut enseveli dans l'église Saint-Vaast. Aussitôt les funérailles terminées, le roi appela le fils accompagné de sa mère – Baudouin (VII dit à la Hache)[a] était fort jeune et n'était pas encore chevalier – pour lui confier la terre paternelle et ordonna que la noblesse flamande lui fasse hommage en sa présence et, ainsi fait, retourna en France. Que dirai-je donc de Baudouin, quel était son caractère, même déjà en son jeune âge ?

[Ch. 21] Lorsque le roi s'en alla, il convoqua ses vassaux, leur fit comprendre qu'il voulait le maintien de la paix intérieure, demanda leur aide en ce sens, et prévint qu'il ferait justice au premier qui la violerait sans toutefois les forcer à jurer de respecter la paix. Ils promirent d'observer la paix mais sitôt l'assemblée dissoute, nombreux furent ceux qui dirent que la paix ne pourrait se faire facilement avec un si jeune homme que personne ne craignait.

[Ch. 22] Deux mois plus tard, une pauvre femme se plaignit au comte de ce que deux vaches lui avaient été enlevées et désigna le logis du ravisseur. Le jeune comte s'empara sur-le-champ du brigand et le conduisit à Bruges. À ceux qui lui demandaient s'il ferait pendre le chevalier ou lui arracher les yeux, il répondit qu'il ne ferait ni l'un ni l'autre. En effet, sans attendre, il ordonna que, sur la grand-place, l'on suspendît à la vue de tous un énorme récipient de bronze appelé communément marmite ou chaudron,

---

[a] Baudouin VII, dit à la Hache, né en 1093, comte de Flandre de 1111 à †1119.

de le remplir d'eau et d'allumer un grand feu par-dessous. Quand l'eau fut en ébullition, il fit jeter dans le chaudron le chevalier avec tout son armement et même son épée au côté, lequel mourut dans l'eau bouillante. La foule fut frappée à l'instant même d'une telle frayeur qu'après cela plus personne en Flandre n'osa ravir quoi que ce fût.

[Ch. 23] Un jour qu'il entrait dans l'église Saint-Pierre de Gand pour entendre les vêpres, soudain une pauvresse se plaignit au comte de ce que sa vache lui avait été dérobée, et comme le comte la priait gentiment de l'attendre à la sortie jusqu'à la fin des vêpres, elle répondit qu'elle n'aurait plus l'occasion de lui parler parce qu'il serait entouré d'une foule de chevaliers et de seigneurs. Là-dessus, il retira son manteau et le lui confia avec la recommandation de le lui garder jusqu'après les vêpres. Une fois les vêpres achevées, tandis que la noblesse se pressait autour du comte pour l'entretenir de diverses affaires, il jura de ne répondre à personne aussi longtemps que la vache ne serait pas restituée à cette pauvre femme et ainsi, mille fois béni par elle, il satisfit à sa supplique.

[Ch. 24] Dans la ville de Thourout, tous les ans à la Saint-Jean, il est coutume de tenir une importante foire. Le comte fut prévenu que dix[a] chevaliers se fiant à la position de leurs parents avaient détroussé un marchand qui se rendait à la foire. Surgissant incontinent, le comte les saisit et les enferma dans une pièce. Les parents terrorisés se pressèrent d'implorer la clémence du comte en le priant d'accepter autant d'argent ou de chevaux qu'il lui plairait mais de ne pas les pendre. Le comte, donnant à penser qu'il satisferait à leurs supplications, leur dit d'attendre un moment, le temps de le laisser aller s'entretenir avec les coupables et de revenir. Aussitôt dit, il entra dans la pièce avec une poignée d'hommes et leur ordonna de les pendre à l'intérieur. Mais les hommes lui demandèrent de leur épargner cette besogne et de ne pas leur faire en-

---

[a] Il est dit que le diable se niche dans les détails: l'édition d'Huygens, à la ligne 717 (chapitre 24), donne curieusement la leçon *Dictum est comiti quod milites fiducia parentum suorum...* au lieu de *Dictum est comiti quod X milites fiducia parentum suorum...* comme l'attestent les éditions de Waitz (*Monumenta Germaniae Historica, Scriptores*, 14, p. 283, l. 47) et Migne (*Patrologie latine*, 1855 col. 56, l. 7). Cet *X* qui signifie *decem* ou dix s'est volatilisé mystérieusement.

60 courir l'inimitié perpétuelle des parents, alors le comte accédant à leur souhait, prescrivit aux coupables que celui d'entre eux qui voudrait en réchapper pendît son compagnon. Et donc quand il en fut pendu neuf, le comte ordonna au dixième qui s'en était tiré, de jeter une corde par-dessus la poutre et, monté sur un escabeau, de passer le nœud coulant à son cou. Ainsi fait, le comte envoya valser d'un coup de pied l'escabeau et laissa l'individu pendre à deux coudées du sol[a]. Il sortit de la pièce suivi de ses hommes et aux parents qui recommençaient leurs supplications : « Eh bien », dit-il, « entrez et emmenez-les et rappelez-leur une fois dehors de ne plus jamais rien prendre sur ma terre ». Aussitôt dit, il enfourcha son cheval et vida les lieux. Quant aux parents entrés dans la pièce, ils trouvèrent toute leur parentèle pendue et sans vie, et s'enfuirent horrifiés. Par ce genre d'actions, il avait tant et si bien impressionné tous les malandrins que non seulement personne n'osait plus rien voler mais encore si quelqu'un trouvait sur son chemin quelque vêtement précieux ou une coupe en or, il redoutait de les ramasser. La Flandre aurait pu se dire heureuse si elle avait été digne de posséder longtemps pareil prince. Mais celui-ci, quand il se rendit compte que, grâce à la sûreté publique qu'il avait établie, plus personne ne s'était plaint à lui une année durant et jugeant qu'il n'était pas convenable de rester tranquillement chez soi alors qu'il avait à peine trente ans, il commença à s'exercer au métier des armes[b], et là où il entendait que des chevaliers s'étaient rassemblés pour se battre, il brûlait d'y être en même temps.

[Ch. 25] À cette époque, le roi Henri d'Angleterre (Henri Ier, dit Beauclerc) dont nous avons déjà parlé[c], envahit la Normandie pour y combattre son frère, le duc Robert (dit Courteheuse), et l'ayant vaincu, il l'emmena en Angleterre. Le fils de ce dernier, Guillaume (dit Cliton), un enfant de dix ans, déshérité, trouva asile chez le comte Baudouin de Flandre (à la Hache) qui l'éleva et le fit chevalier dans sa quatorzième année en l'incitant à se rebeller contre son oncle, le roi d'Angleterre, qui tenait son père prison-

---

[a] Une coudée = ± 45 cm.
[b] Pour devenir chevalier.
[c] Voir chapitres 14 à 16.

nier. Le comte, accompagné de Guillaume, commença par faire de fréquentes incursions en Normandie. Le roi Henri lui manda alors d'arrêter son harcèlement sinon de s'attendre à ce que lui vînt à Bruges avec son armée. Aussitôt, le comte lui manda en réplique de ne pas prendre cette peine mais de s'attendre plutôt à ce que lui vînt l'affronter à Rouen. Aussitôt dit, il emboîta le pas au messager royal avec cinq cents chevaliers et arriva devant la ville de Rouen où le roi séjournait. Ayant planté une lance dans la porte de la cité, il cria aux habitants d'aller dire au roi que le comte de Flandre était là. Mais le roi qui disposait de deux mille hommes, quand il vit un tel raffut et une telle insolence, en homme avisé, dit qu'il ne sortirait pas contre l'insensé jeune homme et ordonna à tous ses chevaliers sous peine de sanction que personne ne s'aventurât à franchir la porte, parce que, disait-il, « quand il sera fatigué, il s'en retournera sans avoir rien emporté de ma terre ». C'est pourquoi le comte très affligé de ce qu'il n'avait pu faire sortir personne de la cité, tandis qu'il tournait autour de l'enceinte en vociférant et se demandant ce qu'il pouvait faire – en effet, il n'était pas capable de prendre d'assaut une telle ville avec si peu de chevaliers –, il entr'aperçut une harde de cerfs que le roi avait enfermée à proximité dans un enclos boisé ; et le jeune homme de s'écrier : « Et si je ne peux rien faire d'autre, du moins j'arracherai ces cerfs de leur enclos et leur rendrai la liberté ». Aussitôt dit, s'élançant avec ses chevaliers, les épées dégainées, il rompit la robuste clôture faite de branchages qui retenait les cerfs et les dispersa dans la campagne, et ainsi, sans résultat marquant, il rentra en Flandre.

[Ch. 26] Entre-temps, il prit chez lui Charles, le fils que sa tante avait engendré du roi Canut de Danemark, et qui, après la mort de son père, l'avait rejoint de bonne grâce. Il le maria à la sœur[a] du comte de Péronne et lui recommanda de veiller sur la Flandre en son absence, et ainsi, en toute tranquillité, reprit ses fréquentes incursions en Normandie. Mais cette pratique des armes et de la chevalerie, même si elle suscitait en lui beaucoup d'entrain comme c'est le cas quand on est jeune, causait cependant bien du tracas aux moines, au clergé et autres gens avisés, qui, tous, pressentaient

---

[a] Marguerite de Clermont, en Beauvaisis.

62 qu'il ne pourrait vivre longtemps en s'exposant à tant de dangers. Et leur pressentiment ne les trompa point, que du contraire, le tourment qu'ils appréhendaient advint et ce qu'ils redoutaient arriva (Jb 3, 25). En effet, tandis qu'il ravage sans discontinuer la Normandie, un chevalier lui assène un coup d'épée au-dessus du nez. Le comte, encore à la bataille malgré sa blessure, s'agite fiévreusement importuné qu'il est par la trop forte chaleur du soleil. Suite à l'aggravation de sa blessure, il est contraint à regagner Arras. D'après les médecins appelés à son chevet, il eût pu facilement guérir s'il s'était abstenu de nourritures nocives ; mais vu qu'il ne renonçait ni à la viande d'oie ni à d'autres plats comparables, accablé par sa blessure, il s'affaiblit et s'alita une année entière ; toutefois, pour chasser l'ennui, il se faisait souvent porter de place en place en litière. À la fin, voyant qu'il ne pourrait pas y échapper, il institua Charles mentionné plus haut comme son successeur et lui confia la Flandre. Il se fit moine à Saint-Bertin[a] et mourut dans la huitaine. Toutes les églises furent en deuil et ressentirent une immense tristesse. L'enseignement qu'il laissa est que l'on ne doit pas se fier à ses propres forces. Son cousin Charles fut son digne successeur pour maintenir la justice mais vu qu'il était un peu plus âgé, il le surpassa nettement en matière de prudence et de prévoyance. Il protégeait aussi les églises ce qu'il lui valait désormais le surnom de « père des églises ». À son sujet, je ne rapporterai qu'une anecdote qui me revient en mémoire par laquelle on reconnaîtra combien grande était sa piété.

[Ch. 27] Le jour de l'Épiphanie, voyant paraître à sa cour qu'il tenait à Bergues, dom Jean, abbé de Saint-Bertin, il l'interpella aussitôt : « Messire abbé, dit-il, qui aujourd'hui a célébré la grand-messe à l'abbaye Saint-Bertin ? ». Quand l'abbé répondit qu'il n'y avait pas à s'en faire pour la chanter dignement puisque le couvent comptait plus de cent moines, le comte objecta : « En cette fête solennelle, vous auriez dû la chanter et manger avec les frères au 63 réfectoire et, à ceux qui veillèrent toute la nuit en prières jusqu'aux matines, procurer un bon repas grâce à la générosité des comtes qui m'ont précédé, et non siéger à ma cour ». L'abbé dit qu'il au-

---

[a] Abbaye réputée de la ville de Saint-Omer.

rait mieux aimé célébrer la messe que de venir ici mais qu'il y était contraint à cause d'un chevalier qui lui avait enlevé une terre que son abbaye possédait paisiblement depuis plus de soixante ans. Le comte reprit la parole : « Et pourquoi ne pas m'en avoir informé par votre serviteur ? En effet, votre devoir est de prier pour moi, le mien est de protéger et de défendre les églises ». Ayant dit cela, il fit aussitôt citer le chevalier et lui demanda pourquoi il tracassait l'abbaye au sujet d'une terre qu'elle possédait depuis si longtemps. Le chevalier répondit que l'abbaye tenait cette terre illégitimement puisqu'elle lui appartenait de droit. Alors le comte dit : « Si votre père s'est tu depuis ce temps-là, vous aussi taisez-vous, car je jure par l'âme du comte Baudouin que si j'entends encore une plainte là-dessus, je ne ferai rien d'autre de vous si ce n'est ce que fit le comte de celui qu'il plongea dans un chaudron d'eau bouillante à Bruges[a]. Et c'est ainsi que justice lui fut rendue par le comte, me raconta l'abbé Jean.

[Ch. 28] Mais parce que la Flandre ne fut pas digne d'un tel prince, des hommes sans scrupules à savoir Bertulphe, prévôt de l'église de Bruges, et les siens qui niaient être des serfs appartenant au comte, s'étant concertés à cause de l'action judiciaire que celui-ci instruisait, manigancèrent en secret contre lui. Comme le complot avait été signalé au comte à Ypres et qu'ils étaient nombreux à lui répéter de ne pas aller à Bruges, celui-ci répondit que, si Dieu le voulait, il était prêt à mourir pour la justice mais qu'il n'était pas question de renoncer aux poursuites judiciaires. Et, dès son arrivée à Bruges avec ses chevaliers, il bouta le feu à une fortification érigée par les conjurés et rejoignit sa résidence. Le lendemain matin, le comte, s'étant levé de très bonne heure, passa de la tribune de son palais à la tribune de l'église Saint-Donatien et enjoignit à son chapelain d'y célébrer une messe pour lui ; c'était le mercredi de la deuxième semaine de carême (2 mars 1127). Ainsi donc alors que l'oraison avait été lue dans le livre d'Esther (Est 13, 8-17) et que le comte, prosterné en prière, son psautier ouvert, récitait les psaumes, survint une pauvresse qui demanda l'aumône, et des treize deniers qu'à son habitude le comte avait placé sur le

---

[a] Voir chapitre 22.

psautier, elle en reçut un de sa main. À peine l'avait-elle reçu que la femme lui cria : « Sire comte, attention ! ». Le comte releva la tête pour voir de quoi il retournait : ce fut Borsiard, le neveu du prévôt, en cotte de mailles et l'épée à la main, qui, s'étant approché discrètement, lui enfonça son épée dans le front et, par une série de coups portés, l'assassina là même devant l'autel. Comme un homme avait été tué avec le comte, les autres personnes présentes s'enfuirent en proie à la panique. La triste nouvelle du meurtre du glorieux comte Charles dans une église se répandit immédiatement à travers tout le pays.

[Ch. 29] Dom Gilbert, abbé de Saint-Pierre de Gand, homme d'extrême véracité et de profonde piété, me raconta et déclara sous le témoignage de la vérité qu'il y avait en ce temps-là, à Bruges, un pauvre boiteux, bien connu de lui, à qui le comte faisait souvent l'aumône. Donc, celui-là, dès qu'il apprit la triste nouvelle, en pleurs et en lamentations, arriva à l'église en poussant un grand cri et gravit à grand-peine, à l'aide des mains et des pieds, les escaliers de pierre jusqu'à la tribune de pierre où le comte avait été assassiné et y trouva le corps abandonné baignant dans le sang. Surpris que tous en même temps se fussent empressés de laisser le corps à l'abandon, alors que lui, assis près du corps, soulageait l'immense douleur de son cœur par de profonds gémissements et des cris déchirants, il commença à s'enduire les jambes du sang qui coulait à gros bouillons non qu'il eût, selon ses dires, quelque espoir de guérison mais seulement pour la bonté et l'amour de celui qui lui avait fait tant de bien, quand soudain se sentant complètement guéri par la divine miséricorde, il descendit en sautant les marches à l'instar d'une chevrette et, parcourant entièrement le bourg à la course, se montra bien portant au tout-venant. Cet événement produisit, chez les meurtriers, un grand trouble nébuleux qui eût été plus grand encore si le pauvre, intimidé par leur puissance, n'avait renoncé à clamer au grand jour sa guérison avec ses cabrioles. En effet, ils avaient détourné à leur profit d'abondantes richesses sur les revenus du comte qui leur en avait confié l'administration, au point que, peu avant sa mort, alors qu'il leur avait fixé un jour d'audience au château de Cassel où ils pourraient prouver par la déposition de leurs vassaux qu'ils n'étaient pas ses serfs, Bertulphe, prévôt de l'église de Bruges et oncle de Borsiard, amena sans vergogne trois mille chevaliers avec lui. Le comte craignant qu'une telle affluence ne provoquât quelque désordre, remit la cause elle-même à un autre jour.

[Ch. 30] Or, bien que le corps du comte ne puisse être enseveli là même – l'évêque, dom Simon, frère de l'épouse du comte, dès l'annonce d'un pareil crime, ayant interdit tout office divin dans cette église –, les habitants du diocèse[a], quant à eux, n'admettaient nullement qu'il soit transféré dans une autre église. Le prévôt Bertulphe, cherchant par tous les moyens à se disculper de la mort du comte, fit construire de toute urgence à l'endroit même de l'étage où il avait été assassiné, un catafalque précieux rehaussé de colonnes de marbre ; et le corps, mis en bière, resta en ce lieu environ soixante jours. D'autre part, un tel dérèglement gagna subitement toute la Flandre que ce qu'on lit dans l'Apocalypse : *Après mille ans, le diable sera délié* (Ap 20, 7), semblait s'appliquer à la lettre dans ce territoire ; le fait que deux êtres[b] là où ils en trouvent un troisième isolé, le spolient, le séquestrent et même l'assassinent est assez clair pour que n'importe quel simplet puisse facilement comprendre quelle force habitait un prince seul et unique comme celui-là pour contraindre une race aussi insoumise à rester en paix comme des moines cloîtrés.

[Ch. 31] Quant aux seigneurs flamands, et surtout Baudouin de Gand, frère d'Yves de Nesle[c] qui maintenant est comte de Soissons, devant tant d'agitation, ils se réunissent le jour convenu, s'accordent une paix entre eux et pour que pareil crime ne jette sur eux un déshonneur perpétuel s'il restait impuni, rassemblent leur armée et se mettent en marche vers Bruges. Alors, comme les meurtriers, soutenus par de nombreux partisans, s'étaient avancés contre eux pour combattre avec force chevalerie et piétaille, Baudouin, en armure et coiffé d'un heaume, pétitionne à haute voix : « Non, bonnes gens, ce n'est pas contre vous que nous venons, dit-il, et nous ne cherchons pas à prendre d'assaut le château,

---

[a] Bruges dépend du diocèse de Tournai.
[b] Allusion à Bertulphe et Borsiard.
[c] Nesle au nord-est de Roye, en Picardie.

mais voulons venger la mort injuste de notre suzerain pour qu'un jour on ne dise pas que nous aussi étions au courant de la trahison et qu'ainsi nous soyons traités de traîtres à tout jamais. Donc, si vous venez pour combattre contre nous, vous confirmez que vous êtes les complices d'un pareil crime et partant, vous encourrez un opprobre sans fin. C'est pourquoi je vous engage et vous conseille d'être de préférence avec nous et de nous aider à confondre les traîtres de notre suzerain »[a]. Après ces paroles, la foule manifeste à grands cris et, rejoignant Baudouin, se retourne contre ceux qu'elle avait accompagnés. Aussitôt, les traîtres prennent la fuite et, n'ayant aucun moyen de s'échapper, regagnent le château, s'introduisent dans le donjon comtal et s'y enferment. Ils seront assiégés par Baudouin pendant presque deux mois.

[Ch. 32] Sur ces entrefaites, Louis (VI dit le Gros), roi de France dont la mère était la tante maternelle[b] de Charles comme nous l'avons dit plus haut[c], anéanti par la cruelle nouvelle de son cousin, vint à Arras et comme Charles était mort sans descendance, il s'informa auprès des grands féodaux de Flandre à propos du comte qu'ils souhaiteraient avoir. D'aucuns disaient que le roi lui-même était son plus proche parent et, comme il avait plusieurs fils, suggéraient qu'il donnât la Flandre à l'un d'eux. Mais le roi, en homme avisé, considérant qu'aucun de ses fils n'avait encore atteint l'âge de douze ans et que sans guide pour le seconder en permanence, son fils ne pourrait gouverner une race aussi insoumise et que, d'autre part, lui, le roi, ne pourrait indéfiniment rester à ses côtés, craignant dès lors que quelque vilénie ne leur arrive, il prit le parti plus judicieux de ne mettre aucun de ses fils à la tête du comté.

---

[a] Galbert de Bruges s'attache dans cet épisode aux exactions de Baudouin de Gand et de sa troupe. On est loin de l'éloquant pacificateur d'Hériman. Voir Galbert de Bruges, *Le Meurtre de Charles le Bon*, chapitre 30.
[b] Berthe de Hollande, mère de Louis le Gros, est la demi-sœur d'Adèle, fille de Robert le Frison et de Gertrude de Hollande. Adèle épousa Canut, roi de Danemark, dont elle eut Charles. La mère de Louis est donc la demi-tante maternelle de Charles le Bon.
[c] Voir chapitre 14.

[Ch. 33] Il y avait en ce temps-là un dénommé Baudouin, comte de Mons (Baudouin IV de Hainaut) assez vaillant en raison de sa jeunesse, dont l'arrière-grand-père Baudouin (Baudouin VI en Flandre; Baudouin Ier en Hainaut), fondateur de l'abbaye d'Hasnon, qui, comme nous l'avons dit plus haut[a], grâce à son mariage avec la comtesse Richilde, avait régné sur deux comtés, savoir la Flandre et Mons, et eut d'elle deux fils: Arnould, son successeur (en Flandre) qui fut tué par son oncle Robert à Cassel, et Baudouin (Baudouin II de Hainaut, dit de Jérusalem † 1098), qui avec sa mère régna sur le comté de Mons, et qui, ayant engendré un seul fils dénommé Baudouin (Baudouin III de Hainaut), se rendit avec d'autres princes, dès le début de la croisade, à Jérusalem d'où il n'est pas encore rentré et s'il fut tué ou fait prisonnier, aujourd'hui il n'y a pas moyen de le savoir. Quant à son fils Baudouin (Baudouin III de Hainaut), une fois fait comte, la comtesse Clémence de Flandre le convainquit d'épouser sa nièce et promit de lui donner avec elle mille marcs d'argent. Le jeune homme consentit et jura de se marier avec la jeune fille le jour convenu, et reçut d'elle le même serment de fiançailles en public devant de nombreux témoins. Mais avant la date convenue, le jeune homme ayant négligé le serment qu'il avait fait, épousa Yolande, la fille du comte Gérard de Wassenberg (comte de Gueldre). D'où la comtesse en colère, et surtout parce que l'occasion lui était donnée de voir son frère Guy, archevêque de Vienne alors déjà fait pape sous le nom de Calixte (Calixte II), se plaignit à lui de ce que sa maison avait été bernée par un si petit comte. Aussitôt, le pape adresse une lettre à Raoul, archevêque de Reims, dans laquelle il le charge de punir ce parjure sans retard. Le prélat, ayant convoqué les évêques, les abbés et beaucoup d'autres membres du clergé, ordonne au comte d'être présent et de répondre des dispositions matrimoniales. Clémence se plaint de ce qu'il avait juré d'épouser sa nièce le jour convenu, ajoutant qu'elle aura trois cents nobles pour le confirmer au cas où il voudrait nier. Baudouin répond qu'il ne veut ni ne peut nier ce qu'elle a dit puisque la véracité de ses dires est reconnue, mais néanmoins qu'il avait déjà pris une

---

[a] Voir chapitre 12.

autre épouse et qu'il s'était uni à elle en des noces solennelles ; et pour finir, il ajouta que quelle que soit l'issue du jugement, il se soumettra. Les juges, après de longs débats, sollicitèrent, par respect pour le pape, un ajournement et demandèrent que la cause soit soumise à son jugement à Rome. Ainsi fut fait et la cause fut portée à Rome. Les cardinaux se réunirent et s'accommodant à la volonté pontificale, soutenaient que la première promesse, selon l'apôtre (1 Tim. 5, 12), ne pouvait être annulée sans damnation, c'est pourquoi le comte devait prendre pour épouse celle à qui il avait prêté serment premièrement. Cependant, un cardinal, du nom de Brunon, qui jouissait d'une grande autorité, gardait résolument le silence tandis que les autres avançaient des arguments divers. Invité par le pape à donner son point de vue, il répondit qu'il ne s'opposerait pas à ce qu'avaient dit les autres. Mais dès l'instant où le pape lui ordonna, par le devoir d'obéissance, de dévoiler quel était son sentiment à ce sujet, celui-là, proposant d'examiner attentivement une chose à la fois, déclara que, dans le premier mariage, il n'y avait eu seulement qu'un serment, dans le second par contre, il y avait eu et le serment et les accordailles et la bénédiction du prêtre et les noces solennelles et pour tout dire, par leur union charnelle, un mariage indéfectible, et il ajouta, sur base de plusieurs chapitres des canons, que le second mariage ne pouvait être dissous ultérieurement mais qu'une pénitence devait être infligée au comte pour son parjure antérieur. Le pape avec les cardinaux approuva cette sentence et, quand les envoyés rentrèrent en France munis du bref papal, alors vraiment le comte Baudouin laissa éclater sa joie de garder Yolande. Par contre, la jeune fille (Adélaïde de Savoie) fut chagrine d'avoir été frustrée de son mariage avec le comte. Mais par un extraordinaire coup du sort, ou plutôt par l'effet de la miséricorde divine, la même jeune fille fut unie par mariage à Louis (Louis VI, dit le Gros), roi de France, et fut la mère de Louis (Louis VII, dit le Jeune), le roi actuel, et d'autres fils du roi, et ce qu'elle regretta de ne pas avoir obtenu dans un premier temps, elle s'en réjouit par la suite intensément puisqu'elle préféra s'appeler et être reine de France que comtesse de Mons. Baudouin, quant à lui, engendra de Yolande un autre Baudouin (Baudouin IV, dit le Bâtisseur) et une Richilde qui épousa Evrard, châtelain de Tournai. Et puisque Richilde se maria à Evrard, un seigneur de la région, il me plaît d'en dire un peu plus sur elle par un petit écart.

[Ch. 34] De même qu'elle était de haut lignage, de même Richilde était d'une ravissante beauté et d'une grande capacité dans les affaires de ce méchant monde. Elle donna naissance à Baudouin, un bel et noble enfant. Mais, hélas, atteint d'un accès de fièvre, il mourut dans la fleur de l'âge et fut enterré dans le cloître de la cathédrale Notre-Dame. Richilde, en mourant, laissa deux beaux garçons, Evrard et Godefroid, et une fille, Yolande. Evrard, encore dans l'âge tendre, enrageait de ce que la terre qu'il tenait de son père était infestée de brigands ; avec indignation et colère, l'épée tirée du fourreau, les yeux mouillés par l'âpreté de sa fierté et de son orgueil, dans une action énergique, il s'élança brusquement contre eux et en peu de temps les chassa complètement de son domaine et rendit sa terre à la paix et la paix à la terre. Par la suite, il se maria avec la fille du comte Lambert de Montaigu[a], Gertrude, qui lui donna un fils du nom de Baudouin. Quant à sa sœur Yolande, elle épousa Roger, sénéchal de Flandre.

[Ch. 35] Mais maintenant revenons brièvement au comte Baudouin de Mons (Baudouin IV dit le Bâtisseur), qui succéda à son père Baudouin[b], décédé relativement jeune, et qui épousa la sœur du comte de Namur ; il était déjà jeune homme (19 ans) et vaillant chevalier quand la Flandre fut privée du comte Charles. Comme il savait que le roi de France se trouvait à Arras et s'enquérait de la désignation d'un comte de Flandre, il alla le voir accompagné des nobles de son comté et des membres de sa cour et se plaignit ouvertement devant les grands du royaume de ce que son grand-père Baudouin qui était parti à Jérusalem avait été chassé de la Flandre et dépossédé illégitimement par son oncle Robert. Il pria humblement le roi de lui rendre la terre et l'héritage de son aïeul, et il ajouta que là où il plairait au roi de lui fixer un jour n'importe où dans le royaume, il était prêt à s'y rendre pour prouver

---

[a] Montaigu sur la rive gauche de l'Ourthe, face au village de Marcourt (province de Luxembourg).
[b] Baudouin III né en 1088, comte de Hainaut de 1098 à †1120.

par les armes et l'engagement de son propre corps que personne à part lui, de droit plus fondé voire plus grand, ne devait être plus proche héritier du comte de Flandre. Les chevaliers qui l'accompagnaient, appuyaient sa requête en suggérant au roi qu'à partir de là, une paix durable régnerait dans tout le comté, et ajoutaient de nombreux autres arguments concernant l'affaire présente. Le roi, en homme très avisé, répondait gentiment à tous et, en appelant le comte lui-même son cousin, soulevait, dans son âme, une grande espérance d'obtenir ce qu'il demandait. Mais parce que selon Salomon, *le cœur du roi est dans la main de Dieu qui le dirige là où Il veut* (Pr 21, 1), la volonté du roi tourna autrement que le comte n'aurait voulu. En effet, alors qu'ils étaient nombreux à penser que la Flandre allait être rendue au comte, subitement, je ne sais quel vent souffla, on apprit qu'elle avait été attribuée à un jeune homme du nom de Guillaume (dit Cliton), fils du duc Robert de Normandie (dit Courteheuse) lequel, à l'époque, était retenu prisonnier par son frère, le roi Henri d'Angleterre, et qui, comme on l'a dit beaucoup plus haut[a], avait été engendré de la fille[b] de Robert le Frison, comte de Flandre. Par conséquent, le jeune Baudouin, frustré dans son espérance, se retira, indigné, de la vue du roi et prit les armes contre la Flandre, et peu de jours après, s'emparant de la place forte d'Audenarde, il l'incendia complètement jusqu'aux cendres au point que plus de cent personnes d'âge et de sexe différents furent brûlées dans l'église Sainte-Walburge. Quant au roi, entrant en Flandre avec le nouveau comte, il vint à Bruges et confia le soin à dom Simon, évêque de Tournai, assisté des abbés de son diocèse, d'enterrer le corps du très glorieux comte Charles au plus vite. Ce que je vis alors du corps lui-même, je le rapporte fidèlement. L'évêque manda mon humble personne en même temps que dom Absalon, abbé de Saint-Amand, et, en présence d'une assistance nombreuse, le catafalque que le prévôt Ber-

---

[a] Voir chapitre 25.
[b] Robert de Normandie (dit Courteheuse) et son frère Henri (dit Beauclerc) sont les fils de Guillaume le Conquérant et de Mathilde de Flandre, fille de Baudouin V (dit Baudouin de Lille). Leur mère est donc la sœur de Robert le Frison et non sa fille.

tulphe, comme nous l'avons dit un peu plus haut[a], avait fait ériger sur des colonnes de marbre, fut renversé. Le corps du comte fut retiré et emmené en grande pompe par le roi en l'église Saint-Christophe martyr, située dans la même enceinte, en attendant le jour fixé pour qu'en présence des vassaux et de tout le peuple, l'église Saint-Donatien fût réconciliée et la dépouille mortelle ramenée pour y être ensevelie avec les honneurs suprêmes. Or, comme nous craignions que l'odeur du corps n'incommodât probablement les porteurs – en effet, plus de cinquante jours s'étaient écoulés depuis son décès – le bon Dieu fit voir clairement que l'on s'était inquiété pour rien. Car le corps n'exhalait nul effluve délétère, par contre, ce qui nous étonna le plus, c'est que son linceul était blanc et propre, rien qui n'indiquât un corps blessé si ce n'est des traces de sang frais. Quelles ne furent les lamentations, quel chagrin, que de cris et de plaintes, quels flots de larmes furent versés par le roi et les seigneurs, ou plus encore par le peuple tout entier ! Je les passe sous silence parce que, en continuant à me taire, la pieuse attention du lecteur peut facilement s'en détourner. Donc, après cinq jours, l'église Saint-Donatien ayant été réconciliée et le corps du comte ayant été inhumé selon les convenances après la célébration de la messe, le roi nomma immédiatement Roger, un jeune chanoine, à la fonction de prévôt, puisque le prévôt Bertulphe s'était à présent dérobé. Ensuite, le roi attaqua le donjon dans lequel les traitres s'étaient réfugiés et étaient assiégés ; mais comme il était très solide et que ceux-ci résistaient courageusement, il ne put s'en emparer aussi aisément. La nuit suivante, Borsiard et son oncle Bertulphe sortant du donjon en cachette décampèrent en exposant tous les autres à la mort. Ceux-ci, quand ils comprirent que leur résistance était inutile, se rendirent au roi en le laissant entrer. Alors le roi ordonna d'enfermer, pendant trois jours, tous les prisonniers dans le cachot du donjon, après il les fit monter au sommet de la tour d'où ils furent précipités un par un. Il fit ainsi périr trente hommes en les jetant d'en haut. Quant à Bertulphe et Borsiard, bien qu'ils eussent déjà quitté la contrée et se fussent même aventurés jusqu'à

[a] Voir chapitre 30.

Tournai[a], ils ne purent cependant échapper au jugement divin, mais repassés en terre comtale, ils furent arrêtés et pendus ignominieusement[b] et finirent leur vie indigne par une mort misérable.

[Ch. 36] Le roi retourna en France et laissa, en Flandre, Guillaume en tant que comte. Et ce dernier qui pourtant, devant le roi lors de son entrée en possession du comté, avait promis aux Flamands, nobles et bourgeois, le bien-être et confirmé publiquement, sous la foi du serment, d'observer leur constitution et leurs lois selon l'usage de ses prédécesseurs, sitôt sa souveraineté établie, devint exigeant et se mit à piller leurs biens et leurs avoirs, puis à rançonner aussi ceux qu'il avait enchaînés et enfermés. Sur le coup, les Flamands sont atterrés car inaccoutumés à pareils agissements et, s'attendant au pire, décident unanimement de se révolter préférant mourir plutôt que de subir de tels abus. Et les Lillois, qu'il opprimait particulièrement, sont les premiers à oser lui résister ouvertement. Il y avait à cette époque en Alsace, terre située en Lotharingie, un jeune chevalier nommé Thierry, fils du duc Simon d'Alsace[c] qu'il avait eu de la fille de Robert Ier, comte de Flandre, laquelle avait eu pour premier mari Henri, comte de Bruxelles, mais, après qu'il eut péri à Tournai[d], elle avait épousé le duc Simon susdit. Les Flamands sachant que ce jeune homme était le cousin de Charles en tant que fils de sa tante maternelle, lui envoient en secret un émissaire pour l'engager à venir en Flandre. Sans délai, Thierry accompagné de trois chevaliers seulement arrive en Flandre où il est accueilli avec soulagement et, aussitôt, se dresse résolument contre Guillaume. À la demande de Guillaume, le roi, en compagnie de l'archevêque revient à Arras. Thierry, considéré comme un usurpateur étranger, est requis de se présenter à l'audience de l'archevêque. Refusant d'y aller, il est excommunié pu-

---

[a] Incluse vers 850 dans le comté de Flandre, Tournai jouit d'une certaine autonomie ; elle sera détachée de la Flandre en 1187 et relèvera directement de la couronne.

[b] C'est-à-dire en exhibant leurs parties honteuses.

[c] L'auteur confond les noms. Gertrude († 1117), fille de Robert Ier, épousa, en 1096, Thierry II d'Alsace dont elle engendra Thierry III, le futur comte de Flandre. Quant à Simon d'Alsace († 1138), il est le demi-frère de Thierry III, fils que Thierry II eut de sa première épouse, Edwige de Formbach († 1095).

[d] Voir chapitre 17.

bliquement avec tous ses partisans et, à Lille, où il résidait alors, l'office divin est interdit et, sur ordre du roi, il est sommé de quitter la Flandre au plus vite et de rentrer chez lui. Thierry fait la sourde oreille et attend la suite des événements. Le roi avec Guillaume mobilise l'armée et assiège Thierry, enfermé dans Lille, et, trois fois par jour, attaquant la place forte par trois endroits, il essaie de franchir les portes et d'avoir raison des assiégés ; mais n'y parvenant pas, le sixième jour, sans aucun résultat, il regagne Arras et de là, la France. Thierry quitte Lille, parcourt la Flandre et, à chaque fois qu'il croise Guillaume, il a tantôt le dessous, tantôt le dessus, et tous s'interrogent avec anxiété qui sera vainqueur, qui sera vaincu. Cette fois-ci, Guillaume avec ses chevaliers assiège Thierry réfugié dans la place d'Alost. Mais tandis qu'il essaie de s'emparer de la place en combattant fougueusement, un fantassin lui entaille la main sous le pouce. Incommodé par la trop forte chaleur – on était au mois d'août –, Guillaume sent que son bras gonfle. Il fait appeler en secret le duc Godefroid[a] qui combattait avec lui et, révélant sa mort imminente, est d'avis qu'il opère un repli prudent de la cavalerie. Le duc sentant la fortune contraire, en homme habile, fait appeler Thierry par des messagers et, affectant de vouloir négocier une paix entre Guillaume et lui, emmena prudemment l'armée et, quand il fut à bonne distance de Thierry, lui fit savoir que Guillaume était mort. Ainsi donc, Guillaume ayant péri à cause d'une petite blessure et ayant été enseveli auprès du comte Baudouin à Saint-Bertin, Thierry obtint, avec le consentement royal, toute la Flandre et, son épouse étant morte, prit pour femme la sœur[b] du comte d'Anjou, c'est-à-dire la fille de Foulques, roi de Jérusalem. La fin de cette histoire prouve que n'était pas fausse la prophétie que cette dame avait faite aux représentants du comte de Flandre, à savoir Baudouin, avoué de Tournai, et ses compagnons, qu'il en serait ainsi avant de longues années[c]. En effet, Baudouin, fils du comte Robert II, mourut sans descendance. Quant à cet ex-

74

---

[a] Godefroid, dit le Barbu, (1060-1139). Il succéda à son frère Henri III, comte de Bruxelles (ou de Louvain) en 1095.

[b] Sybille d'Anjou, mariée, en 1123, à Guillaume Cliton (mariage annulé en 1124), se remarie en 1134 avec Thierry d'Alsace.

[c] Voir chapitre 13.

cellent garçon dont elle avait prédit qu'il viendrait du Danemark, ce fut Charles à n'en pas douter. Et les deux comtes qui viendront après lui et se disputeront la Flandre, dont l'un tuera l'autre, avait-elle ajouté, ce furent Guillaume et Thierry. Mais ce qu'elle annonça en terminant sa prédiction à savoir que le vainqueur et ses descendants possèderont la Flandre jusqu'à l'apparition de l'antéchrist, nous le laissons à la connaissance divine et à la découverte de ceux qui viendront après nous. Nous voyons simplement ceci : que Thierry est un comte raisonnable et gratifié jusqu'à présent de plusieurs enfants, qu'il a déjà promis (1143) sa fille à Henri, fils du comte Thibaud (de Champagne † 1152), quoique le roi de France cherche à dissoudre l'union en invoquant leur parenté au troisième degré[a]. Mais parce que nous avons fait une trop longue digression par les rois et les comtes, le parcours détaillé étant pour ainsi dire complet, revenons à présent à dom Odon et ses clercs de peur que, suite à nos divagations, ils ne meurent de faim.

[Ch. 37] Ainsi donc, après le départ de l'évêque dom Radbod et du cortège, les cinq pauvres clercs s'installèrent chez le pauvre Martin. Mais bientôt, avec l'aide des habitants, ils achetèrent à un moine qui était régisseur du domaine de Willemeau dépendant de Saint-Amand, une maison en bois[b] et, ayant bâti à côté une petite église, ils commencèrent peu à peu à s'accroître si bien que, l'année suivant celle de leur installation on dénombrait déjà dix-huit frères. Malgré tout, dans les premiers temps, ce fut la grande misère puisqu'ils n'avaient pas là de quoi vivre ; mais chaque jour, des frères lais circulaient au grand jour en ville avec des sacs[c] en annonçant haut et fort que c'était pour secourir les pauvres de Saint-Martin qui, grâce à ces expédients, passèrent une année entière.

[Ch. 38] Pendant ce temps, un jeune clerc appelé Alulphe, fils de Siger, le chantre des chanoines de Notre-Dame, renonçant aux biens de ce monde se joignit à eux. Sitôt averti, son père ayant incontinent réuni ses proches, arriva furibond à Saint-Martin, at-

---

[a] Le mariage entre les maisons de Flandre et de Champagne n'aura pas lieu.

[b] Une construction en bois est, en droit, un bien meuble puisqu'elle est démontable.

[c] Pour récolter des vivres.

trapa le jeune homme par les cheveux, le jeta à terre et le ramena à la maison roué de coups. Le lendemain, alors qu'on pensait qu'il se rendait à Notre-Dame, Alulphe, s'éclipsant furtivement, retourna à Saint-Martin. Mais il est immédiatement repris par son père et enchaîné. Cela se produisait très souvent : chaque fois qu'il le pouvait, le jeune homme s'enfuyait à Saint-Martin et aussitôt son père le reprenait. Un jour, alors que ce manège perdurait, dom Aymeric, abbé d'Anchin[a], vint à Tournai pour visiter et réconforter ces pauvres. Comme maître Odon le consultait sur la conduite à mener au sujet de ce jeune homme qui chaque jour était repris violemment par son père, l'abbé qui était un homme intelligent, saisissant l'occasion trouvée, se lança dans ce qu'il mijotait antérieurement et dit : « En vérité, bon maître, cette même mésaventure vous arrivera très souvent non seulement à propos de ce jeune homme mais aussi de vos autres frères si vous ne vous faites pas moines. En effet, vous habitez près d'une ville et les plus jeunes d'entre vous, facilement entraînés par leurs camarades qui sont clercs séculiers, seront ramenés au siècle parce que leur habit et le vôtre sont identiques ; par contre, si vous étiez moines, ils ne chercheraient plus à reprendre personne puisque les clercs ont une telle horreur de l'habit monacal, celui-ci étant noir et le leur étant blanc, que celui qu'ils verront moine une fois pour toutes, ils ne daigneront plus jamais l'avoir pour camarade. Examine attentivement aussi le fait que la vie des chanoines, même réguliers, est plus accommodante et plus molle car ils sont vêtus de lin, mangent souvent de la viande et ne font que neuf lectures aux jours fériés. Par conséquent, toi qui partout connus la célébrité et la gloire et renonças au siècle, si tu t'en rapportais à moi, je te conseillerais ainsi qu'à tes clercs de choisir plutôt un ordre plus strict que trop souple » Maître Odon, revigoré par les convictions de l'abbé d'Anchin, appelle ses compagnons, leur rapporte le conseil de l'abbé et leur demande de consentir à cette proposition. Sans attendre, ils donnent leur consentement à Odon et pour que personne ne puisse les faire changer d'avis si l'on différait, ils sup-

---

[a] Abbaye bénédictine située sur la Scarpe, commune de Pecquencourt à l'est de Douai, département du Nord.

plient l'abbé de passer la nuit ici et promettent de se faire moines le jour suivant. Donc, le lendemain de très bonne heure, après la réunion du chapitre, les douze clercs s'avancent vers l'autel de saint Martin, déposent leurs habits de clercs et revêtent celui des moines avec la bénédiction de la main de l'abbé Aymeric et l'obligation de psalmodier durant trois jours de telle sorte que, ayant chanté les matines et la prime selon le rite des clercs, ils chantassent déjà la tierce et toutes les heures suivantes jusqu'à ce jour selon la règle monastique. Et l'acceptation du bon conseil ne déçut pas le maître puisque Siger, le chantre des chanoines, voyant son jeune fils fait moine, n'essaya jamais plus de le ramener mais l'encouragea ardemment à persévérer ; plus encore ! lui-même touché par la volonté divine, abandonnant les biens du monde, se fit moine dans notre monastère avec son frère Herman, prévôt de la cathédrale que nous avons mentionné bien plus haut[a], et obtint que nous soient donnés les cinq autels qu'il avait acquis pour son autre fils, un chanoine prénommé Adam, autels qui nous rapportent chaque année une somme de trente livres. Les trois jours de psalmodie étant écoulés, l'abbé Aymeric conseilla aux moines qu'il avait consacrés d'élire leur abbé. Et bien que maître Odon tentât de faire élire un de ses compagnons, tous se ruent sur lui, l'élisent à l'unanimité et le présentent à l'évêque dom Radbod pour confirmer son élection ; il fut consacré le dimanche qui suivit, en la cathédrale Notre-Dame de Tournai, le 4 mars (1095) dans la troisième année de sa conversion. Quant au jeune Alulphe en question, devenu moine il occupa la fonction de bibliothécaire et de chantre dans notre monastère pendant quarante-sept ans. Parcourant maintes fois tous les livres de saint Grégoire, compilant, à l'instar de Patère († 606)[b], l'intégralité des sentences tant de l'Ancien que du Nouveau Testament commentées par ce père de l'Église, il en composa trois recueils auxquels il ajouta un quatrième constitué de diverses et fort utiles sentences et intitula l'ensemble *Grégorial*. Il termina sa vie dans la quarante-huitième année de sa conversion, fidèle à lui-même. Son père, Siger, qui venait d'être fait moine, lors d'une sieste où il

---

[a] Voir chapitre 8.
[b] Patère, compilateur des œuvres de Grégoire le Grand.

sommeillait dans son lit, vit en songe un des chanoines de Notre-Dame décédé depuis plusieurs années, lui apparaître et converser sur divers sujets. Et comme Siger lui demandait, le sachant mort, de lui dévoiler comment se portaient les âmes dans l'autre vie, celui-là répondit sans détour : « Dom Siger, pourquoi vous enquérir de l'autre vie ? En vérité, je vous dis que celui qui, à cause de Dieu, aura été pauvre ici-bas sera riche là-haut ». S'éveillant aussitôt, Siger comprit qu'il avait vu cela comme un encouragement et, glorifiant Dieu pour ce songe, il nous le raconta sur-le-champ.

[Ch. 39] Ainsi donc dom Odon, devenu abbé, entreprit de lire assidûment avec ses moines les *Institutions* (cénobitiques) et les *Conférences* (de Jean Cassien † 435) ainsi que les vies des Pères de l'Église, et tout ce qu'ils lisaient, ils voulaient aussitôt le mettre en pratique. Ils étaient pleins de zèle pour Dieu mais pas forcément sur base d'une connaissance approfondie (Rm 10, 2), d'où il advint que, la troisième année de leur arrivée, ils commencèrent à se plaindre qu'ils n'étaient pas au bon endroit, là où ils entendaient les cris des jeunes gens et les cantilènes des jouvencelles, où ils voyaient les vêtements des clercs séculiers, et que tout cela empêchait particulièrement leurs esprits de s'appliquer. Plutôt rechercher un endroit désert où ils pourraient, sans être dérangés, se consacrer à l'étude des textes sacrés ! Comme tous les jours, ils discutaient de ces embarras et de problèmes similaires en raison desquels, très souvent, ils se lamentaient profondément, finalement ils se décident à l'unanimité. Une nuit après avoir chanté les matines plus tôt que d'habitude, ils entassent leurs habits et les livres sur une charrette et, avant le milieu de la nuit, délaissent une abbaye vide. L'abbé à leur tête, tous s'évertuent à quitter au plus vite la province à l'insu des citoyens. Mais au matin, des habitants qui se rendaient comme d'habitude à l'abbaye Saint-Martin pour prier, découvrirent ce qui s'y était passé. Ce fut comme si une menace planait sur la ville. Aussitôt, ils se mirent à geindre, à révéler avec consternation les uns aux autres ce qu'ils avaient entendu, à proclamer qu'ils n'avaient pas été dignes de leur communauté, puis à courir en bande à l'abbaye, là où les moines avaient dormi, avaient mangé, à en faire le tour avec des larmes dans les yeux, et à déclarer avec des cris de détresse qu'une nouvelle calamité allait s'abattre sur toute la région. Mais d'autre part, sitôt qu'ils apprirent par des moniales établies près de l'abbaye que les moines allaient à Noyon demander à l'évêque dom Radbod, qui à ce moment y séjournait, la permission de partir, ils firent appel à messire Evrard, châtelain qui gouvernait toute la région, réunirent au plus vite tous les notables de la ville et, ayant arrêté une position commune, envoyèrent promptement un émissaire à l'évêque pour l'avertir qu'il n'aurait plus l'espoir d'entrer ultérieurement à Tournai s'il leur donnait sa permission. C'est ainsi que le messager, ayant pressé son coursier en le talonnant des éperons, devança les moines, rapporta l'événement à l'évêque, puis ajouta les paroles du châtelain et des citoyens. Fondant aussitôt en larmes, l'évêque répond que l'avertissement des Tournaisiens est superflu puisque, même à supposer qu'eux-mêmes lui demanderaient de les laisser partir, il ne consentirait en aucun cas. Sans traîner, l'évêque dirige l'émissaire sur la route par laquelle il croit qu'ils vont arriver pour les guetter et, quand ceux-ci apparaissent, il va à leur rencontre. Voyant qu'ils vont tous à pied – ils sont une trentaine –, il ordonne aux chevaliers et à ses chanoines de descendre de leurs chevaux et de faire monter les moines. Ceux-ci refusant l'offre, progressent jusqu'à l'évêque et, au mitan de la porte de ville de Noyon, prosternés à ses pieds, réclament la permission de quitter Tournai. Aussitôt, l'évêque, qui est devant eux, se prosterne à leurs pieds en versant des larmes abondantes et déclare sous la foi du serment qu'il n'y consentira en aucun cas. Cela étant, il les emmena à son palais et, pour soulager tant d'épreuves, les logea durant trois jours et les restaura copieusement, enfin les força à rejoindre Tournai contraints par les liens de l'obéissance. Dès que cela est connu des Tournaisiens, ceux-ci, comme s'ils discernaient le retour du soleil après l'obscurité, laissent éclater leur joie et se dépêchent d'aller à leur rencontre loin de la ville. Il se fit qu'ils revinrent le jour de l'Exaltation de la sainte croix quand la célèbre procession dont nous avons parlé précédemment fut instituée pour faire le tour de la ville par l'évêque Radbod à cause de la peste inflammatoire[a]. Et les chanoines qui étaient déjà sortis de la ville avec les reliques des

---

[a] Voir chapitre 6.

saints, dès qu'ils apprennent que les moines sont de retour, vont à leur rencontre avec toute la procession d'environ soixante mille hommes et les reconduisent en triomphe à l'abbaye Saint-Martin.

[Ch. 40] Ensuite, avec l'aide de Dieu, notre abbaye commença petit à petit à se développer et s'accroître jusqu'au jour présent. Alors, les citoyens tournaisiens, quand ils sont convaincus de la stabilité des moines, vont trouver l'évêque, font mention des terres anciennes de Saint-Martin qui, depuis la destruction du monastère, étaient tombées jadis dans les mains de l'évêque et qu'ils tenaient en fief des mains de l'évêque, et réclament unanimement qu'il les restitue à Saint-Martin. À cette époque, Baudouin, l'avoué de Tournai que j'ai mentionné plus haut[a], avait déjà renoncé au siècle et s'était fait moine à l'abbaye de Bec, en Normandie, sous le vénérable abbé dom Anselme, par la suite archevêque de Cantorbéry. Son frère Raoul, un valeureux chevalier, lui succéda comme avoué et reçut en fief, avec l'avouerie, les terres de Saint-Martin de la main de l'évêque. C'est pourquoi l'évêque, convoquant Raoul discrètement, entreprit de l'inciter à l'aumône par des paroles convaincantes et, pour finir, lui demanda de céder, pour son âme, ces mêmes terres aux pauvres moines. Et, ô indicible clémence de l'Esprit saint ! le cœur de l'homme s'embrasa sur-le-champ, il répondit avec bienveillance à toutes les demandes et sans aucun retard, rendit les terres à l'évêque. Quant à l'évêque, il les remit à Saint-Martin libres de toute charge par l'autorité de son privilège. Mais comme, à part ce privilège, nous n'avons aucun écrit ancien qui attesterait que notre église fut autrefois une abbaye sauf ce qui est contenu dans la *Vie de saint Éloi évêque* : « À l'agonie, il fit venir Baudri, abbé de Tournai, et lui interdit de retourner chez les siens à Tours », nous affirmons avec moins de certitude qu'elle fut une abbaye. Qu'elle le fût ou non, ce que nous certifions c'est que dom Odon n'y a rien trouvé. Et l'aventure qui m'est arrivée dans ma jeunesse, je vais la raconter.

[Ch. 41] Un de nos moines qu'on avait envoyé chez la comtesse Clémence à Courtrai trouva un abbé en visite chez la dame (1117). Interrogé par elle d'où il était, comme il avait répondu qu'il était

---

[a] Voir chapitres 13 et 36.

de Saint-Martin de Tournai, l'abbé se mit directement à s'enquérir où et de quelle sorte était l'abbaye Saint-Martin de Tournai. Le moine répondit qu'elle n'était pas loin, qu'elle n'était pas ancienne mais récente, qu'elle avait été construite vingt ans auparavant. L'abbé répliqua aussitôt : « En vérité, mon frère, ça fait plus de trois siècles que l'abbaye Saint-Martin de Tournai existe car dans notre abbaye sont conservées encore aujourd'hui des chartes de Saint-Martin de Tournai que les moines, fuyant la dévastation des Vandales, apportèrent chez nous et y laissèrent. Et je me suis souvent demandé dans quel endroit du monde se trouvait l'abbaye Saint-Martin mais ne pus le savoir jusqu'ici ». Alors au moine qui lui demandait d'où il était, il répondit qu'il était l'abbé de Ferrières[a]. Prié instamment de venir à Tournai, il répondit qu'il n'était pas libre. À son retour, le moine nous rapporta cette conversation. Du coup, on le renvoie à Courtrai avec un autre moine versé dans les actes écrits pour en savoir plus mais ils ne trouvent pas l'abbé qui déjà était reparti. Grande est notre douleur, grande est notre désolation ! Nous cherchons où se trouve l'abbaye de Ferrières sans parvenir à savoir.

[Ch. 42] Deux années plus tard (1119), le pape Calixte (Calixte II) convoque un concile général à Reims. Ce pape, frère de la comtesse Clémence, fut auparavant archevêque de Vienne et s'appelait Guy. L'espérance d'apprendre quelque chose là-bas renaît en nous. Je suis chargé personnellement de cette investigation alors que, si j'ai bonne mémoire, je n'étais pas encore diacre. Toute la journée, je parcours la cathédrale Notre-Dame et, poussé et poussant dans une telle cohue, je demande à tous les moines que je croise où est Ferrières et ce, trois jours durant, sans succès. De temps en temps, je perds courage mais ce petit vers me redonne des forces : « Le travail acharné vient à bout de tout »[b]. Enfin, j'apprends que Ferrières se trouve dans l'évêché de Paris. Merci mon Dieu ! m'exclamé-je. Grâce à des chanoines parisiens, j'aperçois l'abbé de Ferrières. Aussitôt, je tente de le rejoindre, mais je

---

[a] Ferrières en Gâtinais, à quelque 130 km au sud-est de Paris.

[b] Virgile, *Géorgiques*, I, 145-146 ; ici locution proverbiale, la vraie formule étant « le travail vient à bout de tout surtout quand il est acharné ».

ne puis, empêché par la foule. Enfin, le pape donnant la permission tant désirée d'aller manger, je rejoins l'abbé et lui rappelle les paroles qu'il avait dites au moine de Saint-Martin, à Courtrai deux ans auparavant. Je me réjouis qu'il s'en souvienne facilement et l'interroge sur le contenu de ces chartes qu'il avait dit conserver chez lui. Il répondit que c'était une charte du roi des Francs, Charles[a], confirmée de son sceau, dans laquelle il est écrit qu'à la demande d'Enguerrand[b], comte de Château-Landon, le roi Charles fit don à Saint-Martin de Tournai, d'un domaine, appelé Souppes-sur-Loing, situé aux confins de la région parisienne, avec les moulins et tous les avantages liés à l'eau ; les témoins, la date et le lieu de la donation figurent à la fin. Je lui demande de me donner la charte puisqu'elle ne lui est d'aucune utilité ; il répond qu'il ne la donnera pas gratuitement. Je lui promets cent sous ; il me fixe un jour pour venir chez lui, m'explique la route par où passer, à savoir d'abord Paris, puis Château-Landon, de là gagner Ferrières. Heureux, je rentre à Tournai, fais rapport, prends l'argent, passe par Paris, arrive à Ferrières. Je montre à l'abbé les pièces de monnaie et réclame la charte. Mais l'abbé, comme me le dirent ses moines, craignant de se mettre à dos le chevalier qui possédait le domaine, répondit qu'il n'avait pu retrouver cette charte après le concile. Ayant quand même accepté de ma part un magnifique baudrier, il me fit conduire au domaine de Souppes, à deux milles de là[c]. Découvrant alors les moulins et les avantages du lieu, je ne pus retenir mes larmes. Entré dans l'église, j'y trouvai un très vieux volume, en décomposition et moisi, dans lequel j'ai vu qu'il était écrit : *Livre du monastère Saint-Martin de Tournai*. En sortant, je rencontrai un vieux paysan décati et lui demandai à qui appartenait ce domaine. Il répondit qu'il appartenait au cheva-

83

---

[a] L'auteur ne précise pas. Il semble qu'il pourrait s'agir de Charles le Chauve (roi de 843 à † 877).

[b] Enguerrand Ier ou Engelger, né en 850, comte d'Anjou en 870 et, par mariage, comte du Gâtinais dont Château-Landon (département de la Seine-et-Marne) est la capitale. Mort en 899, il est enterré à l'abbaye Saint-Martin de Tours.

[c] Soit une quinzaine de kilomètres, le mille commun ou lieue commune d'Allemagne valant 7 408 mètres ; la distance exacte entre Ferrières et Souppes est de 12 km.

84 lier Josselin[a] ainsi qu'à d'autres seigneurs. Je lui dis : « Je t'en prie, père, dis-moi si tu as entendu jadis qu'il a appartenu à quelque saint ». « Nous savons tous, dit-il, que ce domaine était la possession d'une abbaye dénommée Saint-Martin de Tornio (*sic*) mais nous ignorons où elle est et nous nous étonnons de ce que font les maudits moines de cette abbaye qui ne revendiquent pas un tel domaine ». Alors moi, je lui dis : « Père, comment as-tu appris qu'un tel domaine avait été donné à une abbaye aussi inconnue et si lointaine ? » « J'ai appris, dit-il, qu'un chevalier de cette région, à qui appartenait ce domaine, s'en était allé dans cette province[b] comme mercenaire avec d'autres chevaliers, et que là-bas, blessé et désespéré, il s'était fait moine dans cette abbaye, mais qu'ensuite guéri, il était revenu ici et avait fait confirmer par le roi Charles la donation de son domaine à cette même abbaye ». Apprenant cela, mais ne pouvant faire plus, je revins déçu et, malgré tout, content du fait que j'étais un peu plus sûr de l'ancienneté de notre abbaye. À cet égard, ce que je me rappelle avoir lu ailleurs vient conforter cette information.

[Ch. 43] En effet, saint Ouen, métropolitain de Rouen, dans la *Vie de saint Éloi* qu'il rédigea clairement et fidèlement, rapporte, entre autres choses, que celui-ci fut d'abord orfèvre à la cour de Clothaire, roi des Francs, fils de Chilpéric, lequel Chilpéric dota considérablement la cathédrale Notre-Dame de Tournai – nous en parlerons plus loin[c] –, et que, sur commande du roi lui-même qui en assumait tous les frais, il fabriqua la châsse de saint Martin de Tours en or, ornée des pierres précieuses[d]. Dans cette circonstance opportune, non sans l'assentiment divin comme il apparut 85 par après, il lui arriva de prélever deux dents de la mâchoire du

[a] Josselin, seigneur de Beaumont-en-Gâtinais et de Souppes († 1122).

[b] Dans l'esprit du paysan, il s'agit de la province dans laquelle se trouve « Tornio ».

[c] Clothaire II (°584-† 629), père de Dagobert. Son père, Chilpéric se réfugia avec la reine Frédégonde et leurs enfants à Tournai en 575. Pour Éloi, voir suite du présent chapitre et le chapitre 47 ; pour Chilpéric, voir chapitre 92.

[d] G. Waitz, *MGH* 14 (p. 293, note infrapaginale 3) relève que, dans la *Vie de saint Éloi*, le commanditaire est le roi Dagobert et non pas Clothaire comme l'auteur, Hériman, le laisse entendre. Voir aussi *CC CM*, 236, p. 84, apparat critique, l. 1463-1469.

saint et de les garder par devers lui en tant que reliques. Peu de temps après, la dignité du siège épiscopal de l'Église de Tournai lui échut – il en était le septième titulaire depuis saint Éleuthère – et reçut en l'an du Seigneur 649, la charge pastorale de diriger les populations tournaisienne et noyonnaise qu'il administra pendant 17 ans, soit jusqu'en l'an du Seigneur 665. Alors que celui-ci avait entrepris son sacerdoce depuis quelques jours, il plut à Dieu qui lui avait suggéré de séparer les dents du corps du saint, d'accomplir à présent l'œuvre par laquelle les saintes reliques seraient vénérées aux confins de la Gaule et de prendre particulièrement sous sa protection, le salut de ceux qui les vénéreraient. Bientôt enflammé par l'inspiration divine, Éloi fut animé d'une étonnante dévotion envers le saint ; ensuite réfléchissant avec quelle déférence les reliques devraient être honorées et qu'il n'était pas permis de les cacher sous le boisseau, il lui sembla qu'il obtiendrait une dévotion incomparable et une fréquentation idéale si elles reposaient dans tel endroit qui jusqu'alors n'avait possédé nulle relique de quelque saint, un endroit qui en raison de sa singularité serait à son tour fréquenté par les fidèles. Ainsi donc, comme une dent était réservée à la cathédrale Notre-Dame de Noyon, il déposa l'autre à Tournai. Il y avait alors à l'entrée de la ville vers le midi un mont proéminent recouvert d'un verger d'arbres fruitiers variés où l'âme revivait insouciante comme si le bonheur lui avait été donné d'occuper une parcelle de douceur du paradis. On disait que saint Martin s'était installé jadis en ce lieu, éclairant les Gaules de sa prédication, qu'il y avait ressuscité un mort et avait procuré à d'innombrables infirmes moult bienfaits de guérison par lesquels il rallia au christianisme une foule considérable de païens.

Donc, Éloi, le serviteur de Dieu, souhaita choisir ce lieu élu par le bienheureux Martin et béni par sa présence. C'est dans ce lieu qu'il déposa la dent du saint et érigea un édifice destiné au baptême en l'honneur du saint lui-même où le peuple digne de Dieu pourrait affluer aux laudes divines officiées par les ministres du culte et recevoir les dons du Saint-Esprit. Et toujours fidèle à sa mission, Éloi construisit, en ce même lieu, des logements de moines. Mais comme le temps passait sans que la dévotion des fidèles envers ce lieu ne crût sensiblement, voyant que quelques-uns étaient intéressés par le projet qu'il avait longtemps mûri à savoir servir Dieu sous une règle monastique, et qu'ils étaient disposés à vivre en communauté, afin que le logement aménagé ne restât pas sans occupants, il regroupa au même endroit plusieurs personnes de diverses races, de condition tant servile que libre, et mit à leur tête un abbé de l'autorité duquel ils dépendraient. Il leur imposa une règle de vie si stricte que la vie de ces mêmes moines était presque unique au regard des autres monastères de Gaule. Alors de toutes parts, les nobles se mirent à affluer en ce lieu et s'abandonnant au service de Dieu tout-puissant, ils affectèrent leurs propres possessions, même héréditaires, à ce même lieu. Éloi lui-même aussi enrichit le lieu de biens-fonds assez considérables, alloua des revenus fonciers en suffisance et pourvut consciencieusement à l'ensemble des besoins du monastère. En ce qui concerne ces biens, il en possédait quelques-uns provenant des revenus épiscopaux, il en avait acquis certains à prix d'argent, il en avait reçu certains de la munificence royale, et même il en avait recueilli un assez grand nombre offerts généreusement et gratuitement par d'autres puissants. En effet, le roi Clovis (Clovis II) dont il avait reçu, pendant la troisième année de son règne, la mitre épiscopale, lui témoignait un si grand attachement, de même que tous les grands du royaume, en raison d'anciens liens de fraternité que Clovis avait noué avec lui à la cour de son père Dagobert et de son grand-père Clothaire, que tout ce qu'il lui demandait, il l'obtenait sans délai ; mais tout ce qu'il pouvait obtenir, il le transférait au lieu précité qu'il venait récemment de fonder aux confins de la Gaule après avoir bâti de remarquables monastères en divers endroits. D'où il se fit, après un court laps de temps, que les avantages attribués là, à l'usage des frères qui y servaient Dieu étaient largement suffisants. De ces possessions conférées à l'abbaye à cette époque, des documents existent encore aujourd'hui ; nous avons jugé digne d'insérer ici comment leur existence parvint à notre connaissance.

[Ch. 44] À la cathédrale Notre-Dame de Tournai, il y avait un chanoine appelé Herbaut qui, depuis plusieurs années, exerçait la charge de trésorier de celle-ci mais, après un assez grand nombre de cycles annuels, il fut atteint d'une maladie incurable et eut recours au soutien de saint Martin. Un jour que nous nous tenions près de l'égrotant, et discutions entre nous de l'ancienneté de l'abbaye, subitement Herbaut, si malade qu'il fût, apporta la réponse suivante à notre conversation, en disant : « Il est exact, frères, que ce lieu fut, il y a longtemps, une abbaye puisque, moi, j'ai lu maintes et maintes fois dans de très vieilles chartes conservées à l'intérieur des bâtiments de la cathédrale, le recensement des anciennes possessions et les revenus de cette abbaye comprenant une masse importante de valets et de servantes ». Ces paroles et ces chartes rendent témoignage de l'ancienneté de l'abbaye ; cependant, il ne donna le nom ni d'aucun valet ou servante ni d'aucune possession puisque, à cause d'une longue déshérence, il n'est pas aisé d'affirmer que des descendants ou des familles de ceux-ci vivent encore aujourd'hui, et à quels successeurs parmi ceux qui les détiennent maintenant, ces possessions échurent. Nous rapportons les paroles d'Herbaut aux chanoines de Notre-Dame et les sollicitons de nous exposer pleinement la vérité. Ils répondent qu'ils ne conservent dans toute leur bibliothèque aucune charte désignant nommément nos possessions. Mais il a pu arriver qu'au fil du temps, certains de nos titres de propriété ont se pu se mélanger avec leurs propres titres, que déjà altérés par leur trop grande vétusté ils n'apparaissent nulle part. Pourtant, dans la mesure où ces titres existèrent et aussi longtemps qu'ils furent intacts, Herbaut qui en avait la garde a pu les repérer facilement au cours de ses fréquentes lectures, ce qui n'est pas le cas du tout pour les autres chanoines. Nous sommes navrés de ne pouvoir tirer aucune conclusion de cet entretien. Néanmoins, nous considérons comme fermement établi ce que mon père disait à savoir que, du temps des invasions normandes, plusieurs biens meubles et immeubles de notre abbaye avec la dent de saint Martin en l'honneur de laquelle un couvent de moines avait été fondé par saint Éloi, étaient tombés en possession des chanoines de Notre-Dame soit pour se charger de les conserver, soit pour en subordonner quelques-uns à leur droit en échange de leurs bons offices. En effet jusqu'au jour d'aujourd'hui, on prétend qu'ils possèdent la dent, identifiable par l'inscription posée en-dessous. Que les paroles d'Herbaut fussent vraies, nous n'en doutons pas parce que le mode généralement en vigueur aujourd'hui dans la rédaction des chartes, se développa à

88

partir de cette période. En effet, concernant les domaines et autels conférés de nos jours par les nobles et les évêques aux institutions religieuses, nous notons que deux chirographes sont dressés dont l'un scellé du sceau du donateur est remis à l'institution à laquelle le domaine est cédé tandis que l'autre non scellé reste dans la cathédrale où l'évêque a son siège, ainsi peut-on affirmer nettement que les actes de ces propriétés détenues jadis par cette abbaye furent délivrés de la même manière aux chanoines de Notre-Dame.

[Ch. 45] À notre époque aussi, des hommes d'un âge avancé qui restaient le long de l'Escaut du côté d'Helchin et de Saint-Genois[a], dirent qu'ils avaient appris de leurs aïeux que cette abbaye possédait jadis de très beaux revenus au-dedans desdits finages ; et indiquant les domaines avec précision, ils disaient que les autels desdits villages, les prés, les bois, les terres arables, les valets, les servantes et autres rentes que maintenant l'évêque possède en ces lieux, que chanoines et chevaliers tiennent des mains de l'évêque, ainsi que les autels de Léaucourt et de Hérinnes[b], avaient été laissés sous la protection d'iceux par les moines fuyant la persécution normande ; mais comme les moines ne revenaient pas, ils en firent un alleu relevant de leur droit. Et c'est précisément parce que cette abbaye est restaurée que les témoignages de son ancienneté ne sont pas dévoilés afin que ne surgissent entre les fils des deux institutions ecclésiastiques, quelque discorde ou litige pour la revendication des domaines. Qu'ils possèdent effectivement les chartes des églises Saint-Quentin sur la grand-place et Saint-Pierre au centreville dans lesquelles des congrégations religieuses vécurent jadis et qui ne sont toujours pas restaurées, et qu'ils détiennent leurs possessions, ils le reconnaissent tout à fait.

[Ch. 46] Mais il y a aussi un autre témoignage de son ancienneté qui perdure jusqu'à présent qu'il ne me faut en aucun cas passer sous silence. Un usage, établi anciennement, était alors observé, en ce temps-là, dans les abbayes : les noms des frères des abbayes

---

[a] En néerlandais Helkijn (province de Flandre occidentale) ; Saint-Genois, aujourd'hui Sint-Denijs (province de Flandre occidentale). Helchin et Saint-Denis (Sint-Denijs) sont deux villages contigus.

[b] Hérinnes et son hameau de Léaucourt se situent sur la rive droite de l'Escaut, entité de Pecq, province de Hainaut.

circonvoisines pour lesquels elles reconnaissaient qu'elles se devaient des prières mutuelles ou du moins qu'elles s'étaient promis une communauté de prières, étaient placés par écrit sur le saint autel afin que le prêtre qui chantait la messe les récitât nommément quand il arrivait au passage où l'on dit : « Souviens-toi, Seigneur, de tes serviteurs et de tes servantes qui nous ont précédés marqués du signe de la foi et qui dorment dans le sommeil de la paix »[a]. Alors, un diacre s'avançant lui présentait la liste à lire tout haut. Or, nous savons que les anciens moines de ce monastère avaient cette confraternité avec ceux de Saint-Amand d'Helnone. En effet, cette liste-là avec les noms des frères de Saint-Martin et ceux des frères des monastères avoisinants subsista jusqu'à notre époque dans le monastère d'Helnone, et même certains d'entre nous eurent l'occasion de la tenir en main et de la regarder de près. C'est pourquoi, grâce à cette accumulation de témoignages que nous avons recueillis soit par des textes soit par des transmissions orales, nous affirmons avec conviction que ce lieu fut autrefois abbaye. Et ce n'est pas pour rien que des témoignages aussi remarquables rapportés ci-dessus furent conservés jusqu'à présent bien que nous admettions qu'ils ne sont pas tous parvenus à notre connaissance.

90

[Ch. 47] De plus, notre fondateur, saint Éloi, comme on lit pareillement dans sa *Geste*, ensevelit saint Piat, martyr, à Seclin-en-Mélantois dans le Tournaisis[b]. Il agrandit selon ses moyens, avec l'aide de Dieu tout-puissant, la chapelle construite aussitôt après le supplice de ce martyr et institua un collège de chanoines pour le service divin comme nous le voyons encore jusqu'à présent. Quant à nous, délaissant aux Seclinois l'exposé des accroissements de leurs terres sur base de documents, tempérons notre plume pour raconter l'étendue de la désolation de notre abbaye primitive.

[Ch. 48] Alors que la cité de Tournai avait été convertie au christianisme par saint Piat vers l'an 300 de l'incarnation du Seigneur, au terme de la plus terrible des persécutions exercée par

91

---

[a] *Corpus orationum* 10 (Canon missae), CC 160 (I), p. 85-86, n° 6272a.
[b] Seclin, au sud de Lille sur la route de Lens à une trentaine de km de Tournai.

Dioclétien en Orient et Maximien Hercule en Occident sous laquelle ce même martyr avait souffert sa passion, et que les églises Notre-Dame et Saint-Martin avaient été fondées et progressaient dans la paix inspirée par Dieu sur le plan tant intérieur qu'extérieur, les Tournaisiens commencèrent à s'élever par le renom, à se multiplier par les naissances, à se déployer par les possessions, à se glorifier par la vanité, à se réjouir par la prospérité, à faire bonne chère et à jouir de leurs propres délectations pendant six cents ans moins dix-neuf c'est-à-dire jusqu'en l'an du Seigneur 881. Et de ces délices, ils furent déçus car ils n'en profitèrent pas avec autant de bonheur que de malheur. En effet, engoncés dans les vices de la concupiscence, ils négligèrent la vraie religion, offensèrent Dieu et encoururent sa colère, quand tout à coup, dans cette ambiance florissante, Dieu déclencha la fureur des races les plus cruelles pour assouvir le courroux de son mécontentement à l'égard des peuples de diverses nations. C'est alors que de farouches Normands déferlèrent en masse – tout comme les Vandales, selon nos lectures[a], l'avaient fait en l'an de l'incarnation du Seigneur 453 à l'époque du très saint Nicaise, Mérovée régnant sur les Francs –, renversèrent les fortifications de nombreuses villes, s'acharnèrent à ravager la Gaule pendant une trentaine d'années en massacrant, par le fer et le feu, les parents des deux sexes avec leurs enfants, détruisirent aussi, entre autres méfaits, les murs et les édifices de la cité tournaisienne, pillèrent les citoyens et les gens du commun, ruinèrent les domaines et tous leurs équipements ainsi que les abbayes attenantes, et rendirent la Gaule totalement inhabitable. Et comment cela se fit, nous avons choisi de le rédiger par écrit et de le faire connaître à la postérité, dans la mesure de nos moyens, en résumant les chroniques anciennes et les paroles de nos contemporains.

92 [Ch. 49] Dans la chronique du moine Sigebert de Gembloux[b], on relève que les Normands et leurs alliés danois, en l'an du Seigneur 881, parcourant de part en part la Francie et la Lotharingie,

---

[a] Sigebert de Gembloux, *Chronographia* (*ad annum* 453), *MGH, SS* 6, p. 309, 45 et suiv.

[b] Sigebert de Gembloux, *Chronographia* (*ad annum* 882), *MGH, SS* 6, p. 343, 2-4-8.

dévastèrent, par le fer et le feu, Arras, Amiens, Corbie, Cambrai, Thérouanne, le territoire des Ménapiens[a], le Brabant[b] et toute la terre de part et d'autre de l'Escaut – c'est-à-dire Tournai et ses confins, Gand, Courtrai, l'abbaye Saint-Amand d'Helnone, Condé-sur-l'Escaut où ils fixèrent leur siège lors de la première année de l'épiscopat d'Heidilon, évêque de Tournai – les monastères de Saint-Valery et de Saint-Riquier[c], Liège, Maestricht, Tongres, Cologne, Bonn avec les châteaux environnants, la place forte et le palais d'Aix, l'abbaye de Stavelot, Malmédy, Saint-Corneille-sur-Inde[d], Prüm, Trêves et Metz. À cette époque, Tournai était le siège d'un évêché et l'on admet que la ville conserva cette dignité pendant trois cents années antérieurement écoulées moins seize parce que c'est à partir de 484 que saint Éleuthère gouverna le diocèse[e]. Peu de jours auparavant, l'évêché avait à sa tête Théodore dont on ignore tout sur sa naissance et son ordination ainsi que la durée de son épiscopat ; on sait seulement qu'il périt du dard divin, autrement dit qu'il fut frappé par la foudre.

[Ch. 50] Il existe une autre chronique sur les ravages normands, remarquablement composée par un moine de Marchiennes[f], qui donne la preuve de la chose rapportée ci-dessus : il écrit en la citant nommément que Tournai fut à ce moment dévastée et réduite à néant ; il ajoute qu'Emmon, évêque de Tournai, fut tué en 860 par les Normands, vingt et un ans avant cette dévastation. Dans cet ouvrage, le chroniqueur rapporte, dans un style très clair, les guerres et les batailles que les Normands, galvanisés par leur soif

[a] Territoire comprenant les provinces de Flandre orientale et Flandre occidentale et les Flandres françaises.

[b] Territoire comprenant tout au moins l'ancienne province de Brabant (Belgique), la province d'Anvers (Belgique) et le Brabant Septentrional (Pays-Bas).

[c] Tous deux dans le département de la Somme.

[d] En allemand Kornelimünster, à 10 km au sud-est d'Aix-la-Chapelle ; l'Inde est un affluent de la Roer, elle-même affluent de la Meuse.

[e] Le calcul opéré par l'auteur est surprenant si l'on prend comme *terminus a quo* l'année 881. Toutes les éditions donnent le chiffre de « 300 », excepté *CC CM*, 236, p. 92, l. 1685 où on lit « 800 » sans justification.

[f] G. Waitz, *MGH* 14 (p. 296, note infrapaginale 2) relève qu'il peut s'agir de « la chronique de Saint-Vaast (Arras), conservée dans un *codex* de Marchiennes, qui reprend les *Annales Vedastines* dont la partie contenant l'année 860 est désormais perdue ».

insatiable de répandre le sang humain, menèrent contre les Rémois, les Parisiens, les Orléanais et les Compiégnois, dans une lutte acharnée.

[Ch. 51] À cette époque, les moines de Saint-Martin de Tournai, éparpillés dans différents monastères accueillants où ils espéraient vivre plus commodément ou du moins être plus utiles, délaissèrent leur propre monastère et les habitants qui les avaient toujours protégés, aidés et favorisés. D'aucuns, largement disséminés, comblés aussi par l'accueil que partout ils rencontrèrent, et satisfaits des coutumes monastiques qu'ils découvrirent, comme en attestent de nombreux témoignages, négligèrent de regagner ultérieurement leur monastère naguère regretté, maintenant anéanti et ne voulurent prendre la peine de relever ses ruines, mais terminèrent leur vie présente dans les monastères où ils avaient fui, leur transmettant, en échange des bienfaits reçus, leurs possessions héréditaires par une donation perpétuelle. Sans doute, certains vendirent-ils plusieurs choses contre de l'argent, pressés qu'ils étaient par la gêne et le dénuement. Sans doute, des possessions dépourvues d'avoué et de régisseur passèrent-elles dans le patrimoine de puissants laïcs. Un groupe de moines plus pieux et plus sensés obliqua vers une abbaye se trouvant dans le diocèse de Paris, édifiée dans la place forte de Ferrières, apportant avec eux quelques objets de leur abbaye, en particulier ceux qu'ils jugèrent les plus utiles pour eux. À cet égard, plus ou moins vingt ans après la seconde restauration de notre monastère, nous avons fait la découverte singulière de l'existence d'une charte se rapportant à un domaine dans une contrée appelée Souppes dont les explications figurent plus haut[a]. En effet, nos moines possédaient dans le voisinage de Ferrières, à une distance d'environ deux lieues, ce vaste domaine qui rapportait d'abondants revenus. C'est pour cette raison qu'ils se dirigèrent vers celui-ci pour tenir plus commodément grâce à ses revenus et s'employer à les contrôler avec plus de vigilance afin de se mieux porter par ces rentrées. Comment ils le possédaient, nous estimons qu'il est inutile de le rappeler ici puisque nous l'avons

---

[a] Voir chapitres 41 et 42.

dit plus haut[a]. Sans doute, s'associèrent-ils à cette communauté monastique pour compenser, à tout le moins par une obéissance stricte aux règles en vigueur dans une autre abbaye, les vœux prononcés par leurs lèvres, à savoir l'observance de la règle par laquelle ils reconnaissaient s'être consacrés à Dieu et à saint Martin, son saint confesseur, parce qu'ils ne pouvaient plus s'en acquitter dans l'abbaye où ils avaient pu faire précisément leurs vœux.

[Ch. 52] Et nous croyons que c'est dans ces circonstances que les chanoines de la cathédrale Notre-Dame s'approprièrent la dent de saint Martin avec les chartes signalées plus haut et certains ustensiles de culte appartenant à cette abbaye. Quant aux objets sacrés que les moines ne purent emporter, ils les cachèrent sous terre dans le pourtour de l'abbaye, comme on le dit encore de nos jours. Raison pour laquelle on croit que le trésor qui, au chevet de la chapelle Sainte-Marie, fut montré en songe au clerc appelé Bernard que beaucoup d'entre nous connurent – c'était le fils de Vital dont on a parlé plus haut[b] –, appartenait à cette abbaye. En effet, il vit se tenir près de lui une jouvencelle au visage gracieux, aux, longs cheveux soignés, aux vêtements seyants qui lui dit : « Regarde les reliquaires, les croix, les tissus, les médailles miraculeuses et les autres ornements ecclésiastiques que je présente à la lumière du jour ». Et quand il eut suffisamment considéré toutes ces choses, la jouvencelle ajouta : « Veille à ne parler à personne de ce qui t'a été montré parce que si tu en parlais et négligeais mon commandement, tu mourrais dans les trente jours ». S'éveillant sur-le-champ, poussé par la trop vive jubilation de son cœur, il ne put garder le silence et raconta en détail ce qu'il avait vu. Conformément aux paroles de la jouvencelle, il mourut avant le trentième jour. Alors qu'il était allé se coucher le soir en parfaite santé, il fut retrouvé mort au matin. Mais constatant que le trésor n'a pas encore été découvert, nous ne garantissons pas la véracité de son songe. Toutefois, par le fait qu'il n'atteignit pas le trentième jour, il ressort que son songe n'est pas complètement faux non plus. Il se peut aussi que le temps ne soit pas encore venu de découvrir le trésor ou plutôt à quel en-

---

[a] Voir chapitre 42.
[b] Voir chapitre 8.

droit il fut déposé. Bref, qu'existât ou non ce qui lui fut montré, il n'empêche que nous avons appris par le récit réitéré de nos devanciers l'existence de trésors considérables enfouis dans le pourtour de l'abbaye. Les endroits de leur possible conservation furent, de notre temps, révélés également en songe à quelques-uns dont une femme, appelée Hersende, qui nous désigna deux emplacements soutenant qu'il lui avait été montré que dans l'un se trouvait un puits et, dans l'autre, qu'un trésor y était conservé. Nous avons sondé le puits à l'endroit signalé et avons trouvé une eau limpide abondante. Dans ce puits, nous avons découvert aussi des vases en bronze assez conformes aux usages ecclésiastiques. Quant à l'emplacement du trésor situé dans le voisinage en direction du couchant, nous ne l'avons pas encore fouillé ; par conséquent, s'il recèle quelque chose de vrai, nous l'ignorons.

[Ch. 53] Lors de la persécution dont nous avons fait état[a], le bienheureux Piat de Seclin fut transporté à Chartres où, avant de venir à Tournai, il avait prêché le nom du Christ. Mais les Chartrains ayant rejeté sa prédication, il gagna Tournai et y répandit la foi de Notre-Seigneur. Au sujet du corps du martyr, persiste encore toujours une grande contestation : nous soutenons qu'il fut ramené au martyrium de sa passion à Seclin ; les Chartrains prétendent au contraire qu'ils le conservent chez eux jusqu'à présent. Pour aplanir ce différend, il est nécessaire d'admettre ce que nous avons recueilli de nos aînés, à savoir qu'il est vraisemblable que, lors de la translation du corps chez nous, un fragment soit resté là-bas. En fait, en l'année de l'incarnation du Seigneur 1143 à Seclin, on ouvrit la châsse du martyr et le corps fut montré au peuple. De ce corps, les moines de Saint-Martin de Tournai méritèrent d'en recueillir une dent. Remis à sa place initiale, le corps fait à présent l'objet d'une grande surveillance et la collégiale de Seclin se réjouit de ne pas avoir été frustrée de la présence du martyr.

[Ch. 54] Dans la population seclinoise, la peste, communément appelée « feu », sévissait au point de priver d'aucuns non seulement de leurs membres mais encore de la vie. Et beaucoup de ces pestiférés furent portés par d'autres bras en la collégiale

---

[a] Voir chapitre 48.

du bienheureux martyr édifiée à Seclin. De là, des cris troublent l'église : tous implorent l'aide divine et le secours du martyr. Or, sur la châsse contenant les reliques du bienheureux martyr, figuraient les dix vierges de l'évangile à savoir cinq sages et cinq folles (Mt 25, 1-13). Et toutes montrant l'affection du martyr compatissant aux douleurs des malheureux, et toutes s'attachant au dessein du Seigneur pleuraient de sorte qu'on les aurait pu croire douées de sentiments ; ce fait démontra la puissance de l'insigne relique et la présence de saint Piat qui, de même que du temps où il vivait corporellement et exhortait les gens à la foi chrétienne, versa non seulement un flot de larmes mais finalement son propre sang pour eux. Ainsi donc, il témoigna de la grandeur de son amour par images interposées. En effet, les yeux des vierges sages laissaient couler des gouttes de sang et ceux des autres vierges des larmes semblables à de l'eau. Mais après ce miracle, les infirmes ressentirent l'aide divine et la consolation du martyr et ceux que l'on pensait mourir recouvrèrent la santé. Après cette digression sur la présence du corps de saint Piat et l'ancienneté de notre abbaye, reprenons maintenant notre récit là où nous l'avions laissé[a].

[Ch. 55] Donc, ayant rétrocédé les terres ancestrales à notre abbaye, dom Radbod vint au chapitre et conseilla à l'abbé Odon et aux autres frères de ne plus s'en remettre à eux-mêmes ni de vouloir mettre immédiatement en pratique ce qu'ils lisaient dans les *Vies des Pères* mais de se choisir un monastère dont ils suivraient la règle. Le conseil de l'évêque est approuvé. Le monastère d'Anchin, fondé quinze ans avant le nôtre, le seul alors dans notre province à observer la liturgie et les usages de Cluny, est choisi. C'est ainsi que l'abbé dom Odon sollicite Aymeric, abbé d'Anchin, et, parce que lui et ses frères se reconnaissent comme étant moines d'Aymeric en ce sens qu'ils ont été faits moines et bénis par lui, le supplie de leur enseigner aussi comment ils doivent vivre. Le pieux abbé accepte et coopère volontiers. Sans retard, il établit les plus âgés de ses moines dans notre monastère et emmène les plus âgés des nôtres à Anchin. Lui-même ainsi que ses frères sont pour nous

---

[a] Voir chapitre 40.

dans le conseil comme des pères, dans le secours comme des frères, dans le service comme des serviteurs. C'est la raison pour laquelle nous avons toujours nourri, par rapport aux autres monastères de la province, des relations plus étroites à l'égard d'Anchin. Ainsi, tout ce que nous possédons aussi bien intérieurement qu'extérieurement, est commun et ce que nous faisons pour nos frères vivants ou défunts, nous avons accepté de le faire pour eux, et, réciproquement, nous recevons la même chose de leur part.

98 [Ch. 56] Entre-temps, bon nombre d'hommes et de femmes renonçant au siècle commencèrent à venir à notre abbaye pour leur conversion et à nous remettre une part de leurs patrimoines. La première, autant qu'il m'en souvienne, à venir se convertir fut Ide, cette noble dame dont j'ai fait mention beaucoup plus haut[a] qui avait été l'épouse de l'avoué Fastré lequel désirait ardemment voir la restauration de notre abbaye mais ne le put, devancé par la mort. Elle nous donna, entre autres, une maison en ville et un moulin en aval sur le rieu de Maire que nous possédons encore aujourd'hui ; et bien qu'elle fût une très noble dame, elle refusa toujours de tenir son rang parmi les autres moniales à part celui d'infime servante. Elle fut la sœur du noble seigneur Thierry d'Avesnes qui, à la même époque, construisit, depuis ses fondations, l'abbaye de Liessies sur ses propres terres et, quand tous les bâtiments furent terminés, y plaça des moines et pourvut à ce qu'ils ne manquassent ni de vivres ni de vêtements. Et puisque j'ai été amené à l'évoquer et qu'il n'y aura pas d'autre endroit pour en parler, je dirai certaines choses à son sujet qui pourraient s'avérer utiles au lecteur qui voudrait l'imiter. Ainsi, ce Thierry, noble et puissant seigneur, comme il guerroyait fréquemment contre le comte Baudouin de Mons (Baudouin III de Hainaut), un jour qu'il avait rassemblé une troupe considérable, attaqua sa terre en y faisant de bonnes prises et, parmi les autres ravages qu'il commit encore, il incendia les deux couvents de moniales, savoir ceux de Sainte-Waudru de Mons et de Sainte-Aldegonde de Maubeuge, au motif que les garnisons que le comte avait placées dans ces deux villes, lui résistaient.

[a] Voir chapitre 9.

[Ch. 57] Un ermite qui vivait retiré dans la proche forêt de Brocqueroie, alors qu'il ne dormait pas mais était bien éveillé, au mitan du jour aperçut, dans le ciel, sainte Marie, mère de Dieu, sur un trône surélevé à l'instar d'une reine et, prosternées à ses pieds, les deux saintes dénommées qui réclamaient vengeance de Thierry d'Avesnes, l'incendiaire de leurs collégiales. Et comme elles s'évertuaient à demander justice en demanderesses énergiques, la sainte vierge leur répondit : « Calmez-vous de grâce et cessez de m'importuner parce que je ne désire pas l'accabler pour l'instant. En effet, son épouse, la noble Ade, me rend un culte dont je lui suis redevable, et donc je ne puis souffrir que quelque désagrément leur soit causé ni à elle ni à son mari ». Comme les saintes lui demandaient quelle était la nature de ce culte, elle répondit : « Elle me récite soixante fois par jour la salutation de l'ange (Lc 1, 28 et 42) qui fut pour moi sur la terre le commencement de la félicité, et qui plus est, vingt fois en prosternation, vingt fois à genoux et puis vingt fois debout, soit à l'église, soit dans sa chambre à coucher, soit dans quelque endroit isolé, elle me redit *« Je vous salue, Marie pleine de grâces, le Seigneur est avec vous. Vous êtes bénie entre toutes les femmes et le fruit de vos entrailles est béni »*. Mais comme les saintes revenaient sans cesse à la charge exigeant sans aucune retenue d'être vengées, à la fin la sainte vierge leur fit cette réponse : « Je vous demande de m'accorder pour le moment la suspension de cette vengeance et vous promets en retour que le temps viendra où je vous ferai justice de lui, sans rien commettre contre la noble Ade ». Cette histoire que j'entendais dans mon enfance, je la croyais fausse mais depuis, je n'ai plus douté qu'elle pût être vraie. Car, comme notre abbé, dom Odon, douze ans après sa conversion, avait été promu évêque de Cambrai, les proches parents de Thierry attristés de ce que sa femme ne lui donnait pas d'enfants, représentèrent à cet évêque que les époux étaient parents au quatrième degré et, le jour de la comparution, le confirmèrent sous serment, et ainsi, par jugement ecclésiastique, firent casser le mariage alors que les époux avaient vécu plus de vingt ans ensemble. À peine six mois étaient-ils écoulés que Thierry terminant une chasse en forêt est abattu dans une embuscade tendue par Isaac de Berlaimont[a]. Transporté au monastère de Liessies qu'il avait fondé, il est enseveli dans le chapitre devant le siège de l'abbé. Alors, on admit que pouvait être vrai le fait que l'ermite disait avoir entendu sainte Marie promettre qu'elle les vengerait et ne commettrait rien contre la noble Ade, désormais séparée. Quant à cette noble dame une fois qu'elle fut désunie de son mari, elle renonça sur-le-champ à la vanité du siècle et se retira dans le monastère précité qu'elle avait fondé avec son époux ; néanmoins, elle ne se démit pas de tout son patrimoine mais ne voulant pas grever la communauté, elle vécut de ses revenus jusqu'à sa mort, dans une maison en pierres construite pour elle près de l'abbaye. À maintes reprises, elle distribua aux moines ce dont ils avaient besoin et raconta à plusieurs personnes que ce que nous avons rapporté était vrai. Cette histoire, il est vrai, fut tellement répandue que Gossuin, fils de la noble Ide notre première moniale, qui succéda à son oncle maternel Thierry, récitait chaque jour les mêmes salutations à sainte Marie et encourageait ses chevaliers à faire de même. C'est pourquoi, bien qu'il commît lui-même beaucoup de méfaits, il termina sa vie pieusement. En effet, se sentant languir, il se fit moine dans le même monastère et mourut dans cet état. Il est enterré dans le chapitre à côté de son oncle. Comme il n'avait pas d'enfants de sa femme Agnès, fille d'Anselme de Ribemont (Anselme II de Ribemont, comte d'Ostrevant), il institua de son vivant comme successeur, Gauthier, un jeune homme très bien, fils de son frère Fastré[b]. Quant à son épouse, Agnès, à l'instar de la noble Ade, renonçant à la vanité du siècle, elle se retira dans le même monastère et, vivant de ses rentes, elle fit confectionner pour ce couvent des calices en or, des candélabres et beaucoup d'autres objets précieux. Fastré que je viens de citer, le père de Gauthier, était le fils d'Ide, notre première moniale. Et pareillement, Fastré, après avoir été pendant plusieurs années avoué de Tournai, happé par la maladie, se fit moine dans notre monastère et mourut dans cet état. Sa femme,

101

[a] Berlaimont, commune de l'Avesnois, département du Nord.
[b] Gossuin († 1126) et Fastré II (né en 1075, avoué de Tournai, † vers 1111) sont les fils de Fastré Ier, avoué de Tournai, et d'Ide d'Avesnes, sœur de Thierry d'Avesnes.

Richilde[a], prenant exemple sur la noble Ide, la mère de son mari, abandonnant le siècle prit chez nous l'habit de moniale et bien qu'elle fût très noble et très riche, pourtant pendant vingt ans elle ne manifesta jamais le moindre orgueil parmi les autres sœurs et, vivant humblement, elle mourut saintement. Quant à son fils Gauthier, voyant ses père et mère enterrés chez nous, il nous donna, pour leurs âmes et la sienne, un moulin sur le Riès[b] et, sa vie durant, il fut, en toutes circonstances, comme un père pour notre abbaye. Il épousa Ide, fille d'Evrard le châtelain de Tournai, dont il eut plusieurs garçons et filles, et surpassa tous ses prédécesseurs par sa puissance et ses ressources. Il fut, pour commencer, avoué de Tournai puis, succédant à son oncle paternel, il gouverna le château d'Avesnes et presque toute la contrée appelée Burbant[c]. Mais voulant vivre en paix, se repentant des nombreux méfaits qu'il avait commis et cherchant à tempérer les conflits qui persistaient depuis de nombreuses années entre les comtes de Mons et les seigneurs d'Avesnes, il unit par mariage la sœur du comte Baudouin de Mons[d] à son fils Thierry, jeune chevalier, et ainsi pacifia toute la province. Mais l'ennemi du genre humain ne toléra pas trop longtemps cette concorde. En effet, le jeune Thierry refusant de se satisfaire de la puissance de son père mais courant de ça de là comme un cheval indompté, entreprit de fréquentes incursions dans les contrées voisines comme dans les plus éloignées c'est-à-dire les terres du duc de Louvain et de l'évêque de Liège, pour faire des prisonniers et du butin jusqu'au jour où, grisé de ses continuels succès, s'aventurant trop loin avec cent chevaliers,

[a] Richilde d'Oisy, ascendance inconnue, née vers 1080, † vers 1112 ; le mariage a été célébré en 1100.

[b] Riès ou rieu de Barge, affluent de la rive gauche de l'Escaut.

[c] Bracbantus (Brabant, Braibant ou Burbant) borné au sud par la Haine, à l'ouest et au nord par l'Escaut et à l'est par la Dendre ; chef-lieu : Eename. Il comprend des villes comme Alost, Antoing, Ath, Audenarde, Chièvres, Condé, Enghien, Grammont, Lens, Lessines, Leuze, Mortagne. Le comté de Burbant acquis par le comte de Hainaut en 1148, disparaît en 1150 pour faire place à la châtellenie d'Ath, la partie thioise du Burbant étant cédée au comte de Flandre en échange de la partie du Valenciennois lui appartenant.

[d] Richilde de Hainaut (née en 1105, † 1179), fille du comte Baudouin III de Hainaut, sœur du comte Baudouin IV de Hainaut, épouse Thierry d'Avesnes. Veuve, elle épouse, en secondes noces, Evrard II, châtelain de Tournai.

il ne put rebrousser chemin et fut occis par une piétaille surgissant de tout côté. Au prix de grands dangers, il fut ramené sur des chevaux au monastère de Liessies. Son décès causa beaucoup de peine à tous ses amis. Son père, profondément affligé et redoutant les coups du sort, donna de son vivant à Nicolas, son deuxième fils, le château d'Avesnes et le Burbant et, lui, Nicolas, y ajouta la seigneurie de Walcourt[a]. Quant au troisième fils, il reçut l'avouerie de Tournai. Au quatrième, Evrard, déjà chanoine [par la suite évêque de Tournai][b], il procura deux archidiaconés à savoir celui de Cambrai et celui de Tournai, avec, en plus, la prévôté de Nivelles et beaucoup d'autres dignités ecclésiastiques. Il donna ses quatre filles à de riches maris. Lui-même, comme il me l'a souvent confié, aurait aimé se faire moine s'il avait pu obtenir l'autorisation de son épouse. Mais en la présente année (1146), après la Toussaint, tandis qu'il plaidait au château de Mons, à la cour du comte Baudouin contre celui-ci parce que le comte voulait lui enlever le château de Trélon, piquant une colère soudaine, il perdit la parole puis, installé par les soins de la comtesse dans le lit du comte, il mourut dans la nuit. Ses fils l'emmenèrent à l'abbaye de Liessies et l'enterrèrent aux côtés de ses prédécesseurs. Il plongea toute la province dans une grande tristesse parce que tous avaient coutume de l'appeler le « père des pauvres et des églises ». Mais c'est assez de ces affaires ! Il est temps de revenir à ces deux chevaliers, Gauthier et Raoul, que j'ai mentionnés bien plus haut[c], et d'exposer brièvement combien fut vrai ce songe qui les montre dans l'abbaye Saint-Martin en train de rénover ses murs.

[Ch. 58] Ce Gauthier, que je viens de citer, qu'on appelait fils d'Hubert, était un des plus puissants personnages du diocèse de Tournai. Lorsqu'il vint à la conversion avec son épouse, il nous donna le moulin sur le rieu de Maire où l'on moud tout le blé servant au pain consommé à l'abbaye. Il possédait aussi une terre

---

[a] Nicolas d'Oisy dit le Beau, seigneur d'Avesnes (1120-1171), épousa en 1149 Mathilde de la Roche (1115-1169), veuve de Thierry de Walcourt en 1147.

[b] Cette mention fut ajoutée par une main différente mais contemporaine. Evrard fut évêque de 1173 à 1191.

[c] Voir chapitre 10.

en forêt de Pévèle, du côté de Templeuve[a], qu'il voulait mais ne pouvait nous donner vu que c'était un fief qu'il tenait de Robert le Jeune, alors comte de Flandre[b]. En effet, le comte refusait de céder à l'abbaye sans contrepartie une terre de cette importance qui ressortissait à sa tenure ou plus exactement à son fief. Or, comme on peinait à la faire accorder par le comte, il advint que Raoul, ce chevalier déjà signalé[c], possédait un cheval de grande valeur que le comte voulait payer quarante marcs. Raoul proposa au comte d'accepter le cheval et de donner en échange cette terre pour son âme, en aumône à Saint-Martin. Le comte consentit et, par l'autorité de sa charte, conféra cette terre à notre abbaye ; le moulin susdit et cette terre nous rapporta par après plus de mille livres. Et la manière dont Gauthier s'impliqua, une fois qu'il fut fait moine, n'est pas facile à expliquer. Bien qu'il ne fût inférieur à nul noble de la région, il se montra plus servile que n'importe quel manant. Lui-même jamais ne rougit de porter l'eau à la cuisine, de laver écuelles et marmites, de tamiser la farine, d'allumer le fourneau, de nettoyer les écuries, de sortir le fumier sous les yeux et les pleurs des chevaliers ébahis et de sa famille, et, par son exemple, en convertit beaucoup. Il commença une nouvelle abbaye grâce aux dons des fidèles et, avec la bienveillance de Dieu, la réalisa suffisante pour cent moines comme on le voit aujourd'hui,

[Ch. 59] De son côté, Raoul avait en ville deux frères chevaliers : l'aîné s'appelait Tetbert et l'autre, Thierry le Monnayeur. Tetbert était le prévôt de l'évêque Radbod et se montrait fidèle envers lui comme on le doit à son seigneur. D'où l'avoué Fastré, irrité contre lui de ce que partout il défendait et protégeait les pauvres paysans de l'évêque, se fit d'abord faussement son ami et, portant son fils sur les fonts baptismaux, devint son compère. Mais quelques jours plus tard, à la Saint-Barthélemy[d], Fastré accompagna Tetbert, qui ne soupçonnait rien, à la chasse au lièvre et le fourbe, l'ayant embrassé en tant que compère, tua sans délai l'insouciant. Quittant

---

[a] Templeuve, département du Nord.
[b] Robert II dit de Jérusalem, né en 1065, comte de 1093 à †1111, fils de Robert le Frison.
[c] Voir chapitre 10.
[d] Le 24 août.

précipitamment la province, il se réfugia chez son oncle maternel, Thierry d'Avesnes, et resta chez lui à peu près trois années. Sur quoi l'évêque, dom Radbod, confia son avouerie à Raoul, un chevalier noyonnais, et priva Fastré de tous ses biens pour ce crime[a]. D'aucuns dirent que c'était la volonté de Dieu puisque Raoul, le nouvel avoué, sur demande de l'évêque, rendit simplement comme on l'a dit plus haut[b] les terres de Saint-Martin qu'il possédait alors que Fastré, comme il l'a souvent dit par après, ne les aurait jamais rendues s'il les avait encore possédées. Mais alors que déjà deux chevaliers de Fastré avaient été occis pour assouvir la vengeance de son crime, Tetbert apparut à un Tournaisien pieux du nom de Régnier non pas pendant son sommeil mais bien pendant qu'il était éveillé. Frappé de stupeur, comme il lui demandait s'il était messire Tetbert et comment il allait, il répondit que c'était bien lui, l'exhorta au calme et ensuite ajouta : « Je suis dans les tourments à cause de mes péchés et surtout parce qu'après le décès de mon épouse, j'ai pris une concubine ; mais j'aurai miséricorde parce que j'ai été injustement tué pour la fidélité due à mon seigneur l'évêque ; de plus, saint Barthélemy dont c'était la fête le jour où je fus assassiné, me protège parce que je l'ai invoqué à l'heure de ma mort. Ainsi donc, je te demande d'aller voir mes frères et mes fils et, de ma part, tu les supplieras de pardonner ma mort à Fastré pour mon âme, et de ne plus tenter de me venger parce que, s'ils font ainsi, mon âme en aura grand profit pour gagner le salut ». Régnier répondit qu'il leur transmettrait sans faute ses instructions mais que ceux-ci le croiraient à peine ; aussitôt, le défunt lui donna des marques à fournir à chacun. Sans plus, il disparut. Régnier se rendit chez les frères et les fils du défunt, leur rapporta ses volontés en y joignant les marques qu'il lui avait données, et ainsi les rendit plus favorables à la concorde. D'où, après quelques années, Fastré, à pieds nus avec ses amis, s'étant jeté à leurs pieds, reçut et leur amitié et ses biens des mains de l'évêque. Pour sceller l'amitié, Fastré maria sa fille Sara à Gossuin, le fils de Thierry le Monnayeur lequel était un des frères de Tetbert. Quant aux vingt

---

[a] Il s'agit de Fastré II. Voir note b, p. 108.
[b] Voir chapitre 40.

marcs d'argent que les frères de l'assassiné reçurent à titre de dédommagement, ils les donnèrent aussitôt à Saint-Martin.

[Ch. 60] Après ces événements, Raoul, un des frères de Tetbert, épousa une jeune fille appartenant à une famille de chevaliers de la province, à savoir Mainsende, la fille d'Herman, prévôt de Saint-Amand d'Helnone. D'elle, il eut trois fils : Thierry, Gauthier et Hériman. Il destina l'aîné Thierry, âgé de cinq ans, à l'étude des lettres, brigua et obtint, avec l'appui des chanoines, qu'une prébende soit accordée à son fils dans la cathédrale Notre-Dame par l'évêque Radbod auquel il promit trente marcs d'argent à cette fin. Quand l'enfant l'apprit à l'école par les chanoines qui le félicitaient, de retour le soir à la maison, il refusa de manger mais s'assit tristement à table. Le père pensant qu'il avait été puni par le maître comme il arrive aux enfants, une fois le repas terminé, le prit à part et lui demanda ce qu'il avait et pourquoi il était triste. L'enfant répondit immédiatement : « Au nom du Seigneur, dit-il, n'ai-je aucune raison d'être triste quand j'apprends aujourd'hui que, pour moi, vous avez plongé dans l'enfer ? Ne savez-vous pas que ceux qui achètent ou vendent des prébendes sont excommuniés ? Du moins, voyez ce que vous faites de votre âme. Car sachez que je préfère quitter cette province plutôt que de goûter à cette prébende ». Le père surpris par ces paroles : « Fils, dit-il, ne sois plus triste parce que, j'en atteste Dieu, jamais plus tu ne la tiendras ». Aussitôt dit, il notifia à l'évêque de faire ce qu'il voulait de sa prébende parce que son fils n'en voulait pas.

[Ch. 61] Cette même année, Raoul souffrit d'une très forte fièvre qui faillit l'emporter mais dès qu'il se sentit mieux grâce à la volonté divine, il alla trouver en secret un moine nommé Gauthier, frère de sa femme et homme très avisé, et entreprit de le consulter sur le salut de son âme par ces mots : « Comme vous devez à Dieu la foi en tant que moine et à moi en tant que mari de votre sœur, je vous adjure par la foi que vous devez tant à Dieu qu'à moi de me conseiller comment je serai sauvé. En effet, étant malade récemment et craignant mourir, j'ai demandé conseil aux chanoines de Notre-Dame et ils me conseillèrent de confesser mes péchés sincèrement, de recevoir le corps du Christ, d'être oint du saint chrême et que je serais sûr d'être sauvé. Je fis ce qu'ils me

107 conseillèrent mais, depuis mon rétablissement, je me sens à nouveau enchaîné par mes péchés et il me semble que ce n'est pas une véritable confession que de confesser ses péchés quand on va mal et d'être à nouveau souillé de ses péchés quand on va mieux. D'où je vous prie pour Dieu de me conseiller ce que je dois faire ». Le moine répondit : « Et à quoi vous servira d'entendre mon conseil si vous ne le suivez pas ? » « Dites votre conseil, dit le chevalier, et si je ne le suis pas, ce ne sera pas votre faute ». Alors le moine : « En vérité, dit-il, je vous dis qu'aussi longtemps que vous vivrez dans le siècle comme vous avez vécu jusqu'à présent, je ne vois pas comment vous pourriez être sauvé, mais si vous voulez vraiment être sauvé, quittez le siècle et embrassez la vie monacale ». « Et comment le ferai-je, dit le chevalier, sans la permission de votre sœur, mon épouse ? ». Alors le moine dit : « Comme le dit le Seigneur dans l'évangile : *Si quelqu'un vient à moi et qu'il ne rejette ni son père ni sa mère ni sa femme ni ses fils pour mon nom, il ne peut être mon disciple* (Lc 14, 26-27) ; jamais je ne vous conseillerai de perdre votre âme à cause de ma sœur. Demandez-lui seulement sa permission ; et si elle la refuse, je vous conseille de fuir vers Dieu et de laisser à celle que vous quittez une part de votre patrimoine ». Ayant entendu ces conseils, le chevalier, après avoir remercié, rentre à la maison, et, assis sur le lit dans la chambre à coucher, se met à pleurer amèrement. Mainsende survenant et le voyant ainsi pleurer, s'enquiert de ce qui s'est passé et d'où lui vient son tourment. Il veut lui cacher mais comme elle insiste, il répète tout ce que lui avait dit son frère, dom Gauthier moine et prévôt de Saint-Amand. Alors elle : « Et pourquoi vous tourmenter ainsi à cause de ça ? ». Et Raoul : « Parce que, dit-il, si je ne renonçais au siècle pour toi, en fait je me ferais moine au plus vite ». Aussitôt, celle-ci ajoutant : « Pour moi, dit-elle, ne renoncez pas à bien agir ; parce que de même que vous craignez pour votre âme, ainsi moi de même je crains pour la mienne, et le jour où vous quitterez le siècle, j'en ferai tout autant et à présent, si vous voulez, je vous donne ma permission et promets de vivre chastement ». Alors le chevalier : « Et que ferons-nous, dit-il, de nos trois fils ? » « Ne les abandonnons pas, dit la femme, dans la main du diable, mais présentons-les plutôt à Dieu en même temps que nous ; en

effet, nous sommes riches et quel que soit le lieu où nous voudrons aller, nous serons accueillis à bras ouverts avec eux ». Réjoui par ces paroles, Raoul : « Et où, dit-il, te paraît-il convenable que nous entrions avec eux en religion ? ». À l'époque, maître Odon dirigeait l'école de Tournai et on ne parlait pas encore de sa conversion. C'est pourquoi la femme ne sachant où aller : « À Saint-Amand, dit-elle, il me semble que nous pouvons aller sans difficulté puisque mon père y fut prévôt et que mon frère lui succéda. Mais en plus, j'y suis née et y fus élevée ». Raoul consentit ; aussitôt, ayant dépêché un messager, il fait venir le moine dom Gauthier, lui explique leurs intentions et fait don à Saint-Amand, par les soins du moine, d'un moulin près de Tournai situé sur le Marvis[a]. Ensuite, appelant son épouse : « Qui veut bien agir, dit-il, ne doit pas différer puisque le diable rusé cherche toujours les occasions par lesquelles il pourrait écarter les serviteurs de Dieu de leur bon plan. C'est pourquoi je trouve bien que nous quittions le siècle dès demain sans retard ». Alors elle : « Messire, dit-elle, cela ne peut se faire aussi vite ; en effet, j'ai un secret que je ne vous ai pas encore dit : Cela fait deux mois que j'ai remarqué que j'étais enceinte, et bien entendu il ne serait pas raisonnable que je quitte le siècle dans cet état. En attendant, prenons donc toutes nos dispositions afin que, dès que j'aurai accouché, nous renoncions aussitôt au monde. Cependant puisque je vous ai déjà donné mon accord, même s'il n'y eut aucun témoin à part Dieu, il convient que nous nous abstenions réciproquement de tout acte marital ou conjugal mais que désormais nous soyons continents ». Après quoi, comme eux-mêmes me le rapportèrent souvent, ils restèrent une année et demie dans la vie séculière et dormirent ensemble dans le même lit sans faire pour autant commerce de la chair non pas par leur propre ténacité mais par la grâce du Christ qui les protégeait. Mainsende était jeune, elle avait à peine vingt-quatre ans quand elle quitta le siècle. Il leur naquit donc un quatrième fils qu'on baptisa Raoul.

108

---

[a] Ruisseau appelé aujourd'hui rieu 'd'Amour', petit affluent de la rive droite de l'Escaut.

109

[W. 62] La même année, maître Odon renonce au siècle et, accompagné de ses clercs comme nous l'avons narré plus haut[a], s'installe à l'abbaye Saint-Martin. Mainsende les visite assidûment et leur fait parvenir fréquemment des aumônes alors que personne en ville n'est au courant de ce qu'elle et son mari ont projeté de faire. Or, un dimanche qu'elle se rend à l'abbaye Saint-Martin avec son fils Thierry, jeune clerc âgé d'environ sept ans, pour entendre leur messe et voir le cérémonial, tandis qu'elle attend que la messe ait été chantée, l'enfant à son insu s'est joint aux clercs et demeure avec eux. La messe finie, la femme recherche son fils parmi ses voisines et ne le trouve pas. Croyant qu'il joue avec des enfants, elle rentre à la maison. Le dîner[b] étant prêt, on réclame l'enfant. La mère dit qu'il l'a accompagnée à Saint-Martin. Personne ne soupçonnait sa conversion ; le repas terminé, le chevalier se rend à cheval chez son frère Thierry pour chercher son fils dont il ne trouve nulle trace ni ici ni dans les maisons voisines. De là, il se rend à Saint-Martin, il y trouve l'abbé Aymeric d'Anchin en compagnie d'Odon et aperçoit l'enfant assis devant eux qui les écoute. Les abbés font asseoir le chevalier à ses côtés et l'engagent à bien suivre les commandements de Dieu. À la tombée du jour, le chevalier demande et obtient des abbés la permission de se retirer et enjoint à son fils de le suivre à la maison. Alors pour la première fois, son fils montrant sa volonté : « Vous, dit-il, si vous voulez, rentrez à la maison et saluez et ma mère et mes frères et dites-leur de prier pour moi car jamais plus je ne réintégrerai votre maison mais je resterai ici avec ces pauvres, et je ne reconnais avoir ni père ni mère à part Dieu et saint Martin ». Le père surpris pensant qu'il plaisante : « Viens, dit-il, puisque tu n'as ici ni de quoi manger ce soir ni de lit où dormir ». Et l'enfant : « Et s'ils n'ont pas, dit-il, de quoi manger, je ferai le tour de la ville et leur rapporterai les aumônes mendiées, et, la nuit, je dormirai à même le sol ». Comme le père se moque en disant que ce sont là des enfantillages et veut ramener l'enfant de force, à la fin l'abbé Aymeric en homme très avisé : « Messire Raoul, dit-il, si vous

---

[a] Voir chapitre 11.
[b] Repas de midi.

aviez confiance en moi, vous ne forceriez pas maintenant l'enfant ; laissez-le nous car , pour cette nuit, nous avons de quoi lui fournir l'essentiel ; on verra demain si sa volonté est d'inspiration divine, mais si c'est de l'enfantillage, ne le forcez pas parce qu'il reviendra de lui-même à la maison ». Lorsque l'abbé eut terminé, le chevalier acquiesça et de retour chez lui raconta à sa femme ce qui s'était passé. Aussitôt, celle-ci se mettant à genoux et levant les mains et les yeux au ciel : « Je remercie Dieu, dit-elle, d'avoir pris mon fils aîné à son service. Il me semble donc, messire, que Dieu veut que nous réhabilitions ce prieuré selon nos moyens ; et cette preuve de la divine volonté, nous l'aurons : si l'enfant persévère dans son dessein, alors soyons sûrs que ce que j'ai dit est vrai, mais s'il revient, alors c'est que Dieu attend de nous autre chose ». Au matin, le chevalier se rend à cheval à Saint-Martin et reconnaît que l'enfant persiste durablement dans ce qu'il a entrepris. Aussitôt, il fait venir son frère Thierry et ses proches parents, et devant l'autel, il offre à saint Martin son fils âgé de sept ans et qui n'avait pas encore l'âge légitime, et avec lui il fait don de quatre moulins qu'il avait sur le Riès. Ensuite, Raoul, même en restant dans le siècle, s'occupa des intérêts de la petite communauté en pourvoyant pas moins aux moyens de subsistance que s'il avait déjà été fait moine.

[Ch. 62 (W. 63)] La même année, comme on l'a dit plus haut[a], les clercs reçurent l'habit monacal des mains de l'abbé Aymeric, et le petit Thierry fut fait moine avec eux. Mais quand les moines en quête de solitude, ainsi qu'on l'a relaté précédemment[b], eurent l'intention de déserter le monastère, ils voulurent y laisser Thierry. Comme il refusait de rester et d'autre part, ne pouvait supporter la fatigue du voyage à pied, lui qui n'était qu'un enfant de huit ans, ils le juchèrent sur le chariot avec leurs livres et ainsi l'emmenèrent avec eux. Au petit matin dès qu'il apprend la nouvelle, Raoul, encore au lit, se lève précipitamment, gagne la cathédrale Notre-Dame, convoque incontinent le chapitre des chanoines, leur rend

---

[a] Voir chapitre 38.
[b] Voir chapitre 39.

sans contrepartie le tonlieu[a] qu'il avait usurpé jusqu'alors par la force en demandant pardon pour les violences commises, et leur révèle sa volonté de quitter le siècle sans délai et de rejoindre les moines de Saint-Martin qui s'en sont allés. Ayant dit ces choses, il retourne chez lui accompagné d'un grand concours de clercs et de laïcs. Tenant sa femme par la main et levant les yeux au ciel : « Seigneur Dieu, dit-il, tu m'as donné cette épouse et moi, tu m'en es témoin, je lui ai gardé une fidélité sans faille jusqu'aujourd'hui, mais maintenant pour ton amour, je la quitte et te la confie ». Ensuite, prenant ses jeunes fils Gauthier et Hériman, il les soulève et les offre en les recommandant à Dieu. Que de larmes de tendresse dans l'assistance quand le quatrième fils, un nourrisson appelé Raoul, est apporté dans son berceau et qu'on vit le père prendre l'enfant, le soulever bien haut et le recommander à Dieu ! Sitôt fait, il enfourcha son cheval et en donna un autre à Régnier, un pauvre clerc que, pour Dieu, il avait gardé chez lui pendant deux ans et qui, pour l'heure, refusait de l'abandonner, et, avec lui, talonnant les moines à vive allure, il les rejoignit avant qu'ils n'arrivent à Seclin. Se prosternant aux pieds de l'abbé Odon, il demanda de pouvoir l'accompagner dans sa pérégrination. Impressionné par tant d'ardeur chez un riche, l'abbé rassembla les moines qui marchaient avec lui et commença une exhortation sur la conversion du postulant : « Nous les moines, dit-il, qui pensions avoir fait quelque chose, nous voilà vaincus par Zachée le publicain (Lc 19, 2-8), un séculier ! ». Et c'est ainsi qu'avec eux, il se rendit à Noyon et révéla ses intentions à l'évêque Radbod. Celui-ci, fondant en larmes pour épancher son trop-plein d'admiration et, en l'embrassant, rendant grâce à Dieu, le prit par la main et le confia à l'abbé, et il ajouta : « Dis-moi maintenant, bon abbé, pourquoi veux-tu quitter Tournai ? Ne penses-tu pas avoir fait suffisamment, toi qui as subtilisé ce grand pécheur au diable et l'as uni à Dieu ? Retourne donc comblé et ne traîne pas car, en vérité, grâce à celui-ci, Dieu en convertira un autre ». De retour à Tournai, comme Raoul prosterné aux pieds de l'abbé, réitérait sa demande d'être reçu : « Je ne t'admettrai, dit l'abbé, que lorsque

---

[a] *tonlieu* : redevances sur le trafic.

tu auras fait tes preuves selon la règle de saint Benoît qui stipule : *Eprouvez les esprits s'ils sont de Dieu*[a]. Va et, devant tous, sans te cacher, gagne ta nourriture par ton labeur, en portant de l'eau aux échoppes, en coupant du bois, en nettoyant les écuries et en effectuant de semblables tâches là où tu verras de l'ouvrage ! ». Il accepte de bon gré la décision de l'abbé et, toute honte écartée, se soumet aux travaux les plus vils. Voyant ce spectacle, Mainsende qui fut son épouse, n'est nullement choquée mais s'adjoignant Thierry le Monnayeur, frère de Raoul et homme le plus riche de toute la cité, elle se rend à Saint-Martin, confie ses fils à Dieu et pose sur l'autel le plus petit dans son couffin non sans provoquer des larmes parmi beaucoup de gens présents. Avec l'accord de l'abbé, leur oncle Thierry, par bonté de cœur, fait ramener les enfants chez lui pour les élever et les prend en charge pour un bon bout de temps. Mainsende, quant à elle, dépose sur l'autel deux cents marcs d'argent, cède à Saint-Martin deux moulins sur le Constantin[b] et tout ce que son mari lui avait laissé. Et ainsi complètement dépouillée, elle se prosterne aux pieds de l'abbé le priant de la recevoir. L'abbé : « D'abord, lui dit-il, il importe que tu fasses tes preuves. Va donc par la ville et gagne ta nourriture en filant, en tissant, en cardant la laine, et si un homme ou une femme veut te donner un pain entier, ne le prends pas mais accepte seulement des quignons, à la manière des pauvres qui mendient ». La femme exulte de se nourrir de pareils délices et, bravant la honte, mendie en public arrachant par ce spectacle des larmes aux mères de famille qui veulent la faire raccompagner à Saint-Martin par leurs servantes avec une provision de pains. Telle fut la conversion de Raoul et de Mainsende, et je ne crois pas que le bon Jésus puisse ne pas s'en souvenir. Voici ce qu'ils apportèrent à notre communauté : quatre moulins sur le Riès, à proximité de l'Escaut ; Raoul en possédait un cinquième à même l'Escaut mais parce qu'à l'automne, le débordement dû au grossissement des eaux de l'Escaut l'inondait facilement, il le fit détruire complètement. Toutefois, il ordonna de laisser les pieux en souvenir de l'ancien moulin et

113

---

[a] Règle de saint Benoît, 58, 2 ; 1 Jn 4, 1.
[b] Petit affluent de la rive droite de l'Escaut.

de les conserver pour cette simple raison qu'à l'avenir personne n'ait l'idée d'aller construire un moulin en aval des quatre autres, au bord de l'Escaut, puisqu'il est reconnu que sa construction pourrait facilement causer de gros dégâts aux autres. Il nous donna aussi deux moulins sur le Constantin avec une terre attenante qui lui venait de son père, sur laquelle il fit construire une ferme qui existe encore de nos jours. Il nous donna également un troupeau de juments dont la race qui paît encore aujourd'hui dans nos pâtures, nous a fourni, en grand nombre, et des chevaux de labour pour le travail de la terre, et des chevaux de grande valeur que nous avons élevés et vendus. Et ainsi grâce à diverses transactions, ils nous ont déjà rapporté un profit de plus de mille livres. Avec l'argent que donna son épouse, nous avons racheté les terres autour de l'abbaye et en avons acheté d'autres dans le même secteur vu que, quand Raoul vint à la conversion, nous ne possédions alors pas le moindre lopin de terre arable. Quant à l'unique moulin qu'il avait sur le Marvis, lorsqu'il eut pour la première fois le projet de renoncer au siècle, comme il fut dit plus haut[a], il le donna à Saint-Amand parce qu'il voulait se faire moine au monastère d'Helnone et que l'existence de notre monastère n'était pas encore connue des hommes.

[Ch. 63 (W. 64)] À cette époque, Hugues, le vénérable abbé du monastère Saint-Amand d'Helnone, rénovait, depuis ses fondations, l'abbatiale de Saint-Amand détruite accidentellement par le feu quelques années auparavant, en l'édifiant dans les règles de l'art avec son cloître, ses tours et ses dépendances comme on la voit aujourd'hui. Donc, cet abbé, pétri de charité, comprenant que Raoul avec sa femme et ses fils renonçait à la riche abbaye de Saint-Amand pour celle miséreuse de Saint-Martin, réunit ses moines au chapitre : « Très chers frères, dit-il, voyez-vous, Raoul, ce chevalier séculier, a préféré à nos richesses la pauvreté de Saint-Martin et a désiré se faire moine dans une abbaye démunie. Aussi, montrons que nous avons du cœur et, du moulin qu'il nous donna, cédons-en la moitié à la pauvre abbaye Saint-Martin et ainsi faisons de saint Martin le copropriétaire du même moulin avec saint

[a] Voir chapitre 61.

Amand, notre patron ». Ils consentirent tous et pas un ne se montra indigne de la charité du père. Et c'est ainsi que le susdit dom Hugues vint à Tournai et que, prosterné de tout son long dans la salle capitulaire, il sollicita et obtint la participation et la fraternité des pauvres moines et leur donna la moitié du moulin et depuis, fit toujours preuve de sentiments paternels à notre égard. Car même quand les moines avec dom Odon quittèrent le monastère Saint-Martin à la recherche d'un endroit désert comme il fut narré plus haut[a], dom Hugues, abbé de Saint-Amand, y détacha cinq de ses moines pour ne pas priver l'église Saint-Martin de l'office divin, leur expédiant des vivres chaque jour, et leur enjoignit de rester sur place jusqu'au retour des moines de Saint-Martin.

[Ch. 64 (W. 65)] Donc, grâce à Raoul, de nombreux Tournaisiens commencèrent à se convertir et à imiter sa ferveur. Parmi eux, Henri, homme richissime, avec sa femme Berthe, ses deux filles Trasberge et Juliette, et son fils Jean encore au sein, vint à la conversion à peu près de la même manière que Raoul. Il donna à l'abbaye une grosse somme d'argent qui permit de construire le dortoir avec d'autres locaux, et des terres. Lui aussi fut obligé par l'abbé de quémander publiquement des aumônes et, après avoir démontré que sa ferveur était réellement profonde, il fut enfin fait moine. Cellérier de notre couvent durant de nombreuses années, il fut pour tous un modèle. Terminant son honorable vie pieusement, quelque vingt-deux ans après sa conversion, il rendit l'âme à Dieu au temps de Pâques, le 15 avril. Quant à Jean, son fils, élevé dans la vie monacale avec Raoul, le fils de Raoul, il reçut, en même temps que lui, tous les ordres ecclésiastiques et ayant rempli jusqu'aujourd'hui sa fonction sacerdotale, il montra qu'il était le bon fruit du bon arbre (Mt 7, 17-18). Sa mère Berthe et ses sœurs Trasberge et Juliette qui vécurent en moniales exemplaires durant de nombreuses années, sont déjà passées du labeur au repos.

[Ch. 65 (W. 66)] Après cet Henri, tu te serais émerveillé de voir des garçons et des filles, des personnes âgées avec des plus jeunes venir de toute la province pour se convertir en délaissant le siècle. Vendant leurs biens comme il est dit dans les actes des

115

---
[a] Voir chapitre 39.

apôtres (Ac 2, 45), ils en apportaient le prix à l'abbé dom Odon. Et alors si l'abbé, à l'instar des autres abbés de son temps, avait voulu conserver l'argent et les moyens qui lui étaient donnés, et les affecter à l'aménagement de l'abbaye, il aurait pu la développer suffisamment selon l'opinion générale. Mais parce qu'en ce temps-là, Evrard, le châtelain de Tournai déjà mentionné[a], en rébellion contre le comte Robert de Flandre, disposait d'une milice nombreuse et s'emparait, à coups répétés, des riches comme des pauvres du domaine comtal pour les obliger à se racheter, ceux-là entravés et affamés affluaient chez l'abbé Odon qu'ils suppliaient, en pleurant, de secourir leurs misères. Et l'abbé, plein de compassion envers ceux qui gémissaient, leur distribuait généreusement l'argent qui lui était remis et, partant, en rachetait beaucoup.

[Ch. 66 (W. 67)] À la même époque, un prêtre et moine pieux appelé Raoul, d'origine normande, qui avait été l'un des cinq premiers compagnons d'Odon, avait reçu de l'abbé la charge de sonner les heures canoniques et, comme c'est l'usage quand on a cette responsabilité, il avait placé son lit dans un coin reculé de l'église non point pour garder le trésor de l'église alors inexistant – en effet, l'abbé ne voulait ni calice en argent ni croix ni évangéliaire – mais seulement pour sonner scrupuleusement les vigiles. Une nuit, alors qu'il veillait allongé dans son lit en récitant des psaumes et des prières, Raoul, homme digne de foi, entendit dans le chœur – il nous le narra souvent – comme une foule qui s'avançait en chantant d'une voix sobre cette antienne[b] de la Sainte Trinité : « Bénissons le Père et le Fils avec le Saint-Esprit ». À la fin de l'antienne, il entendit deux personnages s'approchant de l'autel, entonner dans un chant mélodieux et lent, le verset du répons c'est-à-dire : « Tu es béni, Seigneur, dans le firmament du ciel » (Dn 3, 56-57), et le verset terminé, le chœur de reprendre la fin du verset, puis se taire. Le phénomène s'étant répété à plusieurs reprises, le pieux moine s'en ouvrit secrètement à l'abbé Odon ainsi qu'à certains aînés pouvant confesser. Tous furent unanimes à penser que c'étaient

---

[a] Voir chapitres 33, 34, 39 et 57.
[b] R.-J. Hesbert, *Corpus antiphonalium Officii* IV, 1970, p. 61, no. 6239 (de Trinitate).

les âmes des bons défunts reposant ici même qui rendaient grâce à Dieu pour la restauration de ce prieuré.

[Ch. 67 (W. 68)] L'abbé, lecteur assidu des enseignements et de la doctrine des Pères de l'Église, se rappelant aussi le vers de cet illustre poète profane : « Dites-moi, pontifes, que fait l'or dans un sanctuaire ? »[a] ne désirait pas forger des croix en or mais distribuait aux indigents et aux opprimés tout l'argent qu'on lui apportait. Il retenait pourtant tous ceux qui venaient à la conversion en s'appliquant à imiter la parole du Seigneur : « Et celui qui vient à moi, je ne le jetterai pas dehors » (Jn 6, 37). Mais il ne voulait en recevoir aucun avant qu'il n'ait été éprouvé et, dans cette probation, il leur imposait tant de difficultés qu'il semblait dépasser toutes les probations des anciens. Ainsi, à quelqu'un qui voulait se convertir, il ordonna de pousser seul au-delà de la ville de Tournai, une énorme pierre qu'on pouvait à peine bouger à plusieurs. Tu aurais vu l'homme peser de toutes ses forces sur la pierre tantôt avec les mains et les bras tantôt avec le corps tout entier et, dégoulinant de sueur, s'efforcer de remplir de son mieux la tâche du maître. À d'autres, il ordonnait de rester immobiles durant plusieurs jours et plusieurs nuits sous des gouttières de maisons et d'endurer le ruissellement des eaux de pluie. Mais quelles que fussent les dures et impossibles obligations qui leur étaient imposées, aussi étonnant soit-il, ils étaient bien plus nombreux à venir à la conversion dans notre monastère, chevaliers et clercs, que nous en voyons venir aujourd'hui alors qu'il n'y a plus d'épreuve. Au contraire, maintenant il faut les séduire avec des flatteries et des promesses pour les faire venir. À cette époque, des chanoines de Notre-Dame vinrent chez nous, à savoir dom Amand[b] qui, durant plusieurs années, fut prieur de l'abbaye d'Anchin, ensuite, en tant qu'abbé de Marchiennes, redressa cette abbaye mal en point tant intérieurement sur le plan religieux qu'extérieurement sur le plan matériel en la rénovant ; de même dom Walbert, qui fut prieur de notre abbaye et, après plusieurs années, devint abbé du monastère dénom-

---

[a] Perse, *2ᵉ satire* (2, 69). L'auteur a substitué « *sancto* » à « *sacro* ». Cf. Sigebert de Gembloux, *Gesta abbatum Gemblacensium* 41 (Olbert), MGH, SS 8, p. 540, 17.

[b] Amand du Chastel (*Gallia christiana* III, col. 396 [XIII], auteur du *De Odonis episcopi Cameracensis vita vel moribus*, MGH, SS 15, 2, p. 942-945.

mé Mont-Saint-Martin[a] dans le diocèse de Châlons, et y mourut ; de même Gonhard qui, durant plusieurs années, fut prieur de notre abbaye ; de même dom Bernuin. Ces quatre clercs nantis au départ, mais ensuite pauvres moines, si tu les avais entendus raconter comment ils furent éprouvés par l'abbé Odon, tu aurais pu difficilement te retenir de rire pour l'immense joie ressentie. En effet, considérant qu'ils étaient trop orgueilleux, il leur ordonna de traire les vaches et de faire du fromage pendant quelques jours et, ainsi éprouvés, il leur accorda l'habit monacal. Et s'il avait voulu recevoir les revenus des autels qu'eux-mêmes avaient possédés, sans doute que notre abbaye, dès lors, aurait été plus riche mais, vu qu'il s'était fixé comme ligne de conduite de n'accepter nulle rente ecclésiastique ou dîme mais uniquement de tirer la subsistance du travail manuel, du labourage et de l'élevage, il ne voulut rien entendre des revenus ecclésiastiques qu'eux-mêmes avaient possédés, disant que pareilles choses ne devaient pas bénéficier aux moines mais seulement aux chanoines. Et cette ligne de vie concordait parfaitement avec la règle des moines des premiers temps. Mais, par la suite, des moines vivant en agglomération urbaine, appelés populaires ou séculiers, lui firent remarquer qu'on ne pouvait observer, en tout, les préceptes des anciens.

119 [Ch. 68 (W. 69)] En effet, comme il voulait les conduire tous indistinctement à Dieu avec lui, il admit une telle quantité de femmes, des pauvres mais aussi des riches, qu'il parut nécessaire de leur bâtir un monastère particulier. C'est pourquoi l'abbé considérant que la maison de pierre, autrefois propriété de Raoul, le chevalier susmentionné, et que sa femme lui avait donnée en venant à la conversion, n'était pas de petites dimensions, après avoir installé des cloisons, y agença un oratoire, un réfectoire, un dortoir et y fit entrer une soixantaine de femmes converses qu'il plaça sous l'autorité de sa sœur, une moniale appelée Eremburgis. Il ordonna à Mainsende, l'ex-épouse de Raoul, de vivre là avec les autres femmes alors que, dans un autre quartier de la ville, il établissait un même nombre de converses sous l'autorité d'une autre supé-

---

[a] Il s'agit du monastère Saint-Martin d'Huiron (Huiron était appelé *Mons Oriens* : le mont qui se lève), dans le diocèse de Châlons.

rieure. Après quelques jours, Mainsende tomba gravement malade et fut forcée de garder le lit dans la maison qui autrefois fut sienne. Se sentant de plus en plus mal, elle réclama de la supérieure, sœur de l'abbé, de la faire communier. Vu que la maison était éloignée de l'abbaye, l'abbé consentit qu'en cas d'urgence, les converses malades reçoivent l'absolution et le viatique des mains du desservant de Saint-Piat qui habitait à proximité. C'est ainsi que dom Hellin, prêtre mandé par la supérieure pour visiter Mainsende avec le viatique, s'empressa de venir parce que dans la vie séculière elle avait été sa paroissienne et qu'elle lui avait rendu plus d'un service. À l'arrivée du prêtre, la supérieure enjoignit à Mainsende de ne l'entretenir que de ses péchés. Donc, Mainsende se confessa au prêtre et reçut le corps du Christ en présence de la supérieure qui écoutait tout ce qui se disait. C'est ainsi que Mainsende demanda au prêtre qui se retirait de se souvenir d'elle et de prier Dieu pour elle. Sitôt le prêtre parti, la supérieure l'apostrophant : « En réalité, dit-elle, te voilà exclue de la communauté puisque contre mon ordre tu as parlé au prêtre d'autres choses que de tes péchés ». À qui Mainsende objecte : « En réalité, ma mère, je ne pensais pas commettre de faute vu que, pendant que je lui demandais de prier pour moi, je ne songeais pas à ma santé mais à la rémission de mes péchés ». Alors, celle-là appelant les sœurs dit que Mainsende est exclue de la communauté et ordonne de la mettre dehors. Toutes se jettent aux pieds de la supérieure pour réclamer son pardon. En vain ! Cependant, vu qu'elle est incapable de se lever, Mainsende est portée dans son lit en dehors de la maison et placée sous l'escalier de bois par lequel on descend dans la cour ; comme la cuisine se trouve juste au-dessus, les eaux usées coulent sur elle. Et là, couchée trois jours durant et malgré ses douleurs, elle exultait dans son cœur de supporter pour Dieu un tourment dans la maison qu'elle avait dirigée autrefois. Mais parce que le bon Dieu apporte, après la souffrance, la consolation, voici qu'après trois jours, Henri dont il fut question plus haut[a], déjà fait moine, se rend, sur l'ordre de l'abbé, à la maison des sœurs portant sur la tête une grosse balle de lin à tisser, et, entré par la porte de la cour, voit Mainsende cou-

120

---

[a] Voir chapitre 64.

chée sous l'escalier. Surpris, il demande à l'une des sœurs réceptionnant la marchandise et à qui il est autorisé de parler, pourquoi elle gît là ainsi. Mis au courant mais n'osant cependant parler à Mainsende, il prit la liberté de dire, tout au plus, à toutes celles qui l'entendaient ces paroles pour la réconforter : « Ô saint Alexis qui fus étranger dans la maison de ton père pendant dix-sept ans et, pour cela, acquis une grande gloire auprès de Dieu, réconforte cette servante de Dieu qui supporte maintenant un tel tourment dans la maison dont elle fut autrefois la maîtresse ». Mainsende, comme elle me le dit bien des fois par la suite, fut tellement heureuse d'entendre ces mots qu'elle en oublia complètement sa maladie. De retour, Henri rapporta à l'abbé ce qu'il avait appris et l'abbé ordonna sur-le-champ de la réintégrer avec les autres sœurs dans la maison.

[Ch. 69 (W. 70)] Cette même année (1095), une disette et une atroce famine touchèrent durement la province entière et l'abbé, plein de compassion, se mit à distribuer tout ce qu'il pouvait à tous les pauvres ayant recours à lui, si bien qu'il ne resta rien ni dans le grenier ni dans le cellier. Et alors seulement, contraint par l'extrémité et le scrupule, il révéla aux frères, réunis dans la salle capitulaire, qui, reclus toute l'année au sein de l'abbaye et soumis continûment au silence, ignoraient ce qui se passait à l'extérieur, la réalité à savoir qu'il s'était occupé d'un grand nombre d'hommes et de femmes et qu'à cause de cela, il n'avait plus de quoi les nourrir, pas même un jour. Abasourdis, ils s'étonnèrent tous que pareille décision fût prise sans l'avis de personne et lui demandèrent de confier le soin des choses temporelles à quelqu'un d'averti et que lui-même ne s'occupât plus que de la doctrine et du salut des âmes, et dorénavant de ne recevoir personne sans l'assentiment des frères, et ceux qu'il recevrait de ne plus les éprouver selon l'usage des anciens en leur imposant des charges écrasantes et impossibles, mais de se contenter des usages et de la règle de l'abbaye de Cluny qui seule, à cette époque, dépassait tous les monastères de Gaule par la renommée et la religion ainsi que par la charité, et était dirigée par le vénérable abbé Hugues. L'abbé approuve le conseil des frères et aussitôt nommant dom Henri à la fonction de cellérier, il confie celle de prévôt à Raoul et lui adjoint

Gauthier, fils d'Hubert. En leur déléguant la gestion temporelle de toute l'abbaye, il leur permet, à eux trois, de sortir sans permission ; aux autres, il prescrit de s'appliquer avec lui à la dévotion et au silence. Sortant du chapitre, ils vont tous les trois à la cuisine pour y chercher de quoi nourrir les frères mais ne trouvent rien. Finalement, ils se dirigent vers la porte de la ville et aux habitants qu'ils rencontrent, quand ceux-là leur demandent des nouvelles de leur santé comme s'ils sortaient d'un long séjour en prison, ils répondent, en faisant bonne mine, que tout va bien mais juste après, ils leur révèlent l'état de nécessité des frères. Se concertant séance tenante, les citoyens les encouragent et leur remontent le moral, donnant qui du blé, qui du seigle, qui des fèves, et les renvoient ragaillardis et joyeux chez les frères. Raoul met également son frère Thierry au courant du dénuement du monastère et lui demande de lui prêter de l'argent pour acheter des vivres pour les frères. Sur-le-champ, Thierry lui remet quarante marcs d'argent qu'il ne voulut ensuite jamais récupérer mais qu'il laissa à l'abbaye pour le salut de son âme. Il fit don également d'un jardin sur la rive de l'Escaut proche de Saint-Médard, fort avantageux pour notre abbaye, et en de nombreuses circonstances, fut toujours le premier des Tournaisiens à nous aider. En effet, quand Gauthier, qu'on vient de citer, entreprit, sur l'ordre de l'abbé, la construction de l'abbatiale avec les dons des fidèles, Thierry lui donna cent sous pour commencer, puis cent sous pour bâtir le réfectoire et encore cent sous pour le cellier. Et que de fois ne fit-il pas livrer au couvent un repas complet de poissons, que le soin d'énumérer et de rémunérer soit laissé à celui (saint Martin) pour lequel il contribua !

[Ch. 70 (W. 71)] Comment la pauvre communauté put-elle soutenir un tel manque de pain pendant toute cette année-là ? C'est à peine croyable ! Il n'était pas question de pain de froment ni de vin à moins d'être fournis par quelque riche ; même le seigle leur faisait défaut. Il n'y avait que de l'avoine moulue qui leur était apportée du moulin et cette farine, non blutée par le crible ou le tamis, sitôt mélangée à de l'eau chaude donnait un pain qui, une fois cuit avec des fétus de paille qui ressortaient, pouvait sembler brûlé au moine auquel il était servi et quand le moine le coupait avec son couteau, c'était plus un amas de paille que de mie qui s'étalait devant lui, mais, comme selon Salomon, *même ce qui est amer semble doux à l'âme affamée* (Pr 27, 7), les moines affamés mangeaient ce pain d'avoine avec un telle voracité qu'il ne restait ni mie ni paille. Quelques-uns sont encore en vie aujourd'hui dont dom Ascelin, qui succéda à dom Henri dans la gestion, ou plutôt à la direction du cellier; il reconnait qu'à l'époque, il s'était plus d'une fois demandé s'il lui serait donné de voir le jour où l'abbaye Saint-Martin serait si riche que lui-même pourrait être rassasié rien que de pain. Que ceux de nos successeurs qui liront ceci prient pour les âmes de ceux qui les ont précédés lesquels en mangeant du pain non pas d'orge mais d'avoine mêlée de paille, ont acquis pour eux, par la grâce de Dieu et leur persévérance, du pain de froment en abondance.

[Ch. 71 (W. 72)] Or, Raoul voyant et comprenant qu'une pauvre abbaye manquant de revenus ne pourrait facilement subsister sans agriculture s'employa pleinement à l'achat et à l'acquisition de terres. C'est ainsi qu'il installa dans l'abbaye quatre attelages de quatre bêtes de trait et leur affecta suffisamment de terres en partie offertes par des fidèles, en partie achetées. Ensuite, il construisit, dans la campagne tournaisienne à moins d'un mille[a] à peine de l'abbaye, quatre maisons ou manses que nous appelons abusivement « fermes » dont la première est dite ferme de Warnaffe, la deuxième, de Duissempierre, la troisième, de Longuesault, la quatrième, de Taintignies. Dans ces quatre fermes, il plaça dix attelages de quatre bêtes de trait et leur ménagea suffisamment de terre arable. Il construisit une cinquième ferme entre Nomain et Templeuve sur une terre dont il avait obtenu du comte Robert qu'elle soit donnée à l'abbaye en échange de son cheval comme on l'a dit plus haut[b], une sixième à Camphin-en-Pévèle, une septième à Constantin[c] sur une terre qui lui venait de son père, une huitième à Odomez sur l'Escaut, une neuvième à Gaurain, une dixième à Dameries[d], une onzième à Categnies[e].

[a] Voir note c, p. 93.
[b] Voir chapitre 58.
[c] Aujourd'hui quartier de Kain.
[d] Commune de Moustier, province de Hainaut.
[e] Commune de Pecq, province de Hainaut.

[Ch. 72 (W. 73)] Entre-temps, l'évêque dom Radbod dont le neveu Evrard, châtelain de Tournai, avait accaparé précisément le château de Tournai et, quelques jours auparavant, celui de Mortagne les plaçant sous son autorité en dépossédant leurs héritiers légitimes, Gérulphe de Tournai et Hugues de Mortagne, Radbod, dis-je, ce noble seigneur d'une grande probité, parmi les choses admirables qu'il fit, s'employa à restaurer notre monastère ainsi qu'on l'a déjà raconté[a]. Mais hélas! comme il est dit par le bienheureux Job que *Dieu rencontre dans ses propres anges de la défaillance* (Jb 4, 18), de même cet évêque d'une si grande probité commença à être l'objet d'une accusation auprès du siège de Rome au motif qu'il aurait versé de l'argent au roi pour obtenir l'épiscopat. D'où, étant souvent mis en cause auprès du pape, il offrit en vente à ses coadjuteurs plusieurs joyaux de la cathédrale de Tournai pour sa rédemption, vendit aux chanoines de Saint-Donatien plusieurs revenus de l'autel Saint-Sauveur de Bruges et aliéna également plusieurs autres revenus relevant aussi bien d'autres autels que des terres de l'évêché. Mais comme il avait été statué qu'avec l'assistance de deux évêques, il s'innocentât du péché de simonie, maître Anselme, à l'époque théologien de premier plan à l'école de Laon et reconnu pour son savoir dans toute la France, lui ôta l'assistance des évêques en leur donnant son avis, sachant qu'ils ne pourraient jurer sans péril qu'il était innocent. Toutefois, dès qu'il lui fut accordé, grâce à de nombreuses interventions, de se disculper par son seul serment, Hugues, archevêque de Lyon et légat du siège apostolique, voyant qu'il s'apprêtait à jurer, se mit debout devant tous: « Que fais-tu, dit-il, malheureux qui, en jurant de mauvaise foi, cherches à détruire ton âme? Renonce à ce serment et nous veillerons à ce que tu ne sois point déposé mais disposes d'un délai de deux ans, après quoi tu renonceras de toi-même à l'épiscopat dignement sous prétexte de vie religieuse ou bien de vieillesse. Car si tu jures, alors je te prédis que tu ne finiras pas l'année honorablement ». L'évêque, ainsi qu'il avait commencé, posa sa main sur les évangiles en jurant qu'il était innocent de simonie, puis quitta l'assemblée tranquillement et regagna Tour-

125

---

[a] Voir chapitre 11.

nai. Quelques jours plus tard, il partit à Bruges. Etant souffrant, il réclame d'être saigné et, en attendant le médecin, il entre dans sa chambre à coucher pour soulager ses intestins. Comme il s'éternisait, un de ses serviteurs qui l'avait accompagné, découvre qu'il est tombé à la renverse devant le siège d'aisance et pousse un cri de douleur. Se pressant immédiatement à l'intérieur, tous constatent que son ventre s'est lâché sous l'effet de la paralysie et qu'il a perdu l'usage de ses membres et de la parole. Ils le soulèvent pour le porter à son lit et, quelques jours plus tard, pleurent celui qui expire sans confession. Il est ramené à Tournai et enterré dans la cathédrale Notre-Dame. Dom Baudri, archidiacre de Noyon, lui succéda sur le siège épiscopal.

[Ch. 73 (W. 74)] Raoul, quant à lui, convainquit l'abbé, dom Odon, que si quelqu'un voulait donner, sans simonie, des autels à notre abbaye pour le salut de son âme, il les acceptât à l'instar d'autres abbés vénérables. L'abbé consentit, et le premier donateur fut un chanoine de Notre-Dame, appelé Wéry, qui nous donna l'autel d'Esplechin ; ensuite Baudouin, chantre, avec son fils Tetbert, l'autel de Saméon ; de même le chanoine Letbert, père de dom Gauthier abbé de ce monastère, l'autel de Paschendaele ; le chanoine Géry avec le chevalier Wenemar, des parts de l'autel de Templeuve ; l'évêque Radbod, à l'époque duquel notre monastère fut restauré, l'autel d'Evregnies ; de même le chanoine Adam, à la demande de son père Siger, maître de chœur, lequel fut moine chez nous avec son frère Herman, prévôt des chanoines, comme on l'a dit bien plus haut[a], nous donna cinq autels : Aeltre, Zarren, Iseghem, Gulleghem[b] et Estaimpuis ; le clerc Erpulphe, les autels de Wielsbeke et de Five[c]. Les moines des Dunes, en échange d'une terre que nous possédions au littoral, nous firent donner par dom Simon, évêque de Tournai, deux autels, à savoir ceux de Beveren-lez-Roulers et Ledeghem ; Désiré, archidiacre de Tournai et prévôt de Lille, les autels de Kuurne et Lendelede ; L'évêque Gé-

---

[a] Voir chapitre 8.
[b] Aeltre (Aalter), Zarren, Iseghem (Izegem), Gulleghem (Gullegem) se trouvent en province de Flandre occidentale.
[c] Sint-Eloois-Vijve, province de Flandre occidentale.

rald[a] et les clercs d'Eeckhout[b] en échange d'une ferme à Bruges, l'autel de Mouscron ; les moines de Loos[c] nous firent donner par l'évêque Gérald, en échange de notre ferme de Pévèle, les autels d'Annœullin et d'Allennes-les-Marais[d]. Tous ces autels, nous les avons dans l'évêché de Tournai. Le chanoine Letbert nous donna les autels de Zulte et de Wakken ; l'évêque Barthélemy[e], les autels de Faty et de Proisy ; Thomas de Marle, l'autel de Froidmont[f]. Ces trois-là, nous les avons dans l'évêché de Laon. Dans l'évêché de Cambrai, les suivants : Albert, l'autel de Sirault ; le doyen Wéry, les autels de Gaurain et de Quartes ; Ulbaud, l'autel de Hacquegnies ; dom Odon, premier abbé de ce lieu, après qu'il fut devenu évêque de Cambrai, l'autel de Maulde[g] ; Odon, prêtre de Bouvignies[h], les autels d'Ostiches et de Papignies ; Gauthier, doyen de Tournai qui ensuite fut évêque[i], l'autel de Vaulx ; Thibaud, prévôt de l'église de Renaix, père de Raoul archidiacre de Cambrai, lors de sa conversion, nous donna les autels de Flobecq, d'Ormeignies, de Beloeil et de Lierde-Saint-Martin[j] duquel autel dépendait une terre sur la Dendre où le précité prévôt Raoul construisit une douzième ferme et bâtit un très bon moulin. Mascelin, prévôt de l'église de Leuze, en venant à la conversion, avec sa femme Mainsende et son fils Alexandre, nous donna deux autels, à savoir ceux de Bouvignies et de Brantignies et, dans ces mêmes paroisses, le précité Raoul ajouta, trois autres fermes et ainsi atteignit le nombre de quinze. Il en édifia une seizième à Vezon[k], une dix-septième à Merbes-le-Château, une dix-huitième à Torelies[l], une dix-neuvième à Froyennes,

127

128

---

[a] Gérald, évêque de Tournai de 1149 à 1166.
[b] Eeckhout, à Bruges.
[c] Loos, près de Lille.
[d] Annœullin et Allennes-les-Marais, département du Nord.
[e] Barthélemy, évêque de Laon de 1113 à 1151.
[f] Faty, Proisy et Froidmont, département de l'Aisne.
[g] Maulde, village de l'entité de Tournai.
[h] Bouvignies, près d'Ath.
[i] Gauthier, évêque de Tournai de 1167 à 1172.
[j] Lierde-Saint-Martin, près de Brakel, province de Flandre orientale.
[k] Vezon, village de l'entité de Tournai.
[l] Ferme de Torelies, à Thimougies, province de Hainaut.

et même une vingtième dans l'exploitation du petit couvent appelé Saint-Trudon[a] près de Bruges.

[Ch. 74 (W. 75)] Dans le pays de Noyon à proximité du château de Thourotte[b], il découvrit un prieuré construit en l'honneur de saint Amand mais si vide et si pauvre qu'il n'y trouva ni lopin de terre ni maison ni moyen de subsistance. S'étant épris de ce lieu solitaire et éloigné de l'habitat humain, il alla trouver dom Baudri, l'évêque de Noyon, pour lui demander de nous le donner et l'obtint. Ensuite, contre l'avis de nombreux moines de notre monastère qui disaient qu'il cultiverait pour rien dans cet endroit éloigné et solitaire, il obtint de l'abbé dom Odon qu'il permit qu'aille là-bas un moine prêtre appelé Raoul, d'origine normande[c] qui, à cause de sa faiblesse physique, ne pouvait plus supporter le labeur du couvent. C'est ainsi que, l'envoyant là-bas sans toutefois l'obliger à extirper la forêt avec le pic ou la houe mais lui accordant des moyens de subsistance et de l'argent provenant de notre abbaye, il mit en valeur cet endroit, grâce à Dieu, si bien qu'en peu de temps il se réjouit que plusieurs pussent y servir Dieu là où, au départ, il n'avait trouvé rien d'autre qu'un prieuré abandonné entouré de ronces. Et ainsi, des chanoines de Noyon, fréquentant le lieu et le considérant apte pour qui voudrait servir Dieu en ermite, commencèrent d'abord à y faire des dons, puis à venir à la conversion et se faire moines, recevant toutefois la bénédiction de l'abbé à l'abbaye Saint-Martin, une fois leurs vœux prononcés. Parmi ceux-ci, un dénommé Pierre, considéré comme le père des autres chanoines, dès qu'il eut abandonné le siècle et fut fait moine, fit don de deux excellents vignobles situés à Noyon et commença à être d'une si grande dévotion qu'il fit figure de modèle non seulement pour les clercs et les chevaliers mais aussi pour les moines de toute la province à ce point qu'ils étaient nombreux à venir le consulter et que son avis était écouté comme étant d'inspiration divine. Mais lui-même, gardien de son humilité, ne voulut pas recevoir la prêtrise bien qu'il y fut invité par l'abbé et les frères, et

[a] Œdeghem/Steenbrugge, commune d'Assebroek, province de Flandre occidentale.
[b] Thourotte, près de Compiègne.
[c] Voir chapitre 66.

ne parlait à ceux qui venaient le trouver qu'avec la permission du prieur. Par contre, il rappelait constamment au prieur son devoir d'aumône envers les pauvres.

[Ch. 75 (W. 76)] À l'époque où la grande famine frappait toute la province, alors que le susdit prieur Raoul, inquiet de la disette des frères, appréhendait de devoir distribuer, selon l'usage, des aumônes aux pauvres, et que dom Pierre l'engageait à ne rien retrancher de la quantité ordinaire, voici soudain qu'un serviteur répondit qu'il n'y avait plus de pains pour les pauvres qui arrivaient. À qui dom Pierre: « Va, dit-il, et cherche s'il ne resterait pas un quignon de pain dans le coffre ». Comme le serviteur disait qu'il venait à l'instant de laisser le coffre vide et que dom Pierre le poussait à s'en assurer quand même, le serviteur, las de son insistance, retourna au coffre qu'il avait laissé vide juste avant, et le trouva rempli de pains jusqu'à ras bord. Ainsi, grâce à la foi de Pierre, le prieur Raoul put distribuer des pains en abondance à tous les pauvres qui se présentaient sans devoir en refuser à qui que ce soit. Et plus il partageait, et plus il voyait s'accroître, par la volonté divine, le peu de nourriture de l'institution de sorte que jusqu'aujourd'hui, le prieuré Saint-Amand est généreusement honoré et fréquenté par les habitants du pays, et que désormais non seulement de Noyon mais aussi de Compiègne et d'autres villes voisines, plusieurs personnes, aussi bien des hommes que des femmes, y apportent de nombreux biens lors de leur conversion. Et les frères tournaisiens qui d'abord avaient murmuré contre le prévôt Raoul parce qu'il envoyait de l'argent de Tournai, maintenant se réjouissaient et le louaient de ne pas les avoir écoutés. De son côté, dom Pierre, lors de conversations familières, nous répétait que c'était le jour de la fête de la chaire de saint Pierre[a] qu'il était né et avait été baptisé et qu'il était venu à la conversion et ajoutait qu'il était sûr de trépasser le jour de la même fête, ce qui arriva. En effet, ce fut le jour de la fête de la chaire de saint Pierre qu'il passa, comme nous le croyons, du labeur au repos, et fut enterré dans le cloître près du porche de l'église du prieuré Saint-Amand avec une profonde tristesse des frères et du clergé de la province. Quant au susdit prieur

130

---

[a] 18 janvier, avant Vatican II.

de Saint-Amand, Raoul que nous avons dit d'origine normande, il avait, dans notre abbaye, trois frères prêtres, hommes de grande dévotion, à savoir Guillaume, Godefroid et Roger qui s'étaient convertis au tout début avec l'abbé Odon et, avec lui, avaient supporté le poids de la pauvreté.

[Ch. 76 (W. 77)] Parmi ceux que je viens d'évoquer, Godefroid fut un copiste expérimenté qui laissa dans notre monastère de nombreux livres manuscrits : les *Morales de saint Grégoire sur Job* en six volumes ; une histoire sainte qui débute aux paraboles de Salomon et comprend tous les prophètes ainsi que les actes des apôtres et les épîtres ; un missel dans lequel, chaque jour, est chantée deux fois la messe dans le chœur ; le texte des évangiles ; la *Cité de Dieu* et le *Manuel de saint Augustin* ainsi que de nombreux autres livres qui, vu la similitude de plume, peuvent aisément lui être attribués. Ce Godefroid, encore jeune et bien portant, après avoir recopié plusieurs manuscrits, s'en était allé visiter l'abbé malade pour s'entretenir avec lui. Saisi subitement d'un malaise devant nos yeux étonnés, il est transporté dans son lit et, trois jours plus tard, reçut l'extrême onction. Tandis que les autres moines se retiraient, moi qui étais au service de dom abbé, je restai au chevet de Godefroid. M'enquérant de son état, il répondit qu'il ne ressentait absolument plus rien, ni mal ni douleur. Je le persuadai alors de me permettre de l'étendre par terre sur un cilice afin qu'il ressentît, à l'exemple de saint Martin, la dureté et la rudesse de la terre. Il y consentit sur-le-champ. Dès qu'il fut allongé, il me demanda de lui lire la foi catholique c'est-à-dire le « Quiconque veut être sauvé » (Symbole de saint Athanase[a]). Ainsi fait, je l'interrogeai s'il souhaitait que la cloche soit sonnée et que la communauté soit appelée pour son départ. Il répondit qu'il ne ressentait aucun mal mais qu'il verrait volontiers les frères. Aussitôt, je me précipite pour sonner la cloche. Les frères se rassemblent et chantent la litanie des saints autour du mourant. Et alors que, à genoux et l'oreille contre sa bouche, je lui demandais s'il voyait les frères, s'il entendait ce qu'ils disaient, il répondit qu'il les voyait et enten-

---

[a] (*CPL* 167) C.H. Turner, "A critical Text of the 'Quicumque vult'", dans *The Journal of Theological Studies* 11, 1910, p. 401-411.

dait le nom des saints, qu'il ne ressentait aucune douleur et qu'il était très heureux. Après quoi, il rendit l'âme non sans grand deuil et au dam de toute notre abbaye. Son compagnon d'écriture fut dom Gilbert qui avec Thierry, fils du prévôt Raoul, fut instruit par l'abbé dom Odon. Gilbert copia tout l'Ancien Testament et aussi deux grands livres très utiles d'une ample et belle écriture qui contiennent les lectures de tous les dimanches et fêtes de l'année dont l'un est appelé « estival » et l'autre « hivernal ». Il mourut le jour de la Purification de la bienheureuse Vierge Marie (2 février) avec un immense deuil pour toute notre communauté.

[Ch. 77 (W. 78)] Comme le prévôt, dom Raoul, voyait que, selon son vœu, il avait obtenu quelques résultats pour ce qui était du prieuré Saint-Amand dans le pays de Noyon il se mit à prospecter aussi le Laonnois et, sachant qu'il y avait là, en raison de la guerre opposant Thomas de Marle à Roger de Pierrepont, plusieurs villages et champs abandonnés et désolés, il sollicita Roger de donner à notre abbaye, contre une somme d'argent et pour le salut de son âme, une partie de cette terre que nous pourrions, en travaillant, mettre en valeur. Aussitôt Roger, avec l'accord de son épouse Ermengarde, nous donna une terre abandonnée dans un lieu appelé Chantrud, ce qu'il confirma devant dom Enguerrand, à l'époque évêque de Laon. Sans tarder, Raoul y construisit une manse et, considérant que la terre était fertile et suffisante, il y affecta quatre charrues et la peupla de moutons et de bovins. Ensuite, il alla voir un autre seigneur appelé Gérard de Quierzy. Contre la remise d'une coquette somme, il lui demanda, à l'instar de Roger, de faire une donation à l'abbaye Saint-Martin pour le salut de son âme. Alors, il nous donna des terres qu'il possédait à Luvri et Brazicourt[a], mais comme il les tenait en fief du roi, il fit confirmer cette donation par Louis (Louis VI, dit le Gros), roi de France. Cette charte fut la première que notre abbaye reçut des rois. Ainsi donc, Raoul construisit une ferme à Luvri et une autre à Brazicourt. Il répara aussi le moulin qui avait été détruit. Il construisit une quatrième ferme, non loin des autres, dans le domaine de Monceau[b],

132

---

[a] Chantrud, hameau du village de Grandlup-et-Fay, département de l'Aisne.
[b] Monceau-le-Wast, village voisin de Grandlup-et-Fay.

qui se compose non pas d'une donation mais de plusieurs et d'une réserve domaniale. Mais après quelque temps, Thomas de Marle voyant que notre ferme abondait en bétail, poussé par la cupidité, la saccagea et pour ce fait fut excommunié. Comme il voulait être absous, il nous donna un autel situé à Froidmont[a] pour prix de la reconstruction et le fit confirmer par une charte de l'évêque de Laon dont il le tenait en fief et reçut ainsi l'absolution de son méfait. Le prévôt Raoul, souvent mentionné, construisit ces quatre fermes dans le Laonnois, par lesquelles il enrichit considérablement notre abbaye.

[Ch. 78 (W. 79)] Il construisit encore une ferme dans l'évêché de Soissons située dans la forêt de Pinon[b], et la fit confirmer par une charte de dom Lisiard, évêque de Soissons. Il confia à son fils, Gauthier, le soin de construire en ce même lieu, grâce aux aumônes des fidèles, une chapelle en pierre, édifiée en l'honneur de sainte Marie mère de Dieu, et obtint que l'édifice fût consacré par ledit évêque.

[Ch. 79 (W. 80)] Dans ces manses, ou fermes comme nous les appelons usuellement, qu'il construisit en divers endroits, le prévôt Raoul plaça plus de soixante charrues et ainsi, avec l'aide de Dieu, subvenait aux besoins en vivres et en vêtements de toute notre communauté tant par l'agriculture que par l'élevage. À cet égard, dom Odon se félicitait et remerciait Dieu de lui avoir donné un tel homme pour le libérer et le décharger totalement des soucis et de l'agitation du monde. En effet, lui ayant confié toute la gestion matérielle de notre abbaye, lui-même se consacrait à la religion et au silence avec une telle ferveur qu'il lui arrivait, maintes fois, de ne pas sortir du cloître pendant tout un mois mais, complètement absorbé par l'enseignement, d'employer toute sa science à la copie des livres. Il s'extasiait de ce que le Seigneur lui avait prodigué des copistes en abondance et, en pénétrant à l'intérieur du cloître, on pouvait voir, la plupart du temps, douze jeunes moines assis sur de hautes chaises en train d'écrire en silence sur des tablettes de cire soigneusement et finement apprêtées. C'est ainsi qu'il fit copier

---

[a] Froidmont-Cohartille à proximité de Grandlup-et-Fay, entre Marle et Laon.
[b] Pinon, nord-est de Soissons.

tous les livres de saint Jérôme sur les prophètes, tous les livres de saint Grégoire et tous ceux qu'il put trouver de saint Augustin, d'Ambroise, d'Isidore, de Bède et même de dom Anselme, alors abbé du Bec mais ensuite archevêque de Cantorbéry, avec une telle exactitude que c'est à peine si l'on trouvait semblable bibliothèque dans les abbayes voisines et toutes cherchaient à se procurer les exemplaires de notre monastère pour corriger leurs propres livres. Notre monastère était alors de grand renom et de grande religion parce qu'à cette époque, on ne trouvait que trois abbayes, dans l'archevêché de Reims, à observer les usages de Cluny : Anchin, Afflighem et la nôtre. L'abbaye de Cluny était alors considérée comme la meilleure institution de tout le royaume de France puisque la rigueur cistercienne n'avait point encore germé pas plus qu'on ne parlait de dom Norbert.

[Ch. 80 (W. 81)] À cette époque, dom Lambert, ayant été fait abbé de Saint-Bertin, comme il voyait son abbaye décliner à cause d'un trop grand laisser-aller au point que peu de moines pouvaient à peine y vivre, poussé par l'extrême nécessité, se rendit chez dom Hugues, à l'époque célèbre abbé de Cluny, se mit lui-même avec toute son abbaye sous son autorité et professa publiquement sa soumission dans l'abbaye même de Cluny. Il ramena douze moines recommandés par dom Hugues et leur confia la direction de l'abbaye Saint-Bertin si bien qu'en peu de temps, grâce à la divine providence, l'abbaye fut réformée par eux de sorte que là où l'on n'en trouvait à peine douze auparavant, on dénombrait cent-cinquante moines entièrement comblés. Appréciant cela, le glorieux comte de Flandre, Robert (Robert II dit de Jérusalem), qui était maintenant rentré de croisade après la prise de Jérusalem, installa des moines, recommandés par l'abbé de Saint-Bertin, dans les abbayes Saint-Vaast d'Arras et Saint-Pierre de Gand et réforma celles-ci en profondeur. De même dom Odon, le vénérable abbé de Saint-Rémi de Reims, installa, dans son monastère, des moines de l'abbaye Saint-Bertin. Puis, Louis, roi de France (Louis VI dit le Gros), voyant les autres abbayes progresser par les mêmes usages, les imposa au monastère Saint-Médard de Soissons. Et ainsi, par la grâce de Dieu, c'est à peine si l'on ne trouve en France, ou du moins en Flandre, quelque monastère dans lequel l'observance clunisienne ne soit pas respectée. Mais, comme on l'a dit plus haut, alors que parmi les abbayes voisines, notre monastère se distinguait par sa grande renommée et sa prospérité, voici que subitement *la couronne tomba de notre tête et que la joie déserta nos cœurs* (Lm 5, 15-16).

[Ch. 81 (W. 82)] En effet, dom Manassès, archevêque de Reims[a] qui, depuis l'admonition du pape Pascal, invitait généralement différents abbés à se joindre aux synodes, convoqua, entre autres, nominativement Odon, l'abbé de Saint-Martin de Tournai. Et tandis que nous nous demandions en quoi ce synode nous concernait et attendions inquiets et incertains, voici que tout à coup nous apprîmes qu'il avait été élu à l'épiscopat du siège de Cambrai et avait été consacré aussitôt par l'archevêque et les évêques de la province. Nul ne peut facilement imaginer le deuil qui ce jour-là[b] frappa toute notre communauté, les sanglots qui secouèrent nos poitrines. Cependant, huit jours à peine s'étaient écoulés qu'une certaine consolation nous fut apportée puisqu'en raison de la rébellion et de la résistance de l'évêque Gaucher, Odon ne réussissant pas à rentrer pacifiquement dans la ville de Cambrai, il nous fut renvoyé par l'archevêque et passa une année complète avec nous. Quant à la cause de cette rébellion, il nous la faut brièvement expliquer en faisant une digression.

[Ch. 82 (W. 83)] Dans la *Vie de saint Grégoire*[c], on lit que, comme il avait élu au gouvernail du siège apostolique et qu'il refusait, ils demandèrent l'assentiment de l'empereur Maurice[d] et, par ce biais, élevèrent l'élu sur le siège pontifical.[e] D'autre part, nous lisons que saint Éloi et saint Ouen ont été élus et promus à l'épiscopat par Dagobert, roi des Francs. Et on peut lire en de multiples endroits la même chose, à savoir que des saints hommes ont été promus à l'épiscopat par des rois. Mais voilà que subitement, au

---

[a] Manassès, archevêque de 1096 à 1106.
[b] En 1105 ; cf. *MGH, SS* 14, p. 210-211.
[c] Jean Diacre, *Vita Sancti Gregorii papae*, 1, 39-40, *PL* 75, 79.
[d] Maurice, empereur byzantin de 582 à 602.
[e] Cf. Sigebert de Gembloux, *Chronographia* (ad annum 637), *MGH, SS* 6, p. 323, 58-63 ; *Vita s. Eligii, MGH, SS Rerum Merovingicarum* 4, p. 695, 8-12.

temps de l'empereur Henri l'Ancien[a], le pape de Rome qui s'appelait d'abord Hildebrand puis Grégoire VII, interdit que nul ne soit élu ou promu par l'empereur, et tous ceux qui avaient été élus et avaient reçu de ses mains la crosse et l'anneau sont excommuniés et déposés ; l'office divin est même interdit dans tout l'empire, du moins dans sa partie germanique. Cela provoque une immense confusion au sein de la sainte Église au point qu'ils sont nombreux à dire que la prophétie du roi Ezéchias s'est alors accomplie : « *Voici que dans la paix, mon amertume est plus amère* » (Is 38, 17). En effet, amère fut l'amertume de l'Église au temps des martyrs persécutés par les païens, plus amère au temps des hérétiques et la plus amère dans la paix des chrétiens. Vu que l'empereur Henri n'accepte pas que lui soit ôtée la dignité de ses prédécesseurs et prétend que le pape n'agirait pas pour la liberté de l'Église mais plutôt pour pouvoir accumuler plus de richesses sous prétexte de justice, il élit un autre pape du nom de Guibert, fait excommunier celui qui l'avait excommunié et, outrepassant la sentence pontificale, impose la célébration de l'office divin dans le royaume de Germanie. Puis, ayant rassemblé une armée, il assiège Rome et dévaste toute la province. Le pape Grégoire étant mort, Urbain lui succède et confirme les décisions de son prédécesseur et lui-même, entre autres choses qu'il décréta au concile de Clermont[b], frappe aussi du glaive de l'excommunication l'évêque Gaucher de Cambrai au motif d'avoir obtenu l'épiscopat par de l'argent et d'avoir reçu la crosse et l'anneau des mains de l'empereur, et le dépose de l'office épiscopal. Gaucher, fort de sa puissance régalienne, dirige l'évêché avec arrogance pendant plusieurs années, et, outrepassant la sentence pontificale, ordonne de célébrer l'office divin dans la ville de Cambrai. Le pape Urbain étant mort, Pascal lui succède (1099). Comme celui-ci déplore que Gaucher persévère avec constance dans son obstination continuelle, il écrit à Manassès, archevêque de Reims, pour lui ordonner en vertu de son autorité apostolique, d'élire, avec l'assemblée des évêques suffragants de sa province, et

137

---

[a] Henri IV, né en 1050, roi de Germanie en 1056, empereur en 1084, abdication en 1105, † 1106.

[b] Clermont-Ferrand, concile convoqué par Urbain II en 1095.

de consacrer sans délai un évêque pour l'Église de Cambrai. Ainsi donc notre abbé, dom Odon, est élu et consacré. Mais parce que Gaucher ne peut être chassé par l'autorité archiépiscopale, notre abbé, déjà consacré, nous est renvoyé. Certes, il exerce en tout lieu sa fonction épiscopale mais n'a ni l'entrée de la ville ni les revenus régaliens.

[Ch. 83 (W. 84)] Sur ces entrefaites, l'habile pape monte Henri le Jeune (Henri V), fils de l'empereur Henri, contre son père en lui enjoignant par écrit de porter secours à l'Église. Le fils, impatient de régner et jubilant d'avoir trouvé un bon prétexte fondé sur l'autorité apostolique, prend effrontément les armes contre son père et le chasse du trône ; personne ne prend la défense de l'empereur à part Otbert, l'évêque de Liège. Le jeune homme, fâché de ce que, contre sa volonté, son père ait été accueilli par l'évêque dans la ville de Liège (1106), rassemble une armée et se met en tête de forcer Liège le vendredi saint. Or, le jeudi saint (22 mars 1106), après les vêpres, comme l'évêque, selon le cérémonial ecclésiastique, lavait les pieds des chanoines et célébrait la dernière Cène, voilà que soudain on annonce que les chevaliers du jeune roi se sont emparés de la forteresse de Visé. L'armée liégeoise se met promptement en marche, sous l'autorité du comte de Limbourg[a], et se presse d'aller combattre l'ennemi. Mais tandis que la chevalerie du nouveau roi passe à la hâte et sans précaution sur le pont enjambant la Meuse (à Visé)[b], voici que tout à coup le pont s'écroule et précipite dans le fleuve près de cinq cents chevaliers en armes qui périssent avec leurs chevaux. Et ainsi, le jeune roi qui avait voulu combattre son père en un jour aussi solennel, s'en repentant trop tard, est contraint de se retirer en désordre et de regagner Mayence. Comme il possédait déjà tout le royaume excepté Liège, ayant reconstitué sa force armée, il reprend les armes contre son père jusqu'à ce que ce dernier, privé de tout secours des grands vassaux, soit enfermé dans un donjon par ses soins. Il existe une

---

[a] Henri Ier de Limbourg, né vers 1059, comte de Limbourg de 1082 à †1119, duc de Basse-Lotharingie en 1101 et révoqué en 1106. L'auteur lui donne erronément le titre de comte de Namur (Voir *CC CM*, 236, p. 137, l. 3016).

[b] Sigebert de Gembloux, *Chronographia* (ad annum 1106), *MGH*, *SS* 6, p. 371, 33-36.

lettre du vieux monarque adressée à Philippe, roi de France, dans laquelle il se plaint âprement de son fils[a]; celui qui peut la lire sans pleurer possède, me semble-t-il, un cœur dur.

[Ch. 84 (W. 85)] Henri l'Ancien, le père d'Henri, étant mort non pas au combat mais de chagrin, son fils, enfin maître du royaume longtemps convoité, manda aux Cambrésiens de chasser de leur ville Gaucher, excommunié, et d'accueillir dom Odon qui, entrant pour la première fois pacifiquement dans la ville de son siège épiscopal, nous recommanda d'élire un abbé, et, sur son conseil, Ségard, notre prieur depuis de nombreuses années, un moine pieux rompu au jeûne et à la prière, est élu. Quant à Henri (Henri V), en tant que roi, il s'inscrivit dans la continuité paternelle en refusant de renoncer à la dignité ancestrale des rois qui élisaient les évêques. C'est ainsi que, ayant rassemblé une armée, il se rendit à Rome sous prétexte de recevoir le sacre et la couronne des mains du pape. Reçu en grande pompe par les Romains en liesse, il arriva à la basilique Saint-Pierre, siège de la papauté, où le pape l'attendait. Mais lorsque, selon le cérémonial, prosterné aux pieds du pape, il fut relevé pour l'accolade, le roi révéla aussitôt sa trahison et sa perfidie longtemps préméditées : il donna l'ordre en allemand à ses chevaliers en armes de s'emparer du pape qu'il venait d'embrasser, avec tous les cardinaux qui l'avaient escorté si aimablement, les fit conduire de force dans son campement et les enferma. Et ceux des Romains fort nombreux qui voulurent résister, il les massacra, étant venu avec d'importants effectifs. Il est vrai que les Romains qui ne soupçonnaient nulle ruse, ne s'attendaient aucunement à devoir se battre, et par conséquent, il ne faut s'étonner s'ils furent facilement surpassés. Aussi, le pape, comprenant le péril qui pesait non seulement sur les évêques et les cardinaux, qui avaient été pris avec lui, mais aussi sur toute la région, saccagée furieusement non par un empereur mais par un tyran, préféra changer d'avis à temps, en raison de la situation critique, que d'abandonner ceux dont le cou était menacé par l'épée. C'est pourquoi il concéda au roi, et de plus lui certifia par un diplôme,

139

---

[a] Sigebert de Gembloux, *Chronographia (ad annum* 1106), *MGH, SS* 6, p. 369, 31-33.

que les élections des évêques se feraient avec son assentiment et que les élus recevraient de lui l'investiture par la remise de la crosse et de l'anneau. Comme le roi exigeait quand même une garantie de cette cession, le pape lui déposa sur la langue le corps de Christ en disant : « Je te remets ce corps du Christ comme garant que la promesse que je t'ai faite, je ne la violerai pas ». Et ainsi le roi satisfait relâcha le pape et tous ceux qu'il avait pris avec lui. Il retourna en Lotharingie et, à Liège, épousa la fille du roi Henri d'Angleterre, richement dotée par son père[a]. Cependant par l'effet de la justice divine, il ne profita pas longtemps de son bonheur, mais fut assez tôt privé et du règne et de la vie († 1125) laissant une reine veuve sans progéniture. Après son départ de Rome, divers cardinaux s'étaient accordés à l'accuser de trahison envers le pape, le comparant à Judas qui, après le baiser et par ce baiser, livra le Seigneur (Mt 26, 47-49), qualifiant le diplôme concédé par le pape[b] non pas de privilège mais de « pravilège »[c], et l'avaient frappé d'anathème. Quant à l'arrangement que le pape avait conclu sous la contrainte, ils le déclarèrent nul.

[Ch. 85 (W. 86)] Un clerc, nommé Norbert, qui, à l'époque de cette duperie, était chapelain de l'empereur, voyant que son seigneur le roi était si déloyal, poussé par la repentance, se prosterna aux pieds du pape et, ayant obtenu son absolution, quitta la vie séculière et vint en France, dans l'évêché de Laon où il trouva un lieu solitaire appelé Prémontré. Il entreprit d'y servir Dieu sous la règle de saint Augustin bien plus rigide et plus stricte et, par la grâce de Dieu, réalisa ainsi son projet en peu de temps si bien qu'à part les apôtres, nous ne voyons aujourd'hui personne d'autre dans l'Église à avoir obtenu pareil résultat. En effet, alors que trente années ne sont pas encore écoulées depuis sa conversion, nous avons appris que quelque cent monastères ont déjà été fondés par ses disciples à travers le monde et que leur règle est même observée jusqu'à Jérusalem. D'autre part, et je n'en dirai pas plus,

---

[a] Voir chapitre 16. Mathilde, fille d'Henri Ier d'Angleterre ; mariage célébré en 1114.

[b] Concilium Lateranense (18 mars 1112, Pascal II), *PL* 163, 471BC.

[c] Jeu de mots : « *non privilegium sed pravilegium* » ; *pravilegium* connote une idée d'immoralité ou de perversion (*pravus*).

dom Barthélemy lui confia, dans la ville de Laon, une abbaye dans un grand dénuement, dédiée à saint Martin, dans laquelle Norbert installa quelques frères placés sous l'autorité d'un abbé appelé Gauthier, religieux à qui Dieu dispensa tant de grâces qu'aujourd'hui cette même abbaye semble compter quelque cinq cents frères. Et de celle-ci ont déjà procédé une dizaine de monastères. Quant à Norbert, il devint par la suite archevêque de Magdebourg (1126) et mourut († 1134) sous le règne de l'empereur Lothaire[a], le successeur d'Henri. Mais à présent, revenons à notre monastère.

[Ch. 86 (W. 87)] Après l'avoir dirigé pendant près de treize ans, dom Odon, devenu évêque, laissa le soin de sa direction à dom Ségard, notre prieur. C'est à ce moment-là qu'un immense tourment s'abattit sur nous. Il se fit que les chanoines de Tournai – dom Odon avait déjà été fait évêque – commencèrent à nous interdire d'enterrer les gens du dehors, en prétextant que notre église n'était pas une abbaye mais plutôt une chapelle relevant de leur droit et que nous y resterions tant qu'ils le voudraient. C'est pourquoi deux archidiacres de Cambrai, Anselme et Raoul – ce Raoul est le fils de notre moine dom Thibaud –, qui assistaient leur évêque demeurant jusqu'ici avec nous, secoués par un tel déni des chanoines de Tournai, partirent à Rome avec une lettre de recommandation de l'évêque dom Odon et nous rapportèrent une ordonnance du seigneur pape Pascal[b] nous accordant le droit d'enterrer librement et sans contestation tous ceux qui souhaiteraient l'être chez nous, hormis les excommuniés. Ils ajoutèrent aussi, ce que la plupart d'entre nous ignoraient, que les dîmes de nos produits agricoles que nous récoltons autour du monastère, nous ne les acquittions plus dorénavant puisqu'elles nous étaient remises par le seigneur pape. Dès que cela fut connu des chanoines, sur l'heure ils s'insurgèrent et excitèrent la terre entière contre nous, jetant notre monastère dans un grand désarroi par des incendies et des rapines. Or, étant donné que le prévôt de notre monastère était Raoul que j'ai souvent cité et, celui des chanoines, Gonthier, le fils de son frère Tetbert, tandis que l'oncle et le neveu se disputaient

---

[a] Lothaire II de Saxe † 1137.
[b] Pascal II, pape de 1099 à † 1118.

avec des armes qui n'étaient pas qu'ecclésiastiques mais aussi séculières, il semblait que la guerre qui opposait les deux églises n'était pas seulement civile mais bien plus que civile. Toujours est-il que le seigneur pape ne manqua jamais de nous venir en aide et veilla pieusement aux intérêts de ceux qui se rendaient fréquemment chez lui. C'est ainsi qu'il adressa à notre évêque Baudri, cette lettre parmi beaucoup d'autres :

[Ch. 87 (W. 88)] Pascal évêque, serviteur des serviteurs de Dieu au vénérable frère Baudri, évêque de Noyon et de Tournai, salut et bénédiction apostolique. Nous avons déjà adressé à votre fraternité une deuxième lettre pour que vous rendiez justice aux moines de Saint-Martin des dommages qu'ils ont subis des chanoines de Tournai. Mais votre fraternité a omis pendant beaucoup trop longtemps d'exercer cette justice d'où nous avons jugé opportun de confier l'affaire aux frères Lambert, évêque d'Arras[a], et Jean, évêque de Thérouanne[b], de la même province ecclésiastique, qui, en tant qu'hommes religieux extrêmement soucieux de parvenir à une paix, traitèrent ce litige de façon moins canonique. C'est la raison pour laquelle nous avons cité les deux parties à comparaître devant nous. Et, nous appuyant sur l'autorité des saints pères, nous avons montré aux chanoines combien ils accablaient injustement les moines en leur prélevant des dîmes et en leur interdisant d'inhumer. En effet, saint Grégoire[c] écrit à Augustin, évêque des Angles[d] : « À quoi bon parler à ceux qui vivent déjà en communauté, des parts à faire ou de l'hospitalité à réclamer et de la miséricorde à pratiquer quand tout le surplus doit être reversé aux causes pieuses et religieuses ? ». D'autre part, Léon IV[e] décrète dans une constitution synodale que les dîmes et les prémices[f] et toutes les offrandes des vivants et des morts soient fidèlement rendues aux églises de Dieu par les laïcs. Où il est à noter que ce n'est pas aux moines mais aux laïcs de rendre les dîmes. Car les moines, puisque

---

[a] Lambert, évêque d'Arras de 1095 à †1115.
[b] Jean, évêque de Thérouanne de 1099 à †1130.
[c] Grégoire Ier le Grand, pape de 590 à †604.
[d] Augustin, évêque de Cantorbéry de 597 à †604.
[e] Léon IV, pape de 847 à †855.
[f] *prémices* : fruits de la terre offerts à l'autel, menues dîmes.

la plupart d'entre eux sont soit diacres soit prêtres ou possèdent d'autres ordres ecclésiastiques, et qu'ils sont continûment voués au culte divin par la grâce de Dieu, doivent naturellement être exemptés des perceptions de ce genre. Et le même Léon écrivant aux évêques d'Angleterre indique que c'est seulement aux églises qui sont appelées « paroissiales » que les dîmes sont dues, là où sont donnés les sacro-saints baptêmes ; et naturellement, dans ces paroles, il apparaît clairement qu'en raison du baptême, de l'eucharistie, de la pénitence et autres sacrements rendus par le clergé aux fidèles, les dîmes doivent être fournies par les fidèles ; or, dans toutes ces communautés de moines, nul service n'est rendu par des chanoines. De plus, l'avis de saint Grégoire est considéré comme patent concernant le droit de sépulture qui doit être accordé aux monastères. En effet, par ces mots, il prit soin de rappeler à l'ordre Jean, évêque de Civitta Vecchia, qui interdisait d'enterrer les morts dans un monastère : « Si tel est le cas, dit-il, je vous exhorte à vous écarter d'une telle inhumanité en permettant l'enterrement des défunts et la célébration de messes dans ce lieu sans aucune contestation future afin que le vénérable Agapet ne soit amené à se plaindre une nouvelle fois à moi sur ce qui a été dit ». L'autorité des saints pères ayant été reconnue et le fondement de la vérité établi, les chanoines de Tournai qui étaient venus à nous, se retirèrent par devoir d'humilité et, d'autre part, promirent de ne plus causer aux moines d'embarras sur ces griefs. Très cher frère, nous avisons donc votre sollicitude à ne plus tolérer que les frères dudit monastère soient contrariés par de tels désagréments, à ne point y mettre la cathèdre et à ne rien ajouter qui puisse troubler la règle monastique. En ce qui concerne ces parts d'aumônes que les mourants doivent laisser aux églises, il vous incombe d'informer les paroissiens de votre diocèse que, par votre vigilance et la générosité du Seigneur, l'équité tant à l'égard des moines que des chanoines est préservée et qu'une paix durable entre les églises est scellée. Donné au Latran par les soins du cardinal Jean, le 29 octobre (1109).

[Ch. 88 (W. 89)] Or, les chanoines, de retour de Rome, transgressèrent toutes les promesses que le seigneur pape disait avoir obtenues de leur part, en recommandant à nous incendier et même à stipendier des chevaliers pour ravager nos domaines. Un jour, à

144 la nuit tombante, ils envoyèrent leurs gens piller notre ferme de Duissempierre. L'abbé dom Ségard, averti de leurs menées, dépêcha sur place pour réprimer l'audace des pilleurs, notre moine appelé Gérulphe, jadis vaillant chevalier dans la vie séculière et apparenté aux nobles de la région. Mais les pillards arrivant nombreux et armés, saccagèrent la ferme et frappèrent tant et plus le moine qui voulait leur résister, qu'il fallut le ramener à l'abbaye sur une civière. Suite à cela, sa parentèle, très affectée, se rassembla quelques jours plus tard contre les chanoines et leurs partisans, et, le combat ayant été engagé, tua dix-huit de leurs gens et, certains ayant eu les pieds tranchés, ce fut la déroute générale. Il y eut même des chevaliers qui déclarèrent avoir vu, pendant le combat, saint Martin dans le ciel sur un cheval blanc mettre les adversaires en fuite avec son épée, et bien qu'ils fussent beaucoup plus nombreux que les nôtres, cependant la victoire fut à nous. L'abbé dom Ségard, voyant certains de nos jeunes se réjouir de cette victoire, entra dans l'église, se prosterna devant l'autel et commença à pleurer à chaudes larmes tant pour les âmes de ceux qui avaient perdu la vie que pour le péril des frères qui s'en étaient réjouis. D'où, il convoqua immédiatement toute la communauté dans la salle du chapitre et décida que le jour suivant, ils jeûneraient ensemble au pain et à l'eau, et qu'à pieds nus, dès leur lever comme au vendredi saint après prime, ils liraient tout le psautier, feraient une procession et que, dans la salle du chapitre, tous, d'une manière générale, seraient aussi rappelés à l'ordre. Que sa dévotion plût à Dieu, la suite le démontra aussitôt.

145 [Ch. 89 (W. 90)] En effet, nous étions encore assis dans la salle du chapitre quand subitement le châtelain Evrard, seigneur de toute la région, dont nous avons longuement parlé plus haut, à l'improviste frappa à la porte du cloître et demanda la permission de se présenter au chapitre. Admis avec quelques hommes de son entourage, il prit la parole : « Messires, nous nous sommes grandement réjouis de la restauration de cette abbaye que déjà nous déplorons sincèrement sa ruine, alors que vingt ans ne sont pas encore écoulés. Nous savons, il est vrai, que les chanoines vous empêchent injustement d'enterrer ceux qui ne sont pas leurs paroissiens, et que vous, vous refusez à tort de leur verser leurs

dîmes. Bien que nous vous ayons donné des terres nous appartenant pour le salut de nos âmes, il nous était toutefois impossible de vous accorder les dîmes de Notre-Dame sainte Marie. Donc, ce que nous vous avons donné, possédez-le et, vous qui vous êtes consacrés à Dieu, n'enlevez rien à sainte Marie de ce que, nous pécheurs, nous lui donnions. Si vraiment vous voulez lui ravir le droit qu'elle tient depuis cinq cents ans, j'ignore à quoi vous sert d'avoir renoncé au siècle puisque, sauf votre respect, vous semblerez plus cupides, plus rapaces et, pour tout dire, pires que nous qui, bien que spoliateurs des pauvres, rendons cependant à Dieu les dîmes qui lui reviennent. D'où je vous prie, mes doux seigneurs, de ne plus troubler le diocèse en mettant un terme au parti que vous avez pris d'obtenir une singulière et insolite liberté mais de prendre exemple sur les abbayes de la région qui sont plus anciennes et plus riches que la vôtre, et nous ferons que vous soit concédée cette liberté de sépulture qu'elles-mêmes possèdent, que les chanoines le veuillent ou non.[a] Si par contre vous refusiez d'agréer notre démarche, alors, dans ce cas, vous nageriez à contre-courant[b] puisque nous n'accepterons jamais que soient soustraites à Notre-Dame sainte Marie ses dîmes ». Notre communauté approuva les paroles du châtelain Evrard et se rangea à sa raison. Aussi, au jour fixé[c], en présence des abbés de la région et de nombreux autres ecclésiastiques, il fut convenu entre les deux parties et confirmé par un chirographe que nous donnerions, selon l'usage ordinaire, les dîmes, et qu'il nous serait permis en matière de sépulture la même chose qu'à l'abbaye de Saint-Amand et aux autres monastères de la région. Par conséquent, la concorde étant réalisée, les chanoines qui naguère cherchaient à nous ruiner totalement, se lièrent à nous d'une si grande amitié que leur prévôt Gonthier, administrateur diligent, s'attacha à nous soutenir dans les difficultés, et le mal qu'il nous avait fait au temps de la discorde, il s'efforça de l'effacer et de le réparer par des secours et de nouveaux services.

146

[a] Otto, *Sprichwörter der Römer*, p. 362 (no. 1852).
[b] Juvénal 4, 89-90.
[c] Le 17 juillet 1108.

[Cont. 1] Il y eut dès lors entre eux et nous tant de sentiments d'attachement que, plus qu'aux autres communautés ecclésiastiques voisines, nous nous unîmes par des liens d'affection mutuelle. Ainsi donc, nous fûmes pour eux comme des frères et des alliés dans l'affaire qu'ils entreprirent, aussitôt la concorde établie. Voici cette affaire.

[Ch. 90] La cité tournaisienne avait eu jadis son propre évêque. À ce sujet, on lit dans la *Vie de saint Médard*[a] que, encore enfant sur les bancs de l'école, il avait prédit qu'Éleuthère, son meilleur camarade, serait le pontife de Dieu dans la ville de Tournai, ce qui advint. Comme le bienheureux Éleuthère avait été fait évêque de Tournai et saint Médard celui du Vermandois, Clovis, roi des Francs baptisé par saint Rémi, vint à Tournai et demanda à Éleuthère d'implorer la miséricorde du Christ pour le péché qu'il avait commis et qu'il rougissait de confesser. Ce faisant, l'homme de Dieu apprit par un ange qu'il avait été exaucé et apporta au roi le pardon. Le roi ragaillardi rendit grâce à Dieu et à son bienheureux confesseur et, lui laissant de nombreux dons, retourna à ses occupations. Par après, il se fit que saint Éleuthère, évêque de Tournai, ne put plus remplir sa fonction épiscopale en raison de sa vieillesse et de son infirmité, sa vue étant brouillée. Au nom de leur vieille camaraderie, il demanda à saint Médard, évêque du Vermandois, de l'assister pour administrer les sacrements, consacrer les églises et accomplir les autres devoirs épiscopaux. Saint Médard acquiesça et, visitant plus souvent Tournai et prêchant la parole de Dieu, il gagna la faveur du clergé tout entier et de la population. Lorsqu'après la célébration de la messe, saint Médard eut enseveli solennellement, dans l'église Saint-Pierre au mont Blandin[b], le bienheureux Éleuthère décédé, les membres du clergé tournaisien se réunirent pour l'élection de l'évêque. Estimant la dévotion et l'honnêteté de saint Médard, comme je l'ai lu, à Soissons, dans sa *Vie*, ils le choisirent pour être leur évêque en disant que, puisque pendant quelque temps, du vivant du bienheureux Éleuthère, il

---

[a] *Vita s. Medardi* (CPL 1049), *MGH, SS Antiquissimi* 4, 2, c. 25, p. 71, 5-7, cf. p. 68, 17-18.

[b] Abbaye Saint-Pierre de Gand.

avait gouverné correctement les deux diocèses, il pourrait encore le faire après son décès. Le saint homme résiste et objecte que ce n'est ni canonique ni possible pour lui de tenir deux diocèses ; c'est pourquoi il ne peut accepter une charge aussi écrasante qu'il serait incapable d'assumer. Les Tournaisiens résolus dans leur décision s'en vont trouver saint Rémi, alors archevêque de Reims, et le supplient de lui imposer le soin de leur diocèse. Fléchi par leurs prières, saint Rémi considérant à la fois et leur dévotion et l'intégrité de saint Médard impose à ce dernier par le lien de l'obéissance la responsabilité de l'Église tournaisienne. Par la suite, saint Médard changea le siège de son diocèse qu'il transféra de Saint-Quentin-en-Vermandois à Noyon et, comme cela, il présida, au cours de sa vie, deux diocèses : Noyon et Tournai. Après son décès, ses successeurs, les évêques de Noyon, conservèrent les deux évêchés ; plus tard, les membres du clergé tournaisien se repentirent d'avoir élu saint Médard, comprenant qu'ils ne pouvaient plus changer ce qu'ils avaient accordé une première fois.

[Ch. 91 (Cont. 2)] Toujours est-il que la *Vie de saint Rémi*, archevêque de Reims, nous révèle qu'à son époque, l'archevêché de Reims comptait douze évêques suffragants à savoir ceux de Senlis, Châlons-en-Champagne, Amiens, Beauvais, Soissons, Laon – ce dernier n'était pas ancien mais avait été créé par saint Rémi lui-même par l'attribution de localités qu'il prit sur les siennes, en ce compris Laon qui avait ressorti au diocèse de Reims, Noyon, Arras qu'il fut le premier à ordonner, Cambrai, Tournai, Thérouanne et Boulogne.

[Ch. 92 (Cont. 3)] Saint Médard étant mort et enterré à Soissons, Clothaire, roi des Francs, fils de Clovis, fonda une abbaye sur la tombe du saint[a]. Quelques années plus tard, le roi mourut et fut enterré dans cette même abbaye laissant quatre fils héritiers du royaume : Caribert, Gontrand, Sigebert, Chilpéric. Ceux-ci s'étant partagé le royaume, Caribert établit sa capitale à Paris, Gontrand à Orléans, Sigebert à Reims et Chilpéric à Soissons. Chilpéric épousa la dénommée Audovère ; sa concubine qui s'appelait Frédégonde dupa la reine par ce stratagème : elle persuada

---

[a] Grégoire de Tours, *Historia Francorum* 4, 19.

Audovère de tenir elle-même, pas une autre, sur les fonts baptismaux la fille qu'elle avait enfantée de Chilpéric, ce que fit la naïve[a]. C'est pourquoi elle fut séparée de son mari qui épousa Frédégonde, sa concubine[b]. L'évêque qui avait baptisé l'enfant fut condamné à l'exil.[c] Les Francs, qui se trouvaient sous la puissance de Chilpéric, passèrent chez Sigebert; de son côté, Chilpéric fuyant son frère, gagna la ville de Tournai qui était incluse dans sa part. La population le reçut et se prépara à combattre contre Sigebert. Celui-ci, après avoir réuni son armée, assiégea son frère retranché dans la ville de Tournai. Quant à Frédégonde, la femme de Chilpéric, craignant que les Tournaisiens lassés du siège ne les livrassent, elle et son mari, à l'ennemi, elle fit appeler deux jeunes hommes intrépides et leur promit récompenses et honneurs s'ils assassinaient le roi Sigebert. Acquiesçant à son dessein, ils allèrent trouver le roi et, comme pour lui dire quelque chose en secret, ils l'entraînèrent à part et le tuèrent de leurs poignards. Alors Chilpéric sortit de Tournai, rallia à soi l'armée et enterra son frère dans le village de Lambres-lez-Douai; il remercia la population tournaisienne et conféra moult bénéfices à la cathédrale Notre-Dame pour le salut de son âme et celle de son frère qui avait péri inopinément assassiné. Il répartit entre l'évêque et le chapitre des chanoines les droits régaliens qu'il possédait en la cité: à l'évêque, il attribua la monnaie de la cité, la maière servant à la fermentation des bières, la justice, les amendes, l'avouerie des hommes de Notre-Dame, le péage des chariots et des véhicules apportant des denrées dans la cité; quant aux chanoines, il leur concéda le tonlieu et le pontonage pour leur procurer, grâce à ces revenus, les étoffes indispensables; et pour qu'ils disposassent de vivres abondantes et suffisantes, il leur assujettit toute la terre située entre le Riès et le rieu de Maire:

[a] Par ce geste, Audovère (née en 533, †580) devenait la marraine de sa propre fille et donc commère de son mari. Le lit conjugal lui était désormais défendu par l'Eglise, leur relation étant considérée comme incestueuse.

[b] Pas tout de suite. Il épousa en secondes noces Galswinthe (née en 540, †568), la sœur de sa belle-sœur Brunehaut, femme de Sigebert. Ce n'est qu'après l'assassinat de Galswinthe à l'instigation de Frédégonde (née vers 545, †597) que celle-ci fut épousée par son royal amant.

[c] *Liber Historiae Francorum* 31, *MGH, SS Rerum Merovingicarum* 2, p. 292-293.

en la cultivant, ils pourraient s'approvisionner sans pénurie. Il leur ajouta tous les moulins qui se trouvaient alors sur l'Escaut, dont six avec cinq charruées[a] de terre réservés à l'évêque. Il divisa à part égale entre l'évêque et le chapitre l'afforage des brasseries que d'autres appellent « sanctifications des commerces », et les taxes sur la vente du vin au détail. Et ayant ainsi gratifié la cathédrale Notre-Dame, il retourna avec les honneurs à ses affaires. Ensuite, légitimé dans le royaume, il transféra le corps de son frère à Soissons et l'enterra près de leur père dans l'église Saint-Médard. Luimême, après quelque temps, est berné par son épouse Frédégonde et tué († 584) par Landri, maire du palais avec qui Frédégonde avait une liaison adultère ; il est enseveli à Paris dans la basilique Saint-Vincent[b].

[Ch. 93 (Cont. 4)] Augustin succéda au bienheureux Médard à la tête des diocèses de Noyon et de Tournai ; Gandulphe à Augustin ; Évroul à Gandulphe ; saint Achaire à Évroul. On lit qu'au temps de saint Achaire, saint Amand, après avoir été évêque de Maestricht, fonda un monastère pour hommes à Helnone. À saint Achaire succéda saint Éloi. Ce saint, entre autres abbayes célèbres qu'il construisit de par la Gaule, édifia aussi l'abbaye Saint-Martin [de Tournai *(ajouté au XIVe siècle)*] à l'endroit où elle est à présent restaurée. À saint Éloi, saint Mommelin ; à Mommelin, Gondoin ; à Gondoin, Garoul ; à Garoul, Chrasmar ; à Chrasmar, Framenger ; à Framenger, Hunuan ; à Hunuan, Guy ; à Guy, Eunuce ; ensuite Élisée ; à Élisée, Alfred ; à Alfred, Dodon ; à Dodon, Gilbert, ancien abbé de Saint-Amand d'Helnone, dont on rapporte qu'il donna à l'évêque d'Arras-Cambrai, en échange de la paroisse Saint-Martin, sise à Helnone dans le diocèse d'Arras, l'abbaye de Marchiennes qui se trouve dans le diocèse de Tournai[c] ; à Gilbert succéda Philéon ; à Philéon, Wandelmar ; à Wandelmar, Rage-

---

[a] Une charruée équivaut à douze arpents, l'arpent ou acre valant 0,4 hectare ; cinq charruées font 24 hectares.

[b] Saint-Germain-des-Prés dont l'église porta d'abord le nom de Saint-Vincent.

[c] Gilbert († 782) obtient de l'évêque d'Arras-Cambrai la paroisse de Saint-Martin sise au sud de la Scarpe à Helnone (Saint-Amand-les-Eaux) ; en retour, Arras reçoit l'abbaye de Marchiennes sise au nord de la Scarpe.

naire ; à Ragenaire, Fichard[a] ; à Fichard, Emmon qui fut occis par les Normands ; à Emmon, Rainelme ; à Rainelme, Heidilon sous lequel la population tournaisienne se sauva à Noyon à cause du pillage et de la terreur des Normands, quand aussi les moines de Saint-Martin de Tournai se réfugièrent dans leur domaine de Souppes-sur-Loing situé dans l'évêché de Paris ; à Heidilon, Raubert ; à Raubert, Airard ; à Airard, Walbert : à Walbert, Transmar ; à Transmar, Rodolphe. Après lui siégèrent certains évêques qui, à mon avis, doivent être appelés voleurs plutôt que gestionnaires, prodigues plutôt que guides, mercenaires plutôt que pasteurs. En effet, ils dissipèrent les biens-fonds ecclésiastiques qu'ils réduisirent presque à néant de sorte que de ses antiques possessions, nous constatons aujourd'hui que l'Église tournaisienne ne possède rien de plus que les trois moulins de l'évêque ainsi que trois charruées (14,4 ha) de sa terre, le tonlieu des chanoines, le pontonage et leur part d'afforages, si l'on excepte quelques terres et moulins recouvrés par les donations de fidèles. Comment cela est-il arrivé ? Nous livrons à la postérité les paroles que nous avons reçues de nos aînés.

153 [Ch. 94 (Cont. 5)] À Rodolphe, Foucher succéda à l'épiscopat. Ce bâtard, né d'un père assurément non noble, était le fils du chef-coq du roi des Francs. Comme il briguait l'épiscopat, il rendit le roi et les dignitaires de la cour coupables de simonie et se les concilia favorablement. Comme son ordination était contraire aux sacro-saints canons, durant tout son ministère, il se gaussa de Dieu et de la sainte Église et vécut dans une totale indignité. Ayant atteint le rang convoité, il ruina trois églises de Noyon de connivence avec le roi et les grands du royaume auxquels il aliéna les domaines et possessions de celles-ci pour qu'ils l'honorent comme seigneur et lui promettent l'hommage et la fidélité comme c'était le cas pour ses prédécesseurs. Ayant obtenu ce qu'il voulait, il décida de visiter aussi la région tournaisienne et ayant été reçu à Tournai par le clergé et la population, il ruina deux églises proches l'une de l'autre, à savoir Saint-Quentin sur la grand-place où demeuraient les chanoines et Saint-Pierre au centre-ville où vivaient

[a] *Gallia christiana* IX, col. 987 (XXXVII).

les moniales, avec l'appui des chevaliers qu'il avait emmenés avec lui ; il leur distribua alors les biens-fonds desdites églises pour gagner leur bienveillance. En outre, comme pour aggraver sa damnation, il s'appropria certains alleux de Saint-Martin saccagés lors des invasions normandes et jusqu'alors inoccupés et en friche, et les leur donna. De même en les enrichissant de ses propres privilèges que ses prédécesseurs avaient reçu de la main du roi, à savoir la monnaie de la cité, la maière, la justice, les amendes, l'avouerie, la taxe sur le transport, trois des six moulins en amont, il épuisa de manière pitoyable l'évêché. Ecorchant aussi en grande partie les biens des chanoines, il fut puni à court terme d'un châtiment digne de l'outrage. En effet, comme il était revenu de Tournai à Noyon, tombant soudainement malade, il se vit en songe, au cours de la nuit suivante, entre deux autels dans le chœur de la cathédrale Notre-Dame de Tournai, siège de l'évêché. Il voyait aussi un immense feu s'embraser au centre de ces autels et une ravissante jeune fille, mais vêtue de vêtements déchirés, debout près du maître-autel battre des mains, s'arracher les cheveux et se griffer le visage en réclamant à grands cris et sanglots, la justice divine envers Foucher qui avait déchiré ses habits, qui l'avait dénudée, et le poussant vers les flammes, lui dire : « Ô cruel tyran, pilleur cupide de mon église, pourquoi m'avoir ainsi mise en pièces ? Pourquoi m'avoir marquée de tant d'ignominies ? ». Et comme Foucher résistait pour ne pas être précipité dans le feu en disant : « Dame de toute la terre, je ne vous ai point déshonorée », la jeune fille réagit et dit : « À chaque fois que tu m'as privé des biens de ceux qui me servent, tu m'as lancé des traits d'humiliation ». Emergeant sur l'heure de cette effroyable vision, il se mit à crier furieusement et par ses cris réveilla toute sa maison. Tous accoururent et comme ils s'inquiétaient de la cause de ce raffut, il leur relata ce qu'il avait vu en songe et précisa que la jeune fille était la sainte mère de Dieu et qu'elle s'était plainte à son Fils de ce qu'il avait enlevé les terres appartenant à son église comme s'il l'avait dépouillée de ses vêtements et les avait donnés aux chevaliers de Noyon. C'est pour ça, ajouta-t-il, qu'il périrait au plus vite d'une mort funeste pour être plongé dans les flammes de l'enfer. Comme ils étaient tous atterrés et attendaient la suite, voici qu'une douleur atroce d'estomac le

154

prit brusquement et, rongé par une affection cutanée comme dans la maladie d'Hérode, sous le regard de l'assistance, des vers, qui sont appelés « poux », commencèrent à pulluler et à grouiller sur sa poitrine, sur son visage, sur tout son corps. Et cela dura jusqu'à ce qu'il rendît l'âme. Et quand le corps du défunt fut lavé et revêtu selon l'usage, les poux continuèrent à grouiller et à couvrir les vêtements ; finalement, les serviteurs, pressés par la nécessité, lui confectionnèrent un suaire en peau de cerf et l'ensevelirent ainsi.

(Cont. 6) À Foucher succéda Adolphe ; à Adolphe, Liudolphe ; à Liudolphe, Radbod (Ier) ; à Radbod, Hardouin. Ce dernier fut évêque à l'époque de Robert[a], roi des Francs et fils d'Hugues Capet par qui prit fin la dynastie des rois de Francie de la race du glorieux roi Charles, connu sous le nom de Charlemagne, que les Romains mandèrent pour ses très grandes qualités et qu'ils couronnèrent empereur, et qui régna ensuite, pendant 13 ans (de 800 à †814), tant sur les Romains que sur les Francs ; ses héritiers possédèrent le royaume franc pendant onze générations. Mais Hugues Capet[b], alors qu'il était comte de Paris, infiltré nuitamment dans Laon avec une poignée de chevaliers grâce à la trahison et la ruse de l'évêque Ascelin[c] de Laon, s'empara de son cousin germain Charles, surnommé l'Extravagant[d], dans son donjon laonnois, l'enchaîna et l'écarta de la royauté. S'étant arrogé le pouvoir, il fut couronné du diadème royal par l'archevêque Gerbert de Reims et reçut le titre de roi des Francs. Son fils précité, Robert, sachant la grande puissance de Baudouin le Barbu, alors comte de Flandre, fiança sa fille Adèle, encore toute petite, au fils du comte, le jeune Baudouin de Lille[e], et confia son éducation au père du jeune garçon.

[a] Fils d'Hugues Capet, Robert II le Pieux né vers 972, associé au pouvoir en 987, roi de 996 à †1031.
[b] Hugues Capet, né vers 940, duc des Francs (960-987), puis roi des Francs de 987 à †996.
[c] Ascelin, évêque de Laon 977 à †1030.
[d] Charles de Basse-Lotharingie, qualifié d'« *Infatuatus* », héritier légitime de la dynastie carolingienne, né en 953 †991. Charles et Hugues Capet sont cousins par leurs mères qui sont sœurs.
[e] Baudouin V de Flandre dit de Lille, né en 1012, comte de 1036 à †1067.

[Ch. 95 (Cont. 7)] Dans ce temps-là, le roi Robert avait à Noyon, à l'intérieur de l'enceinte de la cathédrale Notre-Dame en bordure du palais épiscopal, un donjon par lequel il causa beaucoup de maux aux habitants de cette cité. En effet, le chevalier, à qui le roi en avait confié la garde, avait un caractère tyrannique au point de vouloir accaparer la gestion des affaires épiscopales. Il voulait présider tous les plaids et causes civiles qui relevaient de la cour de l'évêque et ne tolérait rien à l'évêque si ce n'est ce que lui-même avait décidé en premier. Et ainsi exaspérant l'évêque et les habitants, il leur imposait de nombreuses obligations. Comme il faisait cela depuis longtemps et ne voulait revenir à la raison malgré les exhortations des religieux qui n'en pouvaient plus de supporter ses lubies, l'évêque avec le clergé et les laïcs, tous fort affectés, projetèrent d'en venir à bout totalement et se mirent à rechercher le moyen par lequel y parvenir. Finalement, il leur parut que si le donjon, support de sa ténacité, était abattu, ils obtiendraient facilement la paix. Un jour, il arriva par hasard que le chevalier qui avait la garde du donjon fut absent ; de toute sa maison, il n'y avait personne excepté son épouse et ses servantes. L'évêque, comprenant que l'occasion lui était donnée de pouvoir mettre son plan de démolir la tour à exécution, ordonna aux habitants de la cité de prendre les armes et leur fit ceindre l'épée pour maîtriser facilement le quidam armé qui chercherait à leur barrer le passage. Et l'évêque d'adresser à la femme, par émissaires interposés, des paroles convaincantes pour la duper, disant sournoisement : « J'ai une pièce de soie dont je voudrais faire une chasuble ou au moins une cape, mais je ne trouve personne qui, d'après ce que j'ai appris, ne saurait la tailler et la coudre aussi bien que toi. C'est pourquoi je te prie de l'apprêter de tes mains chastes. Fais donc ouvrir la porte que je vienne à toi afin de voir ensemble le genre d'ouvrage en soie qu'on pourrait en faire ». Elle, flattée de la visite du pontife et sans se douter des tromperies qu'il tramait, ordonna d'ouvrir l'entrée tout de suite, vint à sa rencontre, et l'ayant conduit à sa chambre, le fit s'asseoir. Et alors qu'ils avaient conversé assez longtemps, l'évêque voyant ses gens assemblés avec les engins de destruction, révéla ses intentions en disant : « Pour les excès et les injustices qu'infligea régulièrement ton mari à ma cour et aux habitants, ceux-ci, massés contre cette forteresse, vont l'abattre et mettre par terre tous ses moyens de défense. C'est pourquoi, tant que nous sommes indemnes, sortons pour ne pas être entraînés avec l'éboulement, et périr ». Atterrée par ces paroles, quasi sans vie, elle s'écroula sur le sol. L'évêque, la consolant avec douceur et apaisant sa tristesse par des paroles rassurantes, lui prit la main et l'emmenant, lui sauva la vie. Sans plus attendre, les gens de l'évêque allument un feu tout autour, abattent l'édifice dans son intégralité, agencent de tous côtés des engins de destruction, nivellent l'immense montagne de gravats en cassant les pierres du sommet à la base, puis rentrent chez eux. Et ce donjon rasé n'a pas été reconstruit jusqu'à présent. Cependant des vestiges sont apparents à savoir d'énormes blocs de pierre. Ayant appris ce qui s'était passé, le roi se fâcha formidablement et réclama justice contre l'évêque, qui lui devait fidélité, de la perte de sa maison forte, exigeant, une action ayant été ouverte, réparation de la forfaiture selon le jugement des grands du royaume. Comme la cour du roi jugeait qu'il fallait chasser l'évêque du royaume de France et le punir du bannissement, celui-ci, redoutant la rancune royale et sachant que nul seigneur n'avait autant d'influence auprès du roi que le comte de Flandre, à savoir Baudouin le Barbu, se réfugia chez ce dernier dont le fils, Baudouin (de Lille) déjà fort estimé en raison des premiers succès de son jeune âge, devait épouser, comme on l'a dit, Adèle, la fille du roi, et lequel fonda aussi la collégiale Saint-Pierre en la place forte de Lille, y installa des chanoines et recommanda qu'on l'y enterrât. L'évêque exposa la cause de son tourment au père et au fils, fondit en prières pour qu'ils le délivrent de la présente situation et qu'ils essayent d'amadouer le roi courroucé à juste titre ; il promet des cadeaux magnifiques s'ils arrivent à le réconcilier avec le roi et à le rétablir sur son siège, et si sa démarche est suivie rapidement d'effet. Mais comme le comte s'enquérait et demandait quelle serait la compensation pour son entremise dans cette affaire, l'évêque répondit : « Je possède dans le pays de Flandre qui dépend de votre autorité, un très grand nombre d'autels parmi lesquels je vous accorde ainsi qu'à vos fils, les douze plus riches que vous posséderez pendant trois générations ; à la quatrième, ils repasseront à l'évêque. Et pour éviter toute controverse entre mes successeurs et vos descendants, je vous fais un acte écrit de confirmation dans lequel je noterai la durée de la cession, les noms des autels et les noms des témoins de ma cour et de la vôtre qui seront présents et qui auront donné leur accord ». Le comte, se laissant convaincre par la rétribution, s'en alla trouver le roi, le beau-père de son fils, adressa une requête en faveur de l'évêque, obtint facilement le pardon et parvint rapidement à le réconcilier avec le roi et à le faire rétablir sur son siège. Ensuite, il posséda les autels qui lui furent attribués dont voici les noms : Courtrai, Pittem, Thourout, Audenarde, Eine, Houthem-lez-Ypres, Deinze, Nevele, Aardenburg, Oudenburg, Maldeghem, Slype[a]. Une fois la donation faite par l'évêque, les seigneurs flamands réclamèrent du comte de leur concéder les autels en bénéfice. À leur tour, les seigneurs les distribuèrent en fief à leurs vassaux si bien que peu à peu les autels passèrent entièrement de la justice de l'évêque à la justice des feudataires. Par cet arrangement, l'Église de Tournai perdit douze biens-fonds. Et si l'évêque de Tournai les avait encore à sa mense, comme autrefois, libres d'obligations, il pourrait grâce à ceux-ci secourir un grand nombre de pauvres. À Hardouin succéda Hugues ; à Hugues, Baudouin ; à Baudouin, Radbod (Radbod II †1098).

[Ch. 96 (Cont. 8)] Au temps de ce Radbod, Robert (le Frison), le fils de Baudouin de Lille et de la princesse Adèle auxquels avaient été donnés les autels, régnait sur le comté de Flandre. L'évêque Radbod venant à lui, le pria de restituer à l'Église de Tournai, pour le salut de son âme, les douze autels qu'Hardouin avait soustraits de la mense épiscopale et avait concédés à son aïeul, le comte Baudouin le Barbu, puisque le temps où ils auraient dû être rendus était maintenant passé. En effet, trois comtes à présent décédés avaient dû les détenir, à savoir Baudouin le Barbu, le grand-père de Robert, Baudouin de Lille, son père, et Baudouin de Hainaut, son frère. Comme l'évêque l'invitait à restituer les

---

[a] Eine (« *de Henniis* ») dans l'entité d'Audenarde ; ce mot « *de Henniis* » a été raturé au XVIe siècle et remplacé en marge par « *de Cominiis* » c'est-à-dire Comines. Voir G. Waitz, *MGH* 14, p. 320, apparat critique, c) ; Houthem-lez-Ypres dans l'entité de Comines ; Aardenburg en Flandre Zélandaise ; Slype (en néerlandais « Slijpe »), dans l'entité de Middelkerke.

autels, le comte demanda un sursis afin d'apprendre de sa mère la vérité sur cette affaire. Or donc, comme il consultait Adèle, sa mère, à ce sujet, celle-ci, en bonne croyante craignant Dieu, répondit : « C'est exact, mon fils, dit-elle, le temps est à présent écoulé où la promesse faite par ton père et ton grand-père de les restituer devait être tenue. Donc, puisque Dieu t'a rendu l'héritage que tu avais perdu, à savoir la Flandre, et par là t'a fait grand honneur, je te conseille de lui faire honneur aussi et de rendre les autels à sainte Marie, sa mère ». Touché par ces paroles, le comte s'engagea à les restituer à l'évêque. Mais avant qu'ils ne fussent libres des mains des vassaux qui les tenaient, emporté par la mort, il ne réalisa pas son projet. Et l'évêque, mourant pas très longtemps après, ne termina pas non plus ce qu'il avait entrepris. Mais pour ajouter à la déliquescence du diocèse, l'évêque vendit des terres arables appartenant à l'évêché sises aux alentours de Tournai à Thierry le Monnayeur et aux autres grands personnages de la région, et morcela le pacage et la forêt d'Helchin et de Saint-Genois, en cédant chaque bonnier[a] contre une rente de quatre deniers à lui verser annuellement. Cet évêque Radbod, homme noble et de grande probité, entre autres actions dignes de louange, s'appliqua à restaurer, en l'an 1092 de l'Incarnation du Seigneur, notre monastère qui, rapportait-on, avait été détruit jadis par les barbares. À Radbod succéda Baudri († 1112).

[Ch. 97 (Cont. 9)] Or, comme, à ce moment-là, l'Église de Tournai avait été privée durant trois cents ans de son propre pasteur, il advint à l'époque de dom Hugues, abbé de Cluny que nous avons mentionné plus haut[b], qu'un chanoine de la cathédrale de Reims, homme de haute valeur morale appelé Odon, abandonna la vie séculière et se fit moine à l'abbaye même de Cluny. Comme il y avait vécu très pieusement pendant quelques années et que le pape Grégoire VII[c] avait mandé à l'abbé dom Hugues de lui fournir des hommes capables d'entre ses moines, qu'il pourrait dûment ordonner évêques, dom Hugues lui procura, parmi d'autres

---

[a] Le bonnier vaut 1,40 ha.
[b] Voir chapitre 80.
[c] Hildebrand, moine clunisien à Rome, conseiller du pape Grégoire VI ; pape de 1073 à † 1085, il prit le nom de Grégoire VII.

moines, le susnommé Odon que le pape consacra évêque dans la ville d'Ostie. Au pape Grégoire décédé succéda Victor. Après celui-ci, Odon fut élu au pontificat du siège apostolique et s'appela Urbain[a]. Et parce qu'il avait été formé à la cathédrale de Reims, il la chérissait à toute autre et souhaitait ardemment pouvoir lui rendre la dignité ancestrale de présider douze évêques suffragants[b]. Or donc, comme il avait excommunié l'évêque Gaucher de Cambrai, évoqué plus haut[c] pour simonie au concile de Clermont, il manda immédiatement aux Arrageois d'élire leur propre évêque et, par l'autorité de son privilège, accorda que la ville d'Arras soit enfin libérée de la sujétion de l'évêque de Cambrai et exempte de toute charge; il confirma qu'Arras aurait toujours son propre évêque. Il invita aussi le clergé tournaisien à venir le voir pour recevoir la liberté d'élire leur propre évêque. Aussitôt, les chanoines envoyèrent à Rome deux hommes respectables de leur chapitre, Elbert et Geldolphe, mais ceux-ci trouvèrent le pape Urbain déjà trépassé et revinrent sans résultat. À Urbain succéda Rainier, abbé de Saint-Paul, qui prit le nom de Pascal[d]. À son époque, alors que les chanoines fréquentaient assidûment la curie romaine à cause du contentieux[e] qui existait entre eux et nous, les Romains, toujours friands de nouvelles intrigues, nous incitèrent à réclamer notre propre évêque. Or, il arriva, alors que nous avions déjà fait la paix entre nous, que dom Baudri, notre évêque, impatienté à cause d'une plainte, sans même qu'il n'y eût ni procès ni jugement canonique, envoya une lettre interdisant de célébrer l'office divin dans la ville de Tournai. D'où, le précité prévôt Gonthier[f], courroucé, convoque le chapitre des chanoines et les incite à réclamer leur ancienne liberté. Sans plus attendre, deux d'entre eux, à savoir

162

---

[a] Odon de Châtillon, pape Urbain II de 1088 à †1099. Il prêcha la première croisade en 1095.

[b] Voir chapitre 91.

[c] Voir chapitres 81, 82 et 84.

[d] Pascal II, avant d'accéder au pontificat, fut abbé de la basilique Saint-Laurent-hors-les-Murs que l'auteur confond ici probablement avec Saint-Paul-hors-les-Murs.

[e] Voir chapitres 86 et 87.

[f] Voir chapitres 86 et 87.

Gauthier[a], qui par la suite brilla comme abbé de Saint-Martin, et Movin, chantre de la cathédrale, partent à Rome (1112) porteurs d'une lettre du chapitre et rapportent à Tournai une lettre du pape Pascal enjoignant aux chanoines, aux abbés et autres dignitaires du diocèse d'élire sans retard leur propre évêque. Ils rapportèrent aussi une autre lettre à dom Raoul, archevêque de Reims, lui recommandant de tout mettre en œuvre pour que cette élection ait lieu et de consacrer l'élu. Ceux-ci n'étaient pas encore revenus que l'évêque, dom Baudri, décéda.

[Ch. 98] Or, les Noyonnais sachant que les chanoines tournaisiens s'en étaient allés à Rome, élurent, par une manœuvre habile, Lambert[b], archidiacre de Tournai, pour être leur évêque, en comptant sur son argent, qu'ils savaient abondant, pour faire révoquer le prévôt des chanoines tournaisiens. Lambert, élu à Noyon, regagna la Flandre et obtint des abbés et dignitaires du diocèse réunis à Courtrai qu'ils agréent son élection. Il n'y eut que dom Ségard, notre abbé à qui l'on demandait son agrément, pour répondre que ce n'était pas à Courtrai mais à Tournai, au chapitre cathédral de Notre-Dame où se trouvait le siège épiscopal, que l'agrément de cette élection devait être donné et qu'il n'accorderait rien en l'absence du doyen de l'église de Tournai et du prévôt. Et donc, s'étant mis à dos les autres dignitaires, il revint à Tournai. À l'instant même, les envoyés rentrèrent de Rome avec la lettre du pape, remercièrent notre abbé pour sa réponse et tous ensemble réunis au chapitre cathédral élurent, pour être leur évêque, un dénommé Herbert, archidiacre de Thérouanne, et montrant la lettre papale à Jean, évêque de Thérouanne, ils demandèrent à ce que leur élu leur soit remis libre de ses fonctions et eurent satisfaction. Ensuite, ils se rendirent chez l'archevêque de Reims et le prièrent de consacrer leur élu conformément au mandement du seigneur pape. Mais Lambert les ayant devancé, à ce qu'on raconte, avait déjà corrompu par son argent le cœur de l'archevêque au point que, sur son conseil, le roi Louis, gratifié lui aussi, délégua à Rome deux évêques, à savoir ceux d'Orléans et de Paris, pour casser l'élection tournai-

---

[a] Gauthier, quatrième abbé de Saint-Martin de 1132 à †1160.
[b] Lambert, évêque de Noyon-Tournai de 1114 à †1123.

sienne. C'est pourquoi, aux chanoines de Tournai qui réclamaient la consécration de leur élu, l'archevêque répondit qu'il ne consacrerait ni Lambert ni Herbert jusqu'au retour de Rome des ambassadeurs royaux, les deux évêques que le roi avait envoyés auprès du pape pour cette même affaire. Ainsi donc la consécration de l'élu de chaque camp ballotte, indécise et incertaine quand voici que les évêques reviennent de Rome, porteurs d'une lettre destinée à l'archevêque dans laquelle le pape s'en remet à l'archevêque quant à la désignation, affirmant que l'archevêque lui avait confié que si les Tournaisiens avaient leur propre évêque, l'autorité épiscopale serait gravement discréditée d'une part et, d'autre part, que les revenus de l'Église de Noyon seraient nettement insuffisants pour assurer le strict nécessaire à l'évêque. Après avoir reçu cette lettre, l'archevêque convoqua les évêques placés sous son autorité et fixa un jour où il devait consacrer Lambert. Ce jour-là, le roi Louis arrive à Reims, réunit tous les évêques et les engage à régler diligemment cette affaire entre eux. « S'il vous semble, dit-il, qu'il est préférable pour la gloire de Dieu et le salut de vos âmes que l'Église de Tournai ait son propre évêque, alors moi j'y consens puisque je ne me vois rien perdre en l'occurrence, et que je ne veux point m'opposer en quoi que ce soit ni à la volonté divine ni à votre salut. Et je refuse à quiconque de dire, en mon nom, n'avoir pas fait ce qu'il fallait et de s'apprêter à se disculper devant Dieu sous le couvert de mon manteau ». Dom Jean, évêque de Thérouanne, homme respectable, lui répond ceci : « Oui, Sire, en prononçant ces paroles, vous avez libéré votre âme. À présent, que nos seigneurs évêques considèrent ce qu'ils doivent faire ! ». Malgré cela, l'archevêque persista dans sa résolution, et consacra Lambert en tant qu'évêque des deux diocèses. Un grand nombre s'étonnèrent qu'il préférât mettre l'argent dans sa bourse que de rendre sa dignité ancestrale à l'Église de Reims, ce qui lui fût pourtant facile avec la permission du roi et l'autorité du pape. *Et cependant, la confiance n'abandonna pas l'audacieux Turnus*[a] puisque le cœur ne manqua pas au prévôt Gonthier. Bien au contraire ! Ayant pris avec lui notre abbé, dom Ségard, il conduisit Herbert, leur élu, à Rome, non par la

---

[a] Virgile, *Énéide*, 10, 276.

France parce qu'il craignait le roi et l'archevêque, mais par la Lotharingie, pour éprouver la fermeté du pape. Lambert, déjà consacré évêque, partit également pour Rome comptant sur ses moyens considérables, persuadé que sa consécration maintenant accomplie ne lui serait pas utile si le pape consacrait l'élu de l'Église tournaisienne. Donc les voici tous deux devant le pape, la curie favorisant tantôt un camp tantôt l'autre. Toutefois, Rome vaincue finalement par l'argent à profusion ne fit pas mentir la sentence de Salluste selon laquelle *tout s'achète à Rome*[a]. Mais pour ne pas montrer qu'il délaissait totalement les Tournaisiens, le pape leur notifia par écrit qu'ils élisent, pour être leur évêque, l'archidiacre (de Thérouanne, Herbert), puisqu'il avait compris que leur archidiacre Lambert avait été consacré évêque de l'Église de Noyon. Il notifia aussi à l'archevêque d'interdire totalement à Lambert les églises du diocèse de Tournai. Quant à l'archevêque voyant l'inconstance et l'oscillation romaines, il interdit l'office divin dans la ville de Tournai tant aux chanoines qu'aux moines s'ils ne recevaient pas l'évêque Lambert. Lambert aussi voulant vérifier s'ils le recevraient, s'en vint à Tournai. Mais certains Tournaisiens, se gaussant de l'arrivant, enlevèrent les battants des cloches pour humilier davantage le cortège en le privant des sonneries. L'évêque s'apercevant que les chanoines l'avaient reçu sans les honneurs, protesta auprès des citoyens et sur-le-champ quitta la cité. Il se saisit de toutes les églises que les moines et les chanoines possédaient en Flandre. Gonthier, repartant pour Rome, exposa au pape toute la situation. Il rapporta une lettre destinée à l'archevêque dans laquelle le pape lui reprochait vertement l'interdit qu'il avait jeté sur l'évêché de Tournai, lui notifiant que l'interdit en question était rapporté et qu'il prenait en main et sous sa protection l'Église de Tournai pour empêcher Lambert de la tourmenter. Après avoir reçu cette lettre, l'archevêque convoqua les évêques de sa province et, adressant une lettre très aimable et mesurée aux Tournaisiens, il les exhorta fermement à la concorde avec leur évêque et finit par les fléchir puisqu'ils n'avaient plus aucun appui. Le pape aussi leur écrivit de ne pas être peinés de ce qu'il s'était résigné, suite au dé-

---

[a] Salluste, *Guerre de Jugurtha*, 8, 1 et 20, 1.

sordre dans le royaume dû aux circonstances présentes, à accepter que l'évêque de Noyon continuât à régir aussi le diocèse de Tournai. Ainsi les chanoines tournaisiens ayant fait l'expérience de la tergiversation romaine se résignèrent dans l'espérance de pouvoir obtenir la liberté après le décès de Lambert.

[Ch. 99 (Cont. 10)] À la mort de Lambert, les chanoines de Noyon élurent comme évêque le jeune Simon, fils du comte Hugues appelé le Grand[a] lequel, s'étant mis naguère en marche avec d'autres seigneurs pour prendre Jérusalem, était mort en route. Donc Simon parce qu'il était le frère de Raoul[b], comte de Péronne, que sa sœur était l'épouse du glorieux comte Charles de Flandre († 1127), que son père, le Hugues précité, était le frère de Philippe, roi de France dont le fils, Louis (VI), régnait à cette époque, fut élu évêque par les chanoines de Noyon qui ainsi anéantirent l'espoir des Tournaisiens. Ceux-ci, sur les instances du glorieux comte Charles, y consentirent directement sans aucune contestation convaincus que, s'il le voulait, Simon pourrait diriger convenablement l'évêché de Tournai. Toutefois, attendu que celui qu'on lui présentait n'avait ni l'âge ni les ordres ecclésiastiques requis, Raoul, l'archevêque de Reims, différa la consécration jusqu'à ce que, gagnant Rome, Simon[c] obtînt une dispense du pape et fût à la tête des deux diocèses.

[Ch. 100 (Cont. 11)] Entre-temps, le prévôt Gonthier, tandis qu'il retournait une fois encore à Rome, mourut dans la ville de Sarzane dans le diocèse de Luni[d] et fut enterré à l'église Notre-Dame. À Gonthier succéda le jeune Thierry, fils de Thierry, son oncle paternel. De même, dom Odon, évêque de Cambrai, qui avait donné l'autel de Maulde[e] à son frère Benoît, notre moine

166

167

---

[a] Hugues Ier de Vermandois, dit « Hugues le Grand », né en 1057, †1102 à Tarse, comte de Vermandois et de Valois, fils d'Henri Ier, roi de France, et d'Anne de Kiev.

[b] Raoul Ier, né en 1085, comte de Vermandois, d'Amiens et de Valois de 1102 à †1152.

[c] Simon de Vermandois, évêque de Noyon-Tournai de 1123 à 1146, puis évêque de Noyon, †1148 à Séleucie en Syrie.

[d] Aujourd'hui diocèse La Spezia-Sarzana-Brugnato (Ligurie). La *via francigena*, qui reliait la Flandre à Rome, passait à Sarzane.

[e] Voir chapitre 74, donation en 1109.

aumônier qui le lui demandait pour subvenir aux besoins des pauvres, et qui avait rédigé des textes sur le canon de la messe, sur la controverse avec un Juif, sur l'origine de l'âme[a], usé par la maladie, quitta ses fonctions épiscopales et se fit porter en litière à Anchin. À cette nouvelle, notre abbé, dom Ségard, se transporta là-bas avec ses moines et demanda la permission de le ramener au monastère Saint-Martin qu'il avait fondé et où, d'abord moine, il était devenu le premier abbé. Mais Alvise[b], l'abbé d'Anchin, dit qu'il ne souffrirait pas que celui que Dieu lui avait donné fût conduit ailleurs. En l'espace de huit jours, l'évêque décéda († 1113). Il fut enterré en grande pompe dans l'abbatiale d'Anchin devant le crucifix et, sur sa tombe, on sculpta son effigie en marbre blanc. Un certain Burchard lui succéda à l'évêché.

[Ch. 101 (Cont. 12)] Entre-temps, Movin, un citoyen de Tournai, voyant qu'il n'avait pas de postérité, dota de ses richesses une abbaye[c] dédiée à saint Médard située près de Tournai, et sollicita l'évêque dom Simon d'y placer des chanoines réguliers. Celui-ci accédant à ses vœux, nomma abbé un pieux chanoine régulier du Mont-Saint-Éloi[d], appelé Oger, à qui il remit l'abbaye libre de toute obligation. Celui-là voyant immédiatement l'essor qu'il pouvait lui donner avec l'aide de Dieu et des citoyens, mais conscient de l'exiguïté du lieu, acheta pour y construire des bâtiments indispensables à la communauté des frères, un terrain en contrebas dans la plaine de l'Escaut et y construisit une abbaye en pierre en l'honneur de saint Nicolas avec des bâtiments adéquats, et rassembla en ce lieu une quantité de gens tant chanoines que laïcs et même des épouses. Il fit appeler cette abbaye Saint-Nicolas-des-Prés.[e]

---

[a] L'*Expositio in canonem missae* et la *Disputatio contra Judeum Leonem nomine de adventu Christi filii Dei* sont publiés dans la *Patrologie Latine* (*PL* 160, col. 1055-1070 et 1105-1112) ; le traité sur l'origine de l'âme correspond aux *De peccato originali libri tres* (*PL* 160, col. 1071-1102), où la notion de l'origine de l'âme pour expliquer le péché originel est examinée dans les deuxième et troisième livres.

[b] Alvise, abbé d'Anchin en 1111, évêque d'Arras en 1131, † 6 septembre 1147 à Philippopolis, aujourd'hui Plovdiv en Bulgarie.

[c] Fondée en 1126, connue sous le nom de Saint-Nicolas-des-Prés, cette abbaye s'élevait à Chercq.

[d] Au nord-ouest d'Arras.

[e] *Gallia Christiana* III, col. 297-298.

[Ch. 102 (Cont. 13)] A cette époque (1125-1126), une famine atroce s'abattit sur toute la province. Nombreux étaient ceux que la faim ballonnait, le comte Charles dut même interdire, sur tout le territoire de Flandre, de brasser la bière en raison du manque d'avoine disant qu'il était préférable de boire de l'eau pour les riches que de mourir de faim pour les pauvres. De même, notre abbé dom Ségard, mû par la compassion, vendit des calices en argent et certains autres objets cultuels pour acheter du pain destiné à nourrir les pauvres. Peu après, dom Raoul le Normand[a], prieur du prieuré Saint-Amand que nous avons dans le Noyonnais, décéda et fut enterré dans le cloître, près du porche de l'église du prieuré, par dom Thierry, abbé de Saint-Éloi de Noyon, qui l'aimait beaucoup pour sa piété. Notre prévôt, dom Raoul, fut profondément affecté par sa disparition et lui-même, peu de temps après, commença à décliner sous le poids d'une très grave maladie. Qu'il fût profondément attaché à l'abbaye et gardât intact son bon sens même quand il était fiévreux, chacun put facilement s'en rendre compte. De fait, comme il avait été oint du saint chrême par l'abbé et par toute la communauté en pleurs, et que ses quatre fils, l'ayant posé par terre sur un cilice[b], demandaient qu'à l'exemple de saint Martin, il souffrît de son plein gré d'être allongé à même le sol dans la cendre avec le cilice durant trois ou quatre jours, son frère Thierry, un riche séculier, apprenant qu'il était malade, vint aussitôt le visiter. Et comme il pleurait abondamment en le voyant couché sur le cilice, celui-là commença à l'exhorter à dédaigner le siècle disant qu'il fallait faire peu de cas des richesses du monde puisque : « Si Adam, affirmait-il, avait vécu dans les richesses depuis le commencement du monde jusqu'aujourd'hui et qu'il mourût aujourd'hui, de les avoir possédées si longtemps ne lui servirait à rien ! ». Et toujours allongé sur le sol, il lui demanda, entre autres, où se trouvait le comte Charles et ce qu'il faisait. Comme ses fils lui disaient de ne pas s'inquiéter de telles choses mais de se préoccuper seulement de sa propre âme, celui-là répondit : « Justement, nous devons absolument nous soucier du maintien de l'ordre et

169

---

[a] Voir chapitres 75 et 76.
[b] Tissu rugueux fait de poils de chèvre.

du gouvernement d'un aussi bon prince puisque, dans la paix de celui-là, sera la paix des églises mais, dans le désordre d'un autre, les églises seront une fois de plus perturbées. C'est pourquoi, moi encore vivant, je me soucie de lui et même après ma mort, si j'obtenais le repos grâce à Dieu, je prierais volontiers pour lui ». Après ces paroles, comme il sentait que la mort était à présent imminente, faisant état du terroir d'Eparcy, dans le diocèse de Laon, qu'il venait d'acheter à Clarembaud de Rozoy, il recommanda aux frères qui l'entouraient de ne pas s'en dessaisir mais de le cultiver diligemment puisqu'ils pourraient en tirer un grand profit. Après cet entretien, le dimanche qui précédait Noël pendant que la communauté chantait les nocturnes dans l'abbatiale, vers minuit, à peu près à l'heure où saint Martin avait trépassé,[a] Raoul, son fidèle serviteur, recommandant son âme à Dieu et à saint Martin, quitta ce monde. Comme dom Ségard voulait l'enterrer dans le chapitre devant son siège abbatial, principalement pour ce motif qu'il se trouvait avoir construit l'abbaye en partie sur ses fonds propres, en partie, dans une plus large mesure, par son labeur et sa gestion, ses quatre fils s'y opposèrent et demandèrent qu'on l'enterrât plutôt au cimetière avec ses frères disant qu'on pourrait lui attribuer de la fierté et de la suffisance s'il était enterré dans le chapitre, alors qu'il avait toujours veillé à être humble plutôt qu'orgueilleux. En effet, ayant été prévôt de l'abbaye pendant une trentaine d'années, il n'y eut jamais personne, et je ne parle ni des moines ni des frères et encore moins des serviteurs, qu'il eût traité d'idiot ou d'imbécile ou qu'il eût giflé sous l'emprise de la colère. C'est pourquoi, acquiesçant à leur requête, l'abbé tout en larmes l'enterra, ce même dimanche précédant Noël, au cimetière, sur le côté jouxtant la chapelle Sainte-Marie qu'il avait lui-même construite cette année-là, derrière le chevet; et à son fils Hériman, il confia, sur le conseil de tous les frères, la fonction de prévôt. Quant à Mainsende qui fut autrefois son épouse, elle vécut encore une douzaine d'années après la mort de Raoul, et termina sa vie présente après avoir passé plus de quarante ans dans l'habit de moniale; elle est

---

[a] Sulpice Sévère, *Epistulae*, 3, 14-15 (*SC* 133, p. 340); Grégoire de Tours, *Historia Francorum* 1, 48, *MGH, SS Rerum Merovingicarum* 1, p. 55, 16-17.

enterrée dans le même cimetière. Assurément, les fils voulurent que leurs père et mère fussent enterrés au cimetière plutôt qu'au chapitre ou dans l'église parce qu'en fait, ils croyaient qu'en cet endroit, les corps des braves gens étaient ensevelis, et qu'en raison de leur communauté de vie, c'était beaucoup mieux pour eux que s'ils avaient été enterrés séparément.

[Ch. 103 (Cont. 14)] Quand Hériman devint prévôt, il s'appliqua, autant que faire se peut, à imiter la conduite paternelle, et surtout qu'on puisse noter, dans son comportement et dans ses actes, davantage d'humilité que de suffisance. Ayant exercé cette fonction de Noël à Pâques, il lui sembla que, dans un songe où il parlait à son père, il lui demandait s'il avait trouvé le repos intégral. Et celui-ci de répondre : « Vraiment, mon fils, s'il m'avait été permis de rester cloîtré et si la fonction de prévôt ne m'avait pas été imposée, j'aurais sans aucun doute trouvé un repos parfait ». Hériman s'éveillant brusquement et méditant qu'il avait eu ce songe pour son propre redressement, et se rappelant cette sentence de l'apôtre : *Si vous avez des différends séculiers entre vous, prenez pour les arbitrer des gens qui n'ont aucun poids dans l'Eglise* (1 Co 6, 4) et aussi cette pensée de saint Grégoire que ceux qui se consacrent à la lecture et à la prière sont eux-mêmes les vases d'or et d'argent dont la confection fut prescrite par l'intermédiaire de Moïse, dans le tabernacle du témoignage, pour le service et l'office de l'autel, en outre que les couvertures en poils de chèvre qui dissimulent le tabernacle signifient que ceux qui veillent aux choses du dehors sont exposés aux pluies, aux averses et aux vents impétueux[a]. Repassant dans son esprit ces textes divins et bien d'autres similaires, toute affaire cessante, il acquitta intégralement l'ensemble des dettes de l'abbaye ; ainsi fait, se rendant au chapitre et se prosternant aux pieds de l'abbé dom Ségard, il relata son songe, demanda d'être déchargé de la fonction de prévôt et obtint satisfaction en insistant énormément. Après quoi, suivant sa nature, il commença à se consacrer à l'écriture des livres et au chant des psaumes et, comme il était bien portant grâce à Dieu, il se refusait catégoriquement

172

---

[a] Saint Grégoire n'est pas l'auteur de cette pensée. Bien malin qui trouvera où l'auteur l'a puisée !

d'être en deçà ou plus lent qu'aucun frère à supporter le silence monacal et les fatigues de la psalmodie du jour et de la nuit et ne tolérait pas non plus d'être surpassé par aucun copiste dans la régularité et la célérité à écrire. En effet, il copia quatre bréviaires et plusieurs livres de saint Augustin. Pour de telles dispositions, il était apprécié par l'abbé dom Ségard et par le prieur dom Gerbert de telle sorte que les dimanches et jours fériés, ils lui confiaient le soin de prononcer, devant eux, des sermons aux frères dans la salle du chapitre puisqu'en plus de ses autres dons, le Seigneur lui avait accordé aussi la compréhension des écritures et la maîtrise d'exposer ce qu'il avait compris.

[Ch. 104 (Cont. 15)] Après le décès du prévôt Raoul, l'abbé dom Ségard commença à s'affaiblir et à perdre ses forces un peu à la fois. Cette année-là, le jour du Noël suivant, une année étant écoulée depuis la mort de Raoul, alors que nous avions chanté la messe de l'aurore c.-à-d. le *Lux fulgebit* (« La lumière jaillira »), l'abbé, usé par sa longue maladie se trouva mal, et se fit porter devant l'ambon du chœur de l'abbatiale où il fut oint de la sainte huile et fortifié en recevant le corps du Christ. Après prime[a], il se rendit au chapitre, donna l'absolution à toute la communauté et demanda à être absous par elle, puis gagna son lit. Il vécut encore plusieurs jours et rendit l'esprit le dimanche 30 janvier, l'an 1127 de l'incarnation du Seigneur, indiction 5, épacte 6, concurrent 5[b]. Il présida le monastère pendant vingt et un ans.

[Ch. 105 (Cont. 16)] C'est cette année-là (1127) que Charles, le glorieux comte de Flandre, succomba sous les coups portés subrepticement par ses ennemis en l'église Saint-Donatien de Bruges. Après sa mort, à défaut d'héritiers légitimes, le comté de Flandre fut donné par le roi Louis au jeune Guillaume, fils du duc Robert de Normandie. Simon, l'évêque de Tournai, vint le trouver grâce à l'intervention de son cousin le roi, et lui fit connaître comment

---

[a] Sept heures et demie du matin en hiver.

[b] L'indiction est un cycle de 15 ans à compter de 312, donc 312 + (54 × 15) +5 = 1127 ; l'épacte indique le nombre de jours qu'il faut ajouter à l'année lunaire pour la rendre égale à l'année solaire, elle sert à fixer la date des fêtes mobiles dont Pâques ; le concurrent indique le nombre de jours qu'il faut ajouter aux 52 semaines pour faire correspondre l'année civile avec l'année solaire[1].

LA RESTAURATION, 105

l'évêque Hardouin avait concédé, pour un temps, douze autels de la mense épiscopale au comte Baudouin le Barbu, comme on l'a rapporté plus haut[a], et puisque le temps où ils auraient dû être rendus était déjà passé, demanda qu'il les restituât enfin à l'Église de Tournai et à lui-même. Le comte, sachant par de nombreux témoignages que l'évêque disait vrai, le roi le lui rappelant, les rendit sans attendre à l'évêque, libres de charges, et s'engagea à ne pas lui faire d'ennui par après. Mais le comte ne toléra pas longtemps que les Flamands jouissent de leur liberté. Progressivement il se mit à les opprimer et à les assujettir aux lois de la servitude. D'où ceux-ci effrayés comme s'ils voyaient déjà la mort se présenter à leurs portes, commencent à réfléchir, d'abord en murmurant puis en discutant plus ouvertement, comment ils pourraient arracher de leurs cous le joug tellement insupportable de ce nouveau pharaon. Bref, ils apprennent qu'il y a en Alsace un jeune homme appelé Thierry, fils du duc Thierry et de la tante maternelle du comte Charles, et le font venir incognito. Après des combats aux issues changeantes, Guillaume meurt au château d'Alost d'une blessure à la main sous le pouce, causée par un homme de troupe. On l'enterra à Saint-Bertin et Thierry obtint, avec le consentement royal, toute la Flandre. L'évêque Simon lui demanda, puisque son prédécesseur Guillaume avait reconnu à l'Église de Tournai la propriété des douze autels détenus illégitimement depuis déjà de nombreuses années par ses devanciers, de reconnaitre également ce droit de propriété et de lui remettre les autels comme Guillaume les avait rendus en présence du roi. Alors le comte les rendit à l'évêque en les exonérant de toute charge et s'engagea à ne jamais lui faire de contestation les concernant. Mais malgré ces reconnaissances comtales, les nobles de Flandre qui les avaient reçus en fiefs, ne voulurent toujours pas les rendre. Et ainsi nous déplorons que l'Église de Tournai soit frustrée. Cet évêque resta longtemps en charge ; il ne put récupérer les autels anciennement perdus mais les autels qui lui restèrent au décès des desservants, il les transmit aux abbayes. De ses propres dires et du témoignage de nombreuses personnes, j'ai appris qu'il aurait augmenté de quelque cent marcs

174

---

[a] Voir chapitre 96.

d'argent, chaque année, les revenus de la fonction épiscopale et des prébendes des chanoines de la cathédrale de Tournai.

[Ch. 106 (Cont. 17)] Quant à l'antique domaine procuré par le roi Chilpéric, les chanoines possèdent encore actuellement le tonlieu et le pontonage et leur part des afforages[a]. Joignant à ces revenus ceux qui leur sont donnés quotidiennement par les fidèles, ils créèrent des prébendes bien dotées dont ils se nourrissent somptueusement. Ils appliquèrent aussi tout leur soin à acheter des terres et à acquérir des autels, d'où il advint qu'ils réclamèrent aux chevaliers de Noyon à qui l'évêque Foucher les avait inféodées avec d'autres églises paroissiales, l'église Saint-Quentin sur la grand-place dans laquelle une congrégation de chanoines vécut jadis et l'église Saint-Pierre au centre-ville occupée naguère par des moniales, ces deux églises ayant été ruinées comme nous l'avons mentionné[b] par le même évêque, et les assujettirent à leur droit ; avec ces églises, les chanoines récupérèrent quelques-uns des anciens domaines de celles-ci et élargirent ainsi considérablement leurs possessions.

[Ch. 107 (Cont. 18)] Toujours est-il que le moine Ségard[c] de pieuse mémoire décéda et fut enterré dans la chapelle Sainte-Marie devant l'autel. Hériman, le fils du prévôt, lui succéda ; il fut le troisième à gouverner le monastère. Instruit avec ses frères Thierry, Gauthier et Raoul, par maître Odard, surtout pétri de connaissances littéraires, il se distingua en tant qu'éminent prédicateur du Verbe de Dieu, enseignant l'évangile à la perfection et prouvant à l'aide des Écritures le caractère divin du Christ rédempteur et sauveur du monde ; et sa langue exprimait la sagesse principalement parmi les grands. Au cours de son abbatiat, notre abbatiale fut inaugurée par l'évêque dom Simon en l'an 1132 de l'incarnation du Seigneur, quarantième année de sa restauration. Mais dix années à la tête du monastère n'étaient pas encore écoulées qu'il fut atteint d'une grave indisposition appelée « paralysie ». Capable d'une extrême mansuétude et d'une humilité de cœur,

---

[a] Voir chapitre 92.
[b] Voir chapitres 45 et 94.
[c] Ségard, deuxième abbé de Saint-Martin de 1105 à †1127.

suivant l'exemple du Maître suprême qui dit « *Suivez mes conseils, car je suis doux et humble de cœur* » (Mt 11, 29), il rendit au noble et honorable Simon, évêque de Tournai par la grâce de Dieu, sous aucune contrainte mais humblement de son propre gré, la charge qui lui avait été confiée ainsi que la crosse du pouvoir qu'il avait assumé.

[Ch. 108 (Cont. 19)] Après lui, Gauthier[a] fut le quatrième à prendre en main le gouvernail de notre abbaye. Né à Tournai, il grandit au palais épiscopal et fut chanoine. Il avait à cœur de servir Dieu conformément à la sagesse que Dieu lui avait donnée. Connaissant la restauration de notre abbaye évoquée plus haut dans ses moindres détails, vu qu'il avait sept ans à l'époque où elle fut commencée, il fut fréquemment exhorté par Odon, le premier abbé du lieu, à renoncer aux attraits du monde et à recevoir avec les fils du prévôt Raoul, des garçons de son âge, l'habit de la sainte religion. Et comme chaque jour, l'abbé essayait d'embraser le cœur du garçon par ce genre de propos et que Gauthier ne manifestait nullement son adhésion, à la fin l'abbé, lassé de ses sempiternelles semonces, lui prédit, comme pour plaisanter, qu'il se ferait moine à Saint-Martin avant d'achever le cours de sa vie. Mais parce que *celui qui plante est sans importance pas plus que celui qui arrose à moins que Dieu n'ait donné la croissance* (1 Co 3, 7), les paroles de la prédiction n'eurent aucun effet sur lui à cette époque et, pendant près de quarante ans, il resta dans la vie séculière. C'est alors que le Seigneur jugeant qu'était arrivé le moment opportun pour que s'accomplisse la prophétie de dom Odon, le frappa d'une grave maladie physique avec perte totale d'appétit, et l'arracha par son hameçon à son inclination pour la vie séculière : Gauthier se fit moine au monastère Saint-Amand d'Helnone. Et comme il y avait vécu honorablement pendant deux ans et que, là même, il était devenu prieur en raison de ses qualités morales, nous demandâmes qu'il nous soit donné en tant qu'abbé et le reçûmes. On reconnaît ainsi que la prophétie de l'abbé dom Odon s'était accomplie parce que, dès cet instant, il fut non seulement moine de Saint-Martin

---

[a] Gauthier est le fils du chanoine Letbert qui donna à Saint-Martin les autels de Paschendaele, de Zulte et de Wakken. Voir chapitre 73.

mais aussi régisseur et serviteur de toute cette maison ainsi que le dirigeant de tous ceux qui y servent le Christ. Il fut ordonné prêtre par dom Simon en l'an 1136 de l'incarnation du Seigneur, indiction 14, concurrent 3, épacte 15[a]. Il brillait d'une telle considération également auprès des séculiers qu'une certaine fois, à la cour de Flandre, comme la comtesse lui demandait s'il était disposé à prêter serment dans une affaire pendante, le prévôt de Bruges, Roger, homme pieux et de bonne réputation, répondit que cela n'était pas nécessaire, au contraire ! Ce que l'abbé de Tournai était disposé à confirmer par une simple déclaration, lui-même, avec tout le clergé flamand, ne craignait pas de le confirmer sous serment. Durant l'abbatiat de dom Gauthier, Dieu se pencha sur l'Église tournaisienne lui rendant son propre évêque ainsi que sa propre dignité perdue depuis tant d'années.

[Ch. 109 (Cont. 20)] Alors que dom Simon était évêque depuis quelque 24 ans et n'avait assurément aucun pressentiment de sa déchéance, il arriva, au temps de Pâques, le lundi 21 avril (1141), à l'heure des vêpres, la nuit tombant déjà, qu'Henri, jeune chanoine de Notre-Dame, traversa par hasard tout seul, sans aucune peur, la nouvelle construction de la cathédrale Notre-Dame quand voici que, tout à coup, il entendit des voix comme provenant d'une grande foule avec un déferlement terrifiant ; il vit aussi venir sur lui une boule de feu qui lui brûla un bout de son habit et juste en dessous, la peau du bras près du poignet. Frappé sur le coup d'épouvante, il tomba à terre et, à l'instant, ravi comme en extase, il vit un grand nombre de gens s'approcher et lui parler ; il savait que c'étaient des défunts, il les avait tous connus de leur vivant. Ensuite ; il lui sembla qu'il était dans un champ de roses et de lis agrémenté d'une infinie douceur. S'y trouvant bien aise et pour ainsi dire complètement remis et rétabli, le frisson de la première frayeur s'étant évanoui au regard d'une telle douceur, il vit venir à lui quatre personnages de blanc vêtus avec des candélabres et des encensoirs. Les suivaient trois hommes respectables en tenue d'évêque tenant une crosse en main, portant aussi sur la tête une mitre d'or dont chacune affichait le nom du porteur. Sur

---

[a] Définitions, voir chapitre 104.

la mitre de celui qui marchait au centre, on lisait : saint Éleuthère évêque ; sur celle de celui qui avançait à droite : saint Éloi évêque ; sur celle de celui qui se trouvait à gauche : saint Achaire évêque. Derrière eux suivait un prêtre, dom Gérard, un saint homme vêtu de l'habit sacerdotal, qui avait été le fidèle administrateur de l'hospice Notre-Dame. Saint Éleuthère s'approchant ainsi du jeune homme, étendit sur lui son manipule comme par cajolerie, puis lui montra le livre de sa *Vie* qu'il tenait dans sa main et lui enjoignit de lire devant lui ; et quand Henri eut achevé de lire, il reprit le livre en le ramenant sur sa poitrine et regagna la place qu'il occupait auparavant. Puis saint Éloi s'approchant du jeune homme lui présenta le livre de sa *Vie* mais le jeune homme, se disant qu'il la connaissait suffisamment, ne voulut pas le lire. Saint Achaire aussi lui fit voir un texte dans sa main droite : « Au nom du Seigneur Jésus, celui qui est mort est ressuscité grâce à moi ». Ensuite, ils se retirèrent dans le même ordre qu'ils étaient venus. Après ces visions, l'adolescent revenu de son extase se relevat, de retour à la maison paternelle, se coucha indisposé toute la nuit. Au matin, il demanda d'être aspergé d'eau bénite et, ainsi réconforté, il montra le morceau brûlé de son vêtement et sous celui-ci, la chair roussie, et raconta plusieurs choses de ce qu'il avait vu. Le vendredi suivant, alors que Guillaume, le doyen des chanoines, qui se distingua ensuite comme abbé dans l'ordre de Clairvaux, avait été discrètement mandé, Henri lui confessa ses pêchés, reçut son absolution assortie d'une pénitence ; il communia le dimanche d'après, et ayant reçu le corps du Seigneur, ô merveille ! il se mit à réciter couramment, comme un Notre-Père, la *Vie de saint Éleuthère* qu'il avait lue six jours avant dans son extase, et qui lui était revenue en mémoire. Stupéfaits, nous nous réunissons et frappés par l'étrangeté de la chose, nous commençons tour à tour à discuter et à conjecturer abondamment sur une vision aussi miraculeuse. En effet bien que certains disaient que le jeune homme, connaisseur de l'art de rédiger et de versifier, avait pu composer cette *Vie*, par contre, même si nous n'ignorions pas ses connaissances, nous étions certains qu'il n'avait jamais appris ce genre de dictée et quand bien même il l'aurait composée, il n'aurait jamais été capable de la réciter entièrement de mémoire aussi facilement, sans livre et uniquement par cœur. C'est pourquoi lors du synode tenu dans la ville de Sens à l'octave de la Pentecôte (26 mai 1141) réunissant des ecclésiastiques, notamment notre archevêque de Reims dom Samson, l'abbé de Clairvaux dom Bernard et encore bien d'autres évêques et abbés, avec le roi de France pour connaître et juger des livres de maître Pierre Abélard,[a] nous transmîmes la transcription de la vision et sollicitâmes leur opinion à ce sujet. Ils nous recommandèrent d'attendre finalement l'accomplissement de la divine volonté.

[Ch. 110] Et voici que quelques jours plus tard, le jeune homme reconnaissant à certains signes prémonitoires que saint Éleuthère allait lui apparaître de nouveau, confessa, de grand matin, ses péchés, entendit la messe et reçut le corps du Seigneur. Ensuite, il entra pour prier avec quelques-uns dans la sacristie où le reliquaire du saint avait été déposé quand subitement on annonce au dehors qu'il est tombé à terre. Ils sont plusieurs à s'introduire et nous entrons avec eux. À l'intérieur, nous l'apercevons gisant par terre, les yeux clos comme s'il était sans vie et, ébahis, nous attendons la fin. Et voilà qu'un peu après, nous l'entendons lire l'élévation de saint Éleuthère[b] et sommes surpris qu'il réponde aux nombreuses questions que nous lui posions. Revenu de son extase, il transcrivit ce qu'il avait lu. C'est pourquoi, après cette vision que nous avions observée, nous ne doutions plus de l'authenticité de la première à laquelle personne n'avait assisté et nous implorions Dieu en commun que, si cette vision émanait bien de lui, elle se manifestât encore une troisième fois.

[Ch. 111] Quarante jours ne s'étaient pas encore écoulés que le jeune Henri, sentant une troisième vision imminente – c'était le vendredi (8 août 1141) avant la fête de saint Laurent –, après avoir de nouveau confessé ses péchés, entendu la messe et reçu le corps du Seigneur pour le protéger, entre avec quelques-uns dans la sacristie pour prier. Sans attendre, nous qui sommes restés de-

---

[a] Ce roi de France était Louis VII. Cf. Hefele-Leclercq, *Histoire des Conciles* 5, 1, p. 753.

[b] Le manuscrit n° 169 de la bibliothèque communale de Tournai contenait une *Elevatio corporis beati Eleutherii Tornacensis episcopi et confessoris*. Il a brûlé lors du bombardement du 17 mai 1940.

hors accourons dès l'annonce qu'il est tombé à terre, et le voyons comme à l'accoutumée gisant par terre les yeux clos comme s'il était sans vie. À peine un quart d'heure plus tard, voici que nous l'entendons réciter des miracles de saint Éleuthère, et comme nous l'interrogeons, nous sommes frappés par ses réponses très nombreuses parmi lesquelles il prédit ouvertement que l'Église de Tournai aurait dans peu de temps son propre évêque et recouvrerait son ancienne dignité. Cette vision et cette prophétie furent pour nous les signes d'une future liberté.

[Ch. 112 (Cont. 21)] En ce temps-là, il arriva que plusieurs clercs notoires tant de notre chapitre cathédral de Tournai que de notre diocèse suivissent dom Bernard, abbé de Clairvaux, pour se convertir. L'abbé instruit par eux de l'ancien rang de l'Église de Tournai et convaincu de l'impérieuse nécessité pour elle d'avoir son propre évêque eu égard au grand nombre d'habitants, puisque la vision du jeune homme lui en donnait l'occasion, il approche discrètement l'évêque Simon et, lui dépeignant le péril d'un si grand nombre d'âmes vivant sous sa garde, il l'exhorte doucement à permettre avec bienveillance qu'un évêque exclusif soit nommé à Tournai. Aussitôt, l'évêque touché par la douce exhortation de l'abbé acquiesce à ses prières, sous réserve cependant que sa vie durant, il lui soit permis de conserver une partie de l'argent provenant des recettes de l'Église de Tournai. Mais les chanoines de Noyon, dès que la chose leur est connue, se rendent chez le comte Raoul de Vermandois et, accusant son frère Simon d'avoir vendu sa fonction épiscopale, rejettent et anéantissent, par son intervention, le plan de l'abbé.

[Ch. 113 (Cont. 22)] Pendant ce même temps, un litige surgit entre le pape Innocent[a] d'une part, et le roi Louis[b], fils du précédent Louis, et ses beaux-frères évoqués ci-avant à savoir l'évêque Simon et le comte Raoul[c] d'autre part, au cours duquel le roi et le comte furent excommuniés et mis au ban de la chrétienté ; l'évêque, quant à lui, fut suspendu de ses fonctions épiscopales pendant un

---

[a] Innocent II, pape de 1130 à †1143.
[b] Louis VII le Jeune, roi de 1137 à †1180, fils de Louis VI le Gros.
[c] Raoul de Vermandois, cousin du roi, a épousé, en secondes noces, Pétronille d'Aquitaine, sœur d'Aliénor d'Aquitaine, épouse de Louis VII.

certain temps. En fait, le pape consacra un chanoine, beau-frère du chef de sa chancellerie pontificale, comme archevêque de Bourges, raison pour laquelle le roi, parce qu'il refusa son consentement, fut excommunié. Quant au comte désireux d'épouser la sœur d'Aliénor reine de France, il lui prit de chicaner sa femme légitime sous prétexte de lien consanguin.[a] Mais parce qu'il ne pouvait se séparer d'elle sans un jugement canonique, il fit déclarer sous serment par son frère Simon, auquel s'étaient joints deux autres évêques de Laon et de Senlis, que les époux étaient unis par un lien de parenté si bien que le mariage devait être dissous. Une fois le serment achevé, il se sépara d'elle et épousa la sœur de la reine. Toutes les deux étaient filles du comte de Poitou et duc d'Aquitaine et c'étaient aussi ses cousines. Le bruit de ce parjure, qui s'était répandu dans toute la région, fut également déféré au tribunal apostolique par le comte Thibaud de Champagne[b], prince bourguignon. En effet, celle que le comte Raoul avait répudiée était la nièce de celui-là et le déshonneur du rejet le concernait. Et ayant déposé plainte auprès du pape par ses représentants, celui-ci excommunia le comte Raoul et releva les évêques de leurs fonctions pendant quelque temps. Par conséquent, quand cette dissension entre le pape d'une part, et le roi et l'évêque de Noyon d'autre part, fut connue, le prévôt Thierry qui avait succédé à Gonthier, brûlant du désir, avec les autres chanoines tournaisiens que son église recouvre son ancienne dignité, s'adressa discrètement à dom Hériman, qui fut à un certain moment notre abbé, et l'engagea d'aller à Rome pour sonder avec précaution les intentions du pape sur ce point. Dom Hériman, s'associant à leurs vues, effectue le trajet jusqu'à Rome, présente au pape Innocent la lettre que le pape Pascal avait jadis fait remettre aux Tournaisiens, et lui retrace la chronologie complète de la question. Et finalement, lui-même reçoit une lettre dans laquelle le pape avise les Tournaisiens et leur prescrit de par son

---

[a] Sur cette affaire, voir Jean de Salisbury, *Historia pontificalis* 6, éd. Marjorie Chibnall, 1956, p. 12-13.

[b] Thibaud IV, comte de Blois-Champagne, né vers 1090 † 1152 (voir chapitres 16 et 36) est l'oncle d'Éléonore de Blois, la première femme de Raoul de Vermandois. Concernant le titre de « *princeps Burgundiorum* », voir *CC CM*, 236, p. 182, apparat critique, l. 4225-4226.

autorité apostolique d'élire sans tarder leur propre évêque, après avoir pris l'avis de personnalités religieuses et reconnues pour leur discernement, et de présenter leur élu à l'archevêque de Reims pour sa consécration[a]; et en cas de refus de l'archevêque, de s'en remettre à lui. Dom Hériman soumet cette lettre aux Tournaisiens. Nous fixons le jour de l'élection et convoquons les personnalités du diocèse.

[Ch. 114 (Cont. 23)] Après concertation avec les personnalités religieuses, nous élisons à l'unanimité l'abbé de Saint-Amand, dom Absalon, homme pieux, pour être notre évêque. L'élection est immédiatement notifiée à l'archevêque de Reims qui déclare néanmoins qu'il n'oserait pas le consacrer par crainte du roi et du comte Raoul. D'où pressés par la nécessité, nous sommes contraints de nous en remettre à Rome. Mais l'élu lui-même, prudent, refuse de partir craignant – ce qui arriva en fin de compte – que la curie romaine ne soit détournée de sa résolution par de l'argent et que lui-même ne soit ainsi déshonoré s'il essuyait un refus. Les chanoines tournaisiens, eux, partent pour Rome accompagnés de dom Hériman, montrent au pape le procès-verbal de l'élection qui a eu lieu, et reçus aimablement par lui, ils attendent de jour en jour sa réponse finale, quand soudain on annonce que l'évêque Simon, qui les suivait, est arrivé, qu'il est dans le palais avec ses chanoines et se plaint auprès du pape de l'attitude des chanoines tournaisiens qui, au mépris de la fidélité et de l'obéissance qu'ils lui avaient promises, avaient procédé à l'élection d'un autre évêque contre lui. Le pape répond qu'il les avait déliés de la fidélité et de l'obéissance qu'ils lui avaient promises, et qu'il leur avait prescrit d'élire leur propre évêque, c'est pourquoi ils n'avaient commis aucune faute à cet égard. Le pape lui ayant donné la parole, dom Hériman ajouta que les chanoines tournaisiens n'avaient porté devant le pape nulle accusation contre l'évêque Simon; à l'inverse, ils lui rendaient témoignage pour sa noblesse et ses mérites. C'était sans malveillance qu'ils avaient élu un autre évêque mais, si son mérite n'était pas inférieur à celui de saint Martin, néanmoins les Tournaisiens désiraient que leur mère, l'Église de Tournai, recouvrât l'honneur

---

[a] Jaffé-Loewenfeld, *Regesta pontificum Romanorum* 8165, du 30 décembre 1142.

ancien d'avoir son propre évêque ; d'autre part, les besoins étaient si considérables que, sur une population de plus de neuf cent mille habitants d'âge et de sexe différents que compte le diocèse de Tournai, pourtant à cause de l'éloignement de l'évêque – l'évêque lui-même en est témoin – plus de cent mille personnes, en moins de dix ans, étaient mortes sans avoir été confirmées par l'onction de la main de l'évêque ; en outre, il y avait plus de deux mille personnes, impliquées tant dans des homicides que dans d'autres affaires criminelles, à ne pas avoir reçu de l'évêque la pénitence de leurs méfaits. Quand dom Hériman, en présence de l'évêque, eut fait état de cette situation et de plusieurs autres événements dont rien ne fut démenti par l'évêque, le pape consterné confirma devant tous l'élection des Tournaisiens et promit de la parachever, et, là-dessus, ayant exhorté les cardinaux siégeant à ses côtés à l'aider, il quitta son siège et se retira avec eux dans son cabinet. Alors que nos délégués espéraient que leur affaire serait terminée rapidement, le pape les fit attendre plus de quinze jours jusqu'à ce que dom Simon, après avoir distribué cinq cents marcs d'argent aux membres de la curie, reçût la grâce du seigneur pape qui toutefois, le convoquant dans son cabinet en notre présence et devant les cardinaux, lui ordonna, au péril de sa dignité ecclésiastique, de ne montrer nulle malveillance ni en acte ni en parole envers les Tournaisiens qui avaient fait l'élection de leur évêque selon ses instructions. Et réconciliant Simon avec nos délégués par l'échange d'un baiser, il leur donna une lettre dans laquelle il nous faisait savoir qu'il ne changeait pas sa volonté concernant notre élection mais l'ajournait pour le moment en attendant qu'il confirmât sa décision après délibération, un synode d'évêques et d'archevêques ayant été convoqué. Provisoirement, il nous recommandait d'observer envers l'évêque l'obéissance habituelle. Renvoyant comme cela nos délégués dans la peine et donnant ainsi à beaucoup l'occasion de médire de lui, il mourut l'année suivante et Célestin lui succéda (1143) lequel, mourant au cours de l'année, laissa le siège apostolique à Gérard, chef de la chancellerie pontificale, qui prit le nom de Lucius (Lucius II, 1144) . Celui-ci décédant pareillement en moins d'un an, Eugène lui succéda. D'abord prénommé

Bernard[a], il fut moine à Clairvaux puis ordonné par le pape Innocent, abbé du monastère Sainte-Anastasie à Rome. Comme tout le monde nous signalait qu'il n'était pas cupide, instruit en détail, par personnes interposées, de notre litige et questionné sur ce qu'il comptait faire en conséquence, il répondit qu'il ferait ce que l'abbé de Clairvaux lui recommanderait par lettre à ce sujet. Tandis que des bruits indécis concernant cette cause se renouvellent parmi nous, voici que soudain Thierry, le prévôt de la cathédrale Notre-Dame, atteint d'une très grave maladie et fait moine dans notre monastère, décède ; il est enterré devant la salle capitulaire. Et l'année suivante, ce fut notre élu Absalon, l'abbé de Saint-Amand, qui termina sa vie. C'est ainsi qu'il nous fut montré que ni lui ni Herbert, l'archidiacre de Thérouanne, n'avaient été destinés par Dieu pour devenir évêque de Tournai. En effet, cet office était réservé à quelqu'un d'autre. Mais ni le prévôt Gonthier ni son successeur Thierry[b], fils de l'oncle paternel de Gonthier, bien qu'ils fussent les plus fervents défenseurs de leur Église et assez influents dans le siècle, ne furent dignes de l'honneur de parachever un tel ouvrage, car cet honneur avait été réservé à un autre.

[Ch. 115 (Cont. 24)] Donc, comme ces deux défunts laissaient la place vacante, c'est Letbert, le fils de la sœur de Thierry qui succéda à celui-ci comme prévôt. À l'incitation de Letbert, un autre Letbert surnommé le Blond qui, par la suite, fut chancelier épiscopal puis chantre principal de la cathédrale Notre-Dame, gagne Rome avec une lettre de l'abbé de Clairvaux, explique au pape Eugène le contentieux de l'Église tournaisienne et le sollicite humblement de terminer et d'achever par un dénouement approprié, l'œuvre que Dieu lui avait réservée. Le pape voulant lui donner une lettre pour que les Tournaisiens fissent derechef l'élection d'un évêque, il répondit qu'il ne porterait jamais pareil écrit mais si le pape lui confiait un évêque consacré de sa propre main, il le ramènerait avec lui pour être reçu par les Tournaisiens avec les honneurs dus. Abrégeons ! Le pape gagné par sa pressante

186

---

[a] Eugène III (Bernardo Paganelli), pape de 1145 à 1153, fut moine à Clairvaux, disciple de saint Bernard.

[b] Thierry le Monnayeur. Voir chapitres 59 et 100.

revendication et sa constante obstination, lui demande qui il veut choisir dans sa curie. Celui-ci, en jeune homme prudent, glissa son intention à l'oreille du seigneur pape. Le pape convoque les cardinaux et les consulte sur ce qu'il doit faire concernant cette affaire d'importance. Était alors arrivé fortuitement à Rome Anselme, l'abbé de Saint-Vincent de Laon qui avait été fait moine au monastère Saint-Médard de Soissons, mais comme la renommée de sa religion et de sa probité était partout louée, il fut revendiqué par les moines de Saint-Vincent et ordonné abbé. Il dirigea honorablement ce monastère pendant de nombreuses années si bien que, sous son abbatiat, il y eut d'entre ses moines dix vénérables abbés dans diverses abbayes. Donc, Anselme, bien connu de la curie pontificale, arrivant à Rome en ces jours-là pour d'impérieuses obligations de son abbaye, est désigné premièrement par le pape, puis élu aussitôt par Letbert (le Blond) et ses compagnons et présenté au pape pour le consacrer. Il résiste et objecte qu'il est empêché par une santé chancelante et qu'il se soucie davantage de la mort que de l'épiscopat. Le pape persiste dans sa détermination et, le dimanche du *Laetare Jerusalem* (« réjouis-toi Jérusalem », 10 mars 1146), il consacre solennellement Anselme soumis par le lien d'obéissance. Par l'autorité de sa lettre, il assigne aux ouailles du diocèse de Tournai celui qu'il vient d'ordonner comme étant leur nouveau pasteur, leur enjoignant de le recevoir avec les honneurs. Il les délie de l'obéissance à l'évêque de Noyon et décrète, par l'autorité de son privilège, qu'ils aient à jamais leur propre évêque.

[Ch. 116] D'autre part, le pape Eugène adressa une lettre d'intercession au roi de France qui était aussi duc d'Aquitaine et qui préparait, sur la recommandation du même pape, une expédition à Jérusalem pour expulser les ennemis de la religion chrétienne ; il envoya aussi une lettre à Thierry, comte de Flandre, et même aux habitants du diocèse de Tournai dans lesquelles il les adjurait tous ensemble d'admettre obligeamment que l'évêque était celui qu'il avait ordonné en l'honneur de Dieu et pour le salut des âmes, et qu'à leur tour, ils lui rendent les revenus de l'évêché. Or donc, grâce à l'intervention d'un religieux, Alvise, évêque d'Arras[a], le

---

[a] Voir note b, p. 164.

roi avec le comte et les habitants du diocèse, approuva la demande pontificale en l'intervalle de quelques jours. Et ainsi nous reçûmes un nouvel évêque sur la cathèdre épiscopale. Le pape envoya encore une lettre à l'évêque de Noyon par laquelle il l'exhortait à supporter de bonne grâce que Tournai ait son propre évêque et à n'oser lui causer quelque embarras ni par lui-même ni par une personne à ses ordres. Il requit aussi l'archevêque de Reims et les évêques de la province ecclésiastique de soutenir et d'aider le nouvel évêque en toute chose, de rappeler à l'évêque de Noyon de s'abstenir de toute provocation, et leur recommanda de vivre en paix avec Anselme. Mais Simon était un être indulgent qui ne savait même pas redresser les torts des méchants. D'où il s'ensuivit qu'il ne tenta pas de contrevenir à l'ordre du pape ni en parole ni en acte, cela s'accordant aussi avec la noblesse de son lignage. Ainsi donc, Dieu accorda qu'Herbert et Absalon fussent élus à Tournai et qu'Anselme fût consacré à Rome. Ainsi, Dieu permit que Pascal et Innocent prescrivissent que l'élection fût faite à Tournai, et qu'Eugène fît la consécration à Rome. Ainsi, Dieu disposa que les prévôts Gonthier et Thierry œuvrassent à l'élection, et que Letbert se réjouît de la consécration. Donc, les uns travaillèrent suivant la parabole de l'évangile (Jn 4, 38 et 37) et Letbert entra dans leur travail. Les uns semèrent, Letbert moissonna. *Béni soit Dieu* qui lui fit faire cet heureux voyage ! La consécration du seigneur évêque Anselme eut lieu à Rome en l'an de l'incarnation du Verbe 1146, année d'une famine à ce point atroce qu'à Tournai, le setier de blé se vendait 56 sous. Donc, de même que nous perdîmes notre propre dignité épiscopale par saint Médard, au moment où lui-même prit en charge le diocèse de Tournai, charge qui lui avait été conférée par le clergé tournaisien et l'archevêque de Reims, de même nous recouvrâmes notre indépendance par le même saint au moment où Dieu, nous restituant un pasteur distinct, nous donna pour évêque un moine de Saint-Médard. Béni soit Dieu qui confia à saint Médard le soin d'imprégner de tels fils, par le ministère desquels le Christ répandit les grâces divines sur ses fils d'adoption et voulut garder son Église sans ride et sans tâche.

[Ch. 117 (Cont. 25)] À la même époque, le pape Eugène envoya en Gaule des lettres d'exhortation pour appeler tous les hommes vaillants à se rendre à Jérusalem, terre sanctifiée par la présence du Christ, à défendre ces contrées opprimées par les païens et à les placer sous l'autorité de la Chrétienté. Mus par cette exhortation, Louis, roi de France et duc d'Aquitaine, mais aussi Conrad, empereur d'Occident et roi de Germanie, et plusieurs seigneurs se joignant à eux, se hatèrent vers ce lieu avec de nombreuses troupes de chrétiens. Avec ces seigneurs, dom Hériman, autrefois notre abbé, brûlait aussi d'aller visiter le glorieux sépulcre de Notre-Seigneur Jésus-Christ. C'était, sauf erreur de ma part, en l'année 1147 de l'incarnation du Seigneur. Il marcha vers Jérusalem avec le groupe des religieux. En chemin qu'a-t-il fait, que s'est-il passé le concernant ? Nous ne sommes sûrs de rien. En effet, les uns rapportent qu'il a subi le martyre pour le nom du Christ et l'amour du prochain, les autres qu'il fut emmené captif.

[Ch. 118 (Cont. 26)] Dom Anselme[a] décéda et fut enterré en la cathédrale Notre-Dame en face du maître-autel. Gérald[b], abbé de Villers, lui succéda en l'an 1149 de l'incarnation du Seigneur. Sous son épiscopat, notre abbé dom Gauthier décéda ; il fut enseveli dignement devant l'autel de Saint-Jean-Baptiste par le cortège tout entier de Notre-Dame et deux évêques, à savoir ceux de Tournai et Laon. Dom Yves lui succéda en l'an 1160 de l'incarnation du Seigneur, indiction 8, concurrent 5, épacte 11.

Ajout d'une autre main au XIV[e] siècle

[Ch. 119 (Cont. 27)] À Yves succéda dom Jean dit de Néchin[c], qui, à ce qu'on rapporte, fut d'une grande piété. À Jean succéda dom Milon[d], abbé de Marchiennes, autrefois moine à Soissons et

---

[a] Anselme, évêque de Tournai de 1146 à †1148.
[b] Gérald de Villers, évêque de Tournai de 1149 à †1166.
[c] Jean de Néchin, abbé de Saint-Martin de 1184 à †1199.
[d] Milon, moine à Saint-Médard de Soissons, puis abbé de Marchiennes en 1202 ; abbé de Saint-Martin de 1203 à 1205 ; abbé de Saint-Médard de Soissons en 1206.

après, abbé du même monastère, le sien. À Milon succéda dom Jean dit de Somerghem[a]. À Jean succéda dom Amand[b]. À Amand succéda Raoul[c]. À Raoul succéda dom Gilles dit de Celles[d]. À Gilles succéda Simon dit Baras[e]. À Simon succéda dom Jean Carpentier[f]. À Jean succéda dom Jacques de Lille[g] : il fut abbé durant un mois († 1308). Que le Christ-Roi lui soit indulgent ! À Jacques succéda dom Gilles de Warnave. À Gilles succéda dom Thierry de Parc[h]. À Thierry succéda dom Gilles li Muisis, prieur, élu dix-septième abbé en 1331[i].

[a] Jean de Somerghem, abbé de 1205 à 1220.
[b] Amand, abbé de 1220 à 1237.
[c] Raoul, abbé de 1237 à † 1264.
[d] Gilles de Celles, abbé de 1264 à † 1278.
[e] Simon Baras Simon (dit Baras), abbé de Saint-Martin (début XIII[e] siècle), abbé de 1278 à † 1281.
[f] Jean Carpentier, abbé en 1281, abdique en 1308, † 1312.
[g] Gilles de Warnave, abbé en 1308, abdique en 1326, † 1328.
[h] Thierry de Parc, abbé de 1326 à † 1331.
[i] *Gallia christiana* III, cols 276-278.

INDEX SCRIPTURAIRE

Lévitique		
19, 31	53	
Deutéronome		
10, 18	56	
Esther		
13, 8-17	75	
Job		
3, 25	74	
4, 18	129	
Psaumes		
137, 1 (136, 1 Vg)	49	
Proverbes		
21, 1	82	
27, 7	128	
Isaïe		
38, 17	139	
Lamentations		
5, 15-16	138	
Daniel		
3, 56-57	122	
7, 19	66	
2e livre des Martyrs d'Israël (Maccabées)		
8, 5	58	
Évangile de Matthieu		
7, 17-18	121	
11, 29	171	
25, 1-13	105	
26, 47-49	142	
Évangile de Luc		
1, 28 et 42	107	
4, 25	59	
14, 26-27	114	
19, 2-8	118	
Évangile de Jean		
4, 37-38	181	
6, 37	123	
Actes des Apôtres		
2, 45	122	
14, 21	61	
Épître aux Romains		
10, 2	89	
1re Épître aux Corinthiens		
3, 7	171	
3, 8	61	
6, 4	167	
1re Épître à Timothée		
5, 12	80	
1re Épître de Jean		
4, 1	119	
Apocalypse		
20, 7	77	

INDEX DES SOURCES NON-BIBLIQUES

Amand de Chastel			5, 4, 2 et 6, 4, 6	56
De Odonis episcopi Cameracensis			Perse	
vita vel moribus		123	2e satire	
Annales Vedastines		101	2, 69	123
Augustin			Règle de saint Benoît	
De libro arbitrio			58, 2	119
3, 9 (27, 96)		55	Salluste	
Epistulae			*Guerre de Jugurtha*	
228, 5		56	8, 1	162
Corpus orationum			20, 1	162
10 (*Canon missae*)		99	Sigebert de Gembloux	100
Grégoire de Tours			*Chronographia* 52, 100, 138, 140,	
Historia Francorum			141	
1, 48		166	*Gesta abbatum Gemblacensium*	
4, 19		149	41	123
Jean de Salisbury			Sulpice Sévère	
Historia pontificalis			*Epistulae*	
6		176	3, 14-15	166
Jean Diacre			Virgile	
Vita Sancti Gregorii papae			*Énéide*	
1, 39-40		138	1, 485	55
Juvénal			3, 243	56
4, 89-90		147	10, 276	161
Liber Historiae Francorum			*Géorgiques*	
31		150	I, 145-146	92
Orose			*Vita s. Eligii*	138
Historiarum adversum paganos			*Vita s. Medardi*	148

INDEX ONOMASTIQUE[*]

Absalon, abbé de Saint-Amand, élu évêque de Tournai   50, 82, 177, 179, 181
Achaire, saint, évêque de Noyon-Tournai   151, 173
Adam, chanoine de Tournai (donateur), fils de Siger le Chantre   88, 130
Adam, le premier homme   165
Ade, épouse de Thiery d'Avesnes   107, 108
Adélaïde de Savoie, femme du roi Louis VI le Gros   80
Adèle, épouse de Canut fille de Robert le Frison et de Gertrude de Hollande   78
Adèle, fille du roi Robert II, épouse de Baudouin de Lille   154, 156-158
Adolphe, évêque de Noyon-Tournai   154
Agapet   145
Agnès, épouse de Gossuin, seigneur d'Avesnes   108
Airard, évêque de Noyon-Tournai   152
Albert (donateur)   131
Aldegonde, sainte   107

Alexandre, moine de Saint-Martin, fils de Mascellin (prévôt de Leuze)   131
Alexis, saint   126
Alfred, évêque de Noyon-Tournai   151
Aliénor, épouse de Louis VII le Jeune   175, 176
Alulphe, jeune clerc (fils de Siger le Chantre), moine, bibliothécaire et chantre à Saint-Martin   86, 87, 88
Alvise, abbé d'Anchin, évêque d'Arras   164, 180
Amand, abbé de Saint-Martin (XIIIe siècle)   183
Amand, prieur d'Anchin, évêque d'Arras   123
Amand, saint, évêque de Maestricht, fondateur du monastère d'Helnone   121, 132, 151
Ambroise, saint   137
Anne de Kiev   163
Anselme, abbé de Saint-Vincent de Laon, évêque de Tournai   129, 180, 181, 182
Anselme, archidiacre de Cambrai   143
Anselme II de Ribemont, comte d'Ostrevant, père d'Agnès (épouse de Gossuin d'Avesnes)   69, 108

---

[*] L'index répertorie uniquement les personnages nommément cités dans la traduction.

INDEX ONOMASTIQUE

Anselme, saint, abbé du Bec-Hellouin, archevêque de Cantorbéry 53, 63, 65, 67, 68, 91, 137
Aristote 53
Arnould III, comte de Flandre 62, 63, 79
Ascelin, cellérier de Saint-Martin, succède à Henri 128
Ascelin, évêque de Laon 154
Audovère, épouse de Chilpéric Ier 149, 150
Augustin d'Hippone, saint 54, 55, 62, 137, 142, 168
Augustin, évêque de Cantorbéry 144
Augustin, évêque de Noyon-Tournai 151
Aymeric, abbé d'Anchin 87, 88, 105, 116, 117

Barthélemy de Joux, évêque de Laon 131, 143
Barthélemy, saint 112
Baudouin, avoué de Tournai 63, 64, 91
Baudouin, chantre de la cathédrale de Tournai 130
Baudouin de Gand 77, 78
Baudouin, évêque de Noyon-Tournai 157
Baudouin, fils de Evrard Radou II et de Richilde 81
Baudouin, fils d'Evrard Radou III et de Gertrude 81
Baudouin II (dit de Jérusalem), comte de Hainaut 69, 79
Baudouin III, comte de Hainaut 79-81, 106, 109
Baudouin IV (dit le Barbu), comte de Flandre 154, 156, 157, 169
Baudouin IV (dit le Bâtisseur), comte de Hainaut 79-82, 109, 110, 157
Baudouin V (dit de Lille), comte de Flandre 62-64, 82, 154, 156, 157
Baudouin VI (dit de Mons), comte de Flandre et (sous le nom de Baudouin Ier) comte de Hainaut 62, 63, 68, 79, 109

Baudouin VII (dit à la Hache) comte de Flandre 70, 72, 75, 85
Baudri, abbé de Saint-Martin de Tournai 91
Baudri, évêque de Noyon-Tournai 130, 132, 144, 158-160
Bède le Vénérable, saint 137
Benoît, frère de l'évêque Odon de Cambrai 163
Bernard, clerc tournaisien 103
Bernard de Clairvaux 174, 175
Bernard, moine à Clairvaux. *Voir* Eugène III, pape
Bernuin, chanoine converti, moine de Saint-Martin 124
Berthe de Hollande, mère de Louis VI de France 78
Berthe, épouse d'Henri (cellérier de Saint-Martin), moniale 121
Berthe, fille du comte Florent de Hollande et de Gertrude 64
Bertulphe, prévôt de Bruges, commanditaire du meurtre de Charles le Bon, oncle de Borsiard 75, 77, 83
Boèce 52-54
Borsiard, meurtrier du comte Charles 76, 77, 83
Brunehaut, épouse de Sigebert 150
Brunon, cardinal 80
Brunon, évêque de Toul. *Voir* Léon IX, pape
Burchard, évêque de Cambrai 164

Calixte II, pape 69, 79, 80, 92
Canut, roi de Danemark 68, 73, 78
Caribert Ier 149
Cécile, mère d'Odon d'Orléans 51
Célestin II, pape 178
Charles de Basse-Lotharingie (dit l'Extravagant) 154
Charles, le Chauve 93, 94
Charles le Bon, comte de Flandre 68, 73, 74, 76, 78, 81, 82, 84, 86, 163, 165, 168, 169
Charles, roi (Charlemagne) 51, 154
Chilpéric Ier 94, 149, 150, 170

Chrasmar, évêque de Noyon-Tournai 151
Clarembaud de Rozoy, ancien propriétaire du domaine d'Eparcy 166
Clarembaud de Vendeuil, croisé 70
Clémence de Bourgogne, épouse du comte Robert II de Flandre, sœur du pape Calixte II 69, 79, 91, 92
Clément III, antipape *Voir* Guibert, antipape
Clothaire Ier, roi des Francs 149
Clothaire II 94, 96
Clovis II 96, 148, 149
Conrad III, empereur germanique 182

Dagobert Ier 94, 96, 138
David, roi d'Écosse 65, 66
Désiré, archidiacre de Tournai, prévôt de Lille 130
Dioclétien 100
Dodon, évêque de Noyon-Tournai 151

Edwige de Formbach 84
Elbert, émissaire des Tournaisiens à Rome 159
Éleuthère, saint, évêque de Tournai 95, 101, 148, 173-175
Élisée, évêque de Noyon-Tournai 151
Éloi, saint, évêque de Noyon-Tournai 94-97, 99, 138, 151, 173
Emmon, évêque de Noyon-Tournai 101, 152
Enguerrand, comte de Château-Landon 93
Enguerrand, évêque de Laon 135
Eremburgis, supérieure des moniales tournaisiennes 124
Ermengarde, épouse de Roger de Pierrepont 135
Erpulphe, clerc (donateur) 130
Étienne de Blois, roi d'Angleterre 67
Eugène III, pape 178-182
Eunuce, évêque de Noyon-Tournai 151

Evrard d'Avesnes, chanoine de Tournai, fils de Gossiun d'Avesnes 110
Evrard Ier, châtelain de Tournai 54, 68, 81, 90, 122, 146, 147
Evrard II, châtelain de Tournai 81, 109
Evrard III, châtelain de Tournai 81,
Évroul, évêque de Noyon-Tournai 151
Ezéchias, roi de Juda 139

Fastré Ier, avoué de Tournai 59, 106, 108
Fastré II, avoué de Tournai 108, 111, 112
Fichard, évêque de Noyon-Tournai 152
Foucher, évêque de Noyon-Tournai 152-154, 170
Foulques V d'Anjou, roi de Jérusalem 85
Framenger, évêque de Noyon-Tournai 151
Frédégonde, concubine puis épouse de Chilpéric Ier 94, 149-151

Galswinthe, seconde épouse de Chilpéric Ier 150
Gandulphe, évêque de Noyon-Tournai 151
Garoul, évêque de Noyon-Tournai 151
Gaucher, évêque de Cambrai 138-141, 159
Gauthier, abbé de Saint-Martin de Laon 143
Gauthier, abbé de Saint-Martin de Tournai 130, 160, 171, 172, 182
Gauthier, chevalier, moine bâtisseur de Saint-Martin 60, 110, 111, 127
Gauthier d'Avesnes, fils de Fastré II et de son épouse Richelde, avoué de Tournai 108, 109
Gauthier, doyen, puis évêque de Tournai (donateur) 131
Gauthier d'Osmont, frère d'Hériman 113, 118, 136, 170

INDEX ONOMASTIQUE

Gauthier, prévôt de Saint-Amand, prère de Mainsende (épouse de Raoul d'Osmont) 113-115

Gauthier Tirel, meurtrier accidentel du roi Guillame II d'Angleterre 65

Geldolphe, chanoine 159

Gérald, évêque de Tournai 131, 182

Gérard, chancellier. *Voir* Lucius II, pape

Gérard de Quierzy (donateur) 135

Gérard de Wassenberg, beau-père du comte Baudouin III de Hainaut 79

Gérard, hospitalier de Tournai 173

Gérard, père d'Odon d'Orléans 51

Gerbert, archevêque de Reims 154

Gerbert, un des premiers compagnons d'Odon, prieur de Saint-Martin 56, 168

Gertrude, épouse du comte Florent de Hollande, épouse de Robert Ier le Frison en secondes noces 64

Gertrude, fille de Robert le Frison 84

Gertrude, fille du comte Lambert de Montaigu, épouse d'Evrard Radou III 81

Gérulphe, châtelain de Tournai dépossédé par Evrard Ier 129

Gérulphe, moine de Saint-Martin 146

Géry, chanoine de Tournai (donateur) 130

Gilbert, abbé de Saint-Pierre de Gand 76

Gilbert, évêque de Noyon-Tournai 151

Gilbert, moine copiste de Saint-Martin 135

Gilbert, prêtre, conciliateur 61

Gilles de Celles, abbé de Saint-Martin (XIIIe siècle) 183

Gilles de Warnave, abbé de Saint-Martin (début XIVe siècle) 183

Gilles li Muisis, abbé de Saint-Martin (XIVe siècle) 183

Godefroid, fils d'Evrard Radou II et de sa femme Richildis, frère d'Evrard III 81

Godefroid Ier, dit le Barbu, comte de Louvain 85

Godefroid IV, comte de Boulogne, dit Godefroid de Bouillon 69

Godefroid, moine-prêtre copiste de Saint-Martin, frère de Raoul le Normand 134

Gondoin, évêque de Noyon-Tournai 151

Gonhard, chanoine converti, prieur de Saint-Martin 124

Gonthier, prévôt de Tournai, fils de Tetbert d'Osmont 143, 147, 159, 161-163, 176, 179, 181

Gontrand, fils de Clothaire 149

Gossuin de Forest, chevalier, meurtrier accidentel du comte Henri III de Bruxelles 68

Gossuin, fils de Fastré Ier et d'Ide d'Avesnes, seigneur d'Avesnes 108

Gossuin, fils de Thierry le Monnayeur, gendre de Fastré II 112

Grégoire le Grand, saint 88, 137, 144, 145, 167

Grégoire VII, pape 139, 158, 159

Guibert, antipape 139

Guillaume, moine-prête de Saint-Martin, frère de Raoul le Normand 56, 134

Guillaume Cliton, comte de Flandre, fils de Robert II de Normandie 72, 73, 82, 84-86, 168, 169

Guillaume, comte de Bourgogne 69

Guillaume, doyen des chanoines de Tournai 173

Guillaume II, roi d'Angleterre 62, 66

Guillaume le Conquérant, roi d'Angleterr 64, 65, 68, 82

Guy, archevêque de Vienne. *Voir* Calixte II, pape

Guy, évêque de Noyon-Tournai 151

Hardouin, évêque de Noyon-Tournai 154, 157, 169

Harold, roi d'Angleterre 62, 64

Heidilon, évêque de Noyon-Tournai   101, 152
Hellin, prêtre tournaisien, paroisse de Saint-Piat   125
Henri, cellérier de Saint-Martin   121, 125, 126, 128
Henri, chanoine tournaisien   172-174
Henri Ier, comte de Champagne, fiancé à Laurette, fille de Thierry d'Alsace, comte de Flandre   86
Henri Ier, comte de Limbourg   140
Henri Ier (dit Beauclerc), roi d'Angleterre   64-68, 72, 73, 82, 142
Henri Ier, roi de France   51, 163
Henri III, comte de Bruxelles   68, 84, 85
Henri IV, empereur germanique   62-64, 139-141
Henri V, empereur germanique   67, 140, 141, 143
Herbaut, chanoine tournaisien, archiviste   96, 97
Herbert, archidiacre de Thérouanne, élu évêque de Tournai   160-162, 179, 181
Hériman d'Osmont (dit de Tournai)   49, 78, 94, 113, 118, 166, 167, 170, 176-178, 182
Herman, prévôt de Saint-Amand d'Helnone, grand-père maternel d'Hériman d'Osmont   113
Herman, frère de Siger le Chantre, ancien prévôt des chanoines tournaisiens, moine de Saint-Martin (donateur)   59, 88, 130
Herman de Mons, comte de Hainaut   62
Hérode Agrippa Ier 154
Hersende, Tournaisienne qui, à la suite d'un songe, croit connaître l'emplacement du Trésor de Saint-Martin   104
Hildebrand. *Voir* Grégoire VII, pape
Hubert, père de Gauthier (moine bâtisseur de Saint-Martin)   60, 110, 127
Hugues, abbé de Cluny   126, 137, 158
Hugues, abbé de Saint-Amand d'Helnone, bâtisseur de l'abbaye   120, 121
Hugues, archevêque de Lyon   129
Hugues Capet   51, 154
Hugues, châtelain de Mortagne, dépossédé par Evrard Ier 129
Hugues, évêque de Noyon-Tournai   157
Hugues le Grand, comte de Vermandois   69, 163
Hunuan, évêque de Noyon-Tournai   151

Ide d'Avesnes, sœur de Thierry d'Avesnes, épouse de Fastré Ier, mère de Gossuin et de Fastré II   59, 106, 108, 109
Innocent II, pape   50, 75, 176, 179, 181
Isaac de Berlaimont, meurtrier de Thierry d'Avesnes   108
Isidore, saint   137

Jacques de Lille, abbé de Saint-Martin (début du XIVe siècle)   183
Jean, abbé de Saint-Bertin   74, 75
Jean, cardinal romain   145
Jean Carpentier, abbé de Saint-Martin (début XIVe siècle)   183
Jean Cassien   89
Jean de Néchin, abbé de Saint-Martin (fin XIIe siècle)   182
Jean de Somerghem, abbé de Saint-Martin (début XIIIe siècle)   183
Jean, évêque de Civitta Vecchia   145
Jean, évêque de Thérouanne   144, 160, 161
Jean, fils d'Henri, cellérier de Saint-Martin, et de Berthe, moine de Saint-Martin   121
Josselin, chevalier, seigneur de Beaumont-en-Gâtinais et de Souppes   94
Juliette, fille d'Henri, cellérier de Saint-Martin, et de Berthe, moniale   121

Lambert, abbé de Saint-Bertin   137
Lambert, archidiacre de Tournai, évêque de Noyon-Tournai   160-163
Lambert, comte de Montaigu, beau-père de Fastré II   81
Lambert, évêque d'Arras   144
Lamfroid, un des premiers compagnons d'Odon   56
Landri, meurtrier de Chilpéric   151
Léon IV, pape   144, 145
Léon IX, pape   63, 68
Letbert, chanoine tournaisien (donateur)   130, 131
Letbert le Blond, chancelier épiscopal de Tournai   179, 180
Letbert, prévôt de Tournai, succéda au prévôt Thierry d'Osmont, son oncle maternel   179, 181
Lisiard, évêque de Soissons   136
Liudolphe, évêque de Noyon-Tournai   154
Lothaire II de Saxe, empereur germanique   143
Louis VI (dit le Gros), roi de France   64, 70, 78, 80, 135, 137, 163, 168, 175
Louis VII (dit le Jeune), roi de France   80, 160, 161, 174, 175, 181, 182
Lucius II, pape   178

Mainsende, épouse de Mascelin   131
Mainsende, épouse de Raoul d'Osmont, mère d'Hériman   113, 114, 116, 119, 124-126, 166
Manassès, archevêque de Reims   69, 138, 139
Marguerite de Clermont, sœur du comte de Péronne, épouse de Charles le Bon, comte de Flandre   73
Marie, sainte   107, 108, 136, 147, 158
Martin de Tours, saint   56, 59, 62, 88, 94-97, 103, 116, 117, 120, 127, 134, 143, 146, 165, 166, 177
Mascelin, prévôt de l'église Saint-Pierre de Leuze (donateur)   131

Mathilde de la Roche, veuve de Thierry de Walcourt, épouse de Nicolas d'Oisy, seigneur d'Avesnes   110
Mathilde, fille de Baudouin V de Flandre, sœur de Robert le Frison, épouse de Guillaume le Conquérant   64, 82
Mathilde, fille d'Henri Ier (dit Beauclerc), roi d'Angleterre   142
Maurice, empereur byzantin   138
Maximien Hercule   100
Médard, saint, évêque de Noyon-Tournai   148, 149, 151, 164, 181
Mérovée, roi des Francs   100
Milon, moine, abbé de Marchiennes, puis de Saint-Martin (début XIIIe siècle)   182, 183
Moïse   167
Mommelin, saint, évêque de Tournai-Noyon   151
Movin, chantre de la cathédrale   160
Movin, Tournaisien, fondateur de l'abbaye Saint-Médard, remplacée par l'abbaye Saint-Nicolas-des-Prés   164

Nicaise, saint, archevêque de Reims   100
Nicolas d'Oisy, seigneur d'Avesnes et de Walcourt, fils de Gauthier d'Avesnes et de sa femme Ide   110
Nicolas, saint   164
Norbert, saint, chapelain d'Henri V   137, 142, 143
Normands (les), envahisseurs   62, 98, 100, 101, 152

Odard. *Voir* Odon d'Orléans
Odon, abbé de Saint-Rémi de Reims   137
Odon, chanoine de la cathédrale de Reims, évêque d'Ostie. *Voir* Urbain II, pape
Odon d'Orléans, premier abbé de Saint-Martin, puis évêque de Cambrai   51-53, 55, 56, 60-62, 69, 86-89, 91, 105, 107, 115, 116, 118, 121,

INDEX ONOMASTIQUE

122, 124, 130-132, 134-136, 138, 140, 141, 143, 163, 170, 171
Odon, prêtre de Bouvignies   131
Oger, chanoine du Mont-Saint-Éloi, premier abbé de Saint-Nicolas-des-Prés, à Chercq   164
Otbert, évêque de Liège   140
Ouen, saint, métropolitain de Rouen   94, 138

Pascal II, pape   138, 139, 142-144, 159, 160, 176, 181
Patère, moine romain, ami et disciple de Grégoire le Grand   88
Pétronille d'Aquitaine, épouse de Raoul Ier de Vermandois   175
Philéon, évêque de Noyon-Tournai   151
Philippe Ier, roi de France   51, 62-64, 68, 141, 163
Piat de Seclin, saint   99, 104, 105
Pierre Abélard   174
Pierre, chanoine de Noyon, moine au prieuré Saint-Amand de Thourotte, dispensateur de bons conseils   132, 133
Platon   54
Porphyre, néoplatonicien   53

Radbod Ier, évêque de Noyon-Tournai   154
Radbod II, évêque de Noyon-Tournai   54, 57, 60, 62, 86, 88, 90, 105, 111-113, 118, 129, 130, 157, 158
Ragenaire, évêque de Noyon-Tournai   152
Raimbert, dialecticien, maître de l'école de Lille, rival d'Odon   52, 53
Rainelme, évêque de Noyon-Tournai   152
Rainier, abbé de Saint-Paul. *Voir* Pascal II, pape
Raoul, abbé de Saint-Martin (XIIIe siècle)   183
Raoul, archidiacre de Cambrai, fils de Thibaud (prévôt de l'église de Renaix)   131, 143

Raoul, avoué de Tournai, frère de Baudouin (avoué de Tournai)   91, 112
Raoul d'Osmont, prévôt de Saint-Martin, père d'Hériman   60, 110-121, 124, 126-128, 130, 131, 133, 135, 136, 143, 165, 166, 168, 171
Raoul d'Osmont, frère d'Hériman   115, 121, 170
Raoul Ier de Vermandois comte de Péronne, frère de Simon de Vermandois   163, 175-177
Raoul le Normand, un des premiers compagnons d'Odon, prieur de Saint-Amand (à proximité de Noyon)   56, 122, 132-134, 165
Raoul le Vert, archevêque de Reims   69, 79, 160, 163
Raubert, évêque de Noyon-Tournai   152
Raymond de Saint-Gilles, comte de Toulouse   69
Régnier, clerc nécessiteux, hébergé par Raoul d'Osmont   112, 118
Rémi, saint, archevêque de Reims   148, 149
Renaud, archevêque de Reims   62, 69
Richilde, comtesse de Hainaut   62, 63, 79, 109
Richilde d'Oisy, épouse de Fastré II, mère de Gossuin (seigneur d'Avesnes) et de Fastré III (avoué de Tournai)   109
Richilde, fille du comte Baudouin III de Hainaut, épouse en premières noces de Thierry d'Avesnes et en secondes noces d'Evrard II, châtelain de Tournai   80, 81
Robert de Gloucester, fils naturel du roi Henri Beauclerc   67
Robert Ier (dit le Frison), comte de Flandre   62-64, 68, 69, 78, 79, 82, 84, 111, 157
Robert Ier, duc de Normandie, père de Guillaume le Conquérant   62
Robert II (dit Courteheuse), duc de Normandie, fils de Guillaume le Conquérant   64, 65, 72, 82, 168

Robert II (dit de Jérusalem), comte de Flandre   62, 68, 69, 85, 111, 122, 128, 137
Robert II (dit le Pieux), roi de France   51, 154, 155
Rodolphe, évêque de Noyon-Tournai   152
Roger de Pierrepont, seigneur laonnois (donateur)   135
Roger, moine-prêtre de Saint-Martin de Tournai, frère de Raoul le Normand   134
Roger, prévôt de Saint-Donatien à Bruges   83, 172
Roger, sénéchal de Flandre   81

Samson, archevêque de Reims   50, 174
Sara, fille de Fastré II   112
Ségard, deuxième abbé de Saint-Martin   141, 143, 146, 160, 161, 164-168, 170
Sigebert, roi des Francs   149, 150
Siger, chantre des chanoines de Tournai, frère d'Herman (prévôt des chanoines tournaisiens), puis moine de Saint-Martin (donateur)   59, 86, 88, 89, 130
Simon de Vermandois, évêque de Noyon-Tournai   77, 82, 130, 163, 164, 168-172, 175-178, 181
Simon (dit Baras), abbé de Saint-Martin (début XIIIe siècle)   183
Simon, duc d'Alsace, demi-frère de Thierry III d'Alsace (futur comte de Flandre)   69, 84
Sybille d'Anjou, épouse en premières noces de Guillaume Cliton, en secondes noces de Thierry d'Alsace   85

Tetbert (donateur), fils de Baudouin (chantre de la cathédrale de Tournai)   130
Tetbert d'Osmont, prévôt de Tournai, oncle paternel d'Hériman   111-113, 143

Théodore, évêque de Noyon-Tournai   101
Thibaud IV comte de Blois-Champagne, père d'Henri Ier, comte de Champagne   67, 86, 176
Thibaud, prévôt de Renaix, puis moine de Saint-Martin, père de Raoul (archidiacre de Cambrai)   131, 143
Thierry, abbé de Saint-Éloi de Noyon   165
Thierry d'Alsace, comte de Flandre   84-86, 169, 180
Thierry d'Avesnes, seigneur d'Avesnes, beau-frère de Fastré Ier (avoué de Tournai)   59, 106-109, 112
Thierry de Parc, abbé de Saint-Martin (XIVe siècle)   183
Thierry de Walcourt   110
Thierry d'Osmont le Monnayeur, oncle paternel d'Hériman   111, 112, 116, 117, 119, 127, 158, 165, 170, 179
Thierry d'Osmont, moine de Saint-Martin, frère d'Hériman   113, 116, 117, 135
Thierry, prévôt de Tournai (successeur de Gonthier)   163, 176, 179, 181
Thierry, prévôt de Tournai   179
Thomas de Marle, seigneur Laonnois (donateur)   131, 135, 136
Transmar, évêque de Noyon-Tournai   152
Trasberge, fille d'Henri (cellérier de Saint-Martin) et de Berthe, moniale   121

Urbain II, pape   62, 69, 139, 158, 159

Vandales (les), envahisseurs   92, 100
Victor, pape   159
Vital, Tournaisien   58, 59, 103

Walbert, chanoine converti, prieur de Saint-Martin, puis abbé de Mont-Saint-Martin   52, 123
Walbert, évêque de Noyon-Tournai   152

Wandelmar, évêque de Noyon-Tournai 151
Waudru, sainte 107
Wenemar, chevalier (donateur) 130
Wéry, chanoine de Notre-Dame de Tournai (donateur) 130
Wéry, doyen de Tournai (donateur) 131

Yolande de Gueldre, fille du comte Gérard de Wassenberg, épouse de Baudouin II de Hainaut 79, 80
Yolande, fille d'Evrard II, épouse de Roger, sénéchal de Flandre 81
Yves, abbé de Saint-Martin (en 1160) 182
Yves de Nesle, comte de Soissons, frère de Baudouin de Gand 77

INDEX TOPONYMIQUE[*]

Aardenburg 157
Aeltre 130
Afflighem 137
Aix-la-Chapelle 101
Allemagne 51, 69, 93
Allennes-les-Marais 131
Alost 85, 109, 169
Alsace 84, 169
Amiens 101, 149
Anchin 87, 105, 106, 123, 137, 164
Angleterre 62, 64, 65, 67, 68, 72, 145
Annœullin 131
Antioche 70
Antoing 109
Aquitaine 176
Arras 70, 74, 78, 81, 84, 85, 101, 149, 151, 159, 164
Arras-Cambrai 151
Ath 109, 131
Audenarde 63, 82, 109, 157
Avesnes 109, 110

Beauvais 149
Bec (abbaye) 63, 91, 137
Beloeil 131
Bergues 74
Berlaimont, commune de l'Avesnois, département du Nord 108
Beveren-lez-Roulers 130

Bonn 101
Boulogne-sur-Mer 149
Bourgogne 51
Bouvignies 131
Brabant 101, 109
Brabant Septentrional (Pays-Bas) 101
Brantignies 131
Brazicourt 135
Brocqueroie 107
Bruges 70, 73, 75-77, 82, 129-132, 168
Burbant 109, 110

Cambrai 101, 110, 131, 138-140, 143, 149, 151, 159
Camphin-en-Pévèle 128
Cassel 63, 76, 79
Categnies 128
Châlons-en-Champagne 53, 124, 149
Champagne 86
Chantrud 135
Chartres 104
Château-Landon 93
Chièvres 109
Clairvaux (abbaye) 173, 179
Clermont-Ferrand (concile) 69, 139, 159
Cluny (abbaye) 53, 105, 126, 137, 158
Cologne 64, 101
Comines 157

[*] L'index répertorie uniquement les lieux nommément cités dans la traduction.

Compiègne 133
Condé-sur-l'Escaut 101, 109
Constantin (petit affluent de l'Escaut, quartier de Kain) 128, 119, 120
Corbie 101
Courtrai 91-93, 101, 157, 160

Dameries (ferme abbatiale sur le territoire de Moustier) 128
Dammartin 70
Danemark 64, 86
Deinze 157
Dendre 109, 131
Duissempierre (ferme abbatiale sur le territoire d'Ere) 128, 146
Dunes (abbaye des) 130

Eeckhout 131
Eename 109
Eine 157
Enghien 109
Eparcy 166
Escaut 98, 101, 109, 115, 119, 120, 127, 151, 164
Esplechin 130
Estaimpuis 130
Evregnies 130

Faty 131
Ferrières-en-Gâtinais 92, 93, 102
Five (Vive-Saint-Éloi) 130
Flandre 51, 62-64, 69-73, 75, 77-79, 81, 84-86, 109, 156, 157, 160, 162, 163, 165, 168, 169, 172
Flobecq 131
France 51
Francie 100, 154
Froidmont-Cohartille 131, 136
Froyennes 131

Gand 101
Gaule 57, 95, 96, 100, 126, 151, 182
Gaurain 128, 131
Germanie 139, 182
Grammont 109
Gulleghem 130

Hacquegnies 131
Hainaut 63
Haine (rivière) 109
Helchin 98, 158
Helnone 61, 99, 151
Hérinnes 98
Houthem-lez-Ypres 157

Iseghem 130
Italie 51

Jérusalem 69, 70, 79, 81, 85, 137, 142, 163, 180, 182

Kuurne 130

Lambres-lez-Douai 150
Laon 129, 131, 142, 143, 149, 154, 166, 176, 182
Laonnois 135, 136
Latran 50, 145
Léaucourt 98
Ledeghem 130
Lendelede 130
Lens 99, 109
Lessines 109
Leuze 109
Liège 67, 101, 109, 140, 142
Lierde-Saint-Martin 131
Liessies (abbaye) 106, 108, 110
Lille 53, 62, 63, 85, 99, 131, 156
Longuesault (ferme abbatiale sur le territoire d'Ere) 128
Loos 131
Lotharingie 84, 100, 142, 162
Louvain 109
Luni 163
Luvri 135

Maestricht 101, 151
Magdebourg 143
Maire (rieu de) 106, 110, 150
Maldeghem 157
Malmédy 101
Marvis (rieu de) 115, 120
Maulde 131, 163

Mayence 140
Ménapiens (territoire des) 101
Merbes-le-Château 131
Metz 101
Meuse (fleuve) 101, 140
Monceau-le-Wast (village voisin de Grandlup-et-Fay) 135
Mons 63, 79, 80, 109, 110
Montaigu 81
Mont-Saint-Éloi 56, 164
Mont-Saint-Martin (Saint-Martin d'Huiron) 124
Mortagne 54, 109, 129
Mouscron 131

Nevele 157
Nivelles 110
Nomain 128
Normandie 51, 63-65, 67, 72-74, 91
Notre-Dame de Noyon (cathédrale) 95, 155
Notre-Dame de Tournai (cathédrale) 51, 57, 58, 81, 86-89, 94, 96-98, 100, 103, 113, 117, 123, 130, 150, 151, 153, 160, 172, 179, 182
Notre-Dame de Reims (cathédrale) 92
Notre-Dame (hospice de Tournai 173
Noyon 90, 118, 132, 133, 135, 149, 151, 153, 155, 160, 163, 170

Occident 69, 100, 182
Odomez 128
Orient 100
Orléans 51, 149, 160
Ormeignies 131
Ostiches 131
Ostie 159
Oudenburg 157

Papignies 131
Paris 92, 93, 102, 149, 151, 152, 154, 160
Paschendaele 130, 171
Pecq 98, 128
Pévèle 111, 131
Philippopolis (Plovdiv, Bulgarie) 164

Pinon 136
Pittem 157
Poitou 176
Prémontré 142
Proisy 131
Prüm 101

Quartes 131

Reims 50, 62, 69, 79, 92, 137-139, 149, 154, 158-161, 163, 174, 177, 181
Riès (ou rieu de Barge) 109, 117, 119, 150
Rome 50, 80, 129, 139, 141-143, 145, 159-163, 176, 177, 179-181
Rouen 67, 73, 94

Saint-Amand d'Helnone (abbaye) 50, 82, 86, 99, 101, 113-115, 120, 121, 147, 151, 171, 177, 179
Saint-Amand-les-Eaux 61, 151
Saint-Amand (prieuré à proximité de Thourotte dans le Noyonnais, dépendant de Saint-Martin de Tournai) 132-135, 165
Saint-Bertin (abbaye de la ville de Saint-Omer) 74, 85, 137, 169
Saint-Christophe (église de Bruges) 83
Saint-Corneille-sur-Inde 101
Saint-Donatien (ancienne cathédrale de Bruges) 75, 83, 129, 168
Saint-Genois (Sint-Denijs dans l'entité de Zwevegen, Flandre-Occidentale) 98, 158
Saint-Laurent-hors-les-Murs 159
Saint-Martin de Noyon (abbaye) 153
Saint-Martin de Tournai (abbaye) 49, 57-61, 69, 86, 87, 89, 91-93, 99, 100, 102, 104, 110-113, 116-121, 128, 132, 135, 138, 144, 151-153, 160, 164, 170, 171, 182, 183
Saint-Martin (paroisse d'Helnone) 151
Saint-Médard (abbaye de chanoines réguliers située à proximité de Tournai. Elle fut remplacée par

l'abbaye Saint-Nicolas-des-Prés, à Chercq)   127, 164
Saint-Médard de Soissons (abbaye)   137, 151, 180, 181
Saint-Nicolas-des-Prés (abbaye de Chercq)   164
Saint-Omer   74
Saint-Paul-hors-les-Murs   159
Saint-Piat (église de Tournai)   57, 125
Saint-Pierre de Gand (abbaye)   71, 137, 148
Saint-Pierre de Lille (collégiale)   62, 156
Saint-Pierre de Rome (basilique)   141
Saint-Pierre d'Hasnon (abbaye)   62, 63, 79
Saint-Pierre d'Helnone (abbaye)   61
Saint-Pierre (église de Tournai)   98, 152, 170
Saint-Quentin (église de Tournai)   98, 152, 170
Saint-Quentin-en-Vermandois   149
Saint-Riquier (monastère)   101
Saint-Sauveur (église de Bruges, aujourd'hui cathédrale)   129
Saint-Trudon (couvent d'Œdeghem/Steenbrugge)   132
Saint-Vaast (abbaye d'Arras)   70, 137
Saint-Valery (monastère)   101
Saint-Vincent (abbaye de Laon)   180
Sainte-Aldegonde (couvent de Maubeuge)   106
Sainte-Anastasie (monastère de Rome)   179
Sainte-Marie (chapelle dépendant de l'abbaye Saint-Martin de Tournai, dans la forêt de Pinon)   103, 166, 170
Sainte-Walburge (église d'Audenarde)   82
Sainte-Waudru (couvent de Mons)   106
Saméon   130
Sarzane   163

Seclin-en-Mélantois   99, 104, 105, 118
Senlis   149, 176
Sens   92, 174
Sirault   131
Slype   157
Soissons   77, 136, 148, 149, 151, 182
Souppes-sur-Loing   93, 102, 152
Stavelot (abbaye)   101

Taintignies   128
Templeuve   111, 128, 130
Thérouanne   101, 149
Thimougies   131
Thourotte (près de Compiègne)   132
Thourout   71, 157
Tongres   101
Torelies (ferme abbatiale sur le territoire de Thimougnies)   131
Tornio (altération de 'Tournai'?)   94
Tournai   50, 54, 56-58, 60, 63, 68, 77, 84, 87, 90, 93, 95, 99, 101, 104, 110, 115, 118, 121, 123, 130, 131, 133, 148-153, 159, 160, 162-164, 171, 174, 175, 178-181
Trélon   110
Trêves   101

Vaulx   131
Vermandois   148
Vezon   131
Visé   140

Wakken   131, 171
Walcourt (seigneurie de)   110
Warnaffe (ferme abbatiale sur le territopire de Saint-Maur)   128
Watten   56
Wielsbeke   130
Willemeau   86

Ypres   75

Zarren   130
Zulte   131, 171